Haas, Hans

Parabeln der
Kräutermedizin

Anschrift des Verfassers:

Prof. Dr. med. Hans Haas
Ettlinger Straße 10
Bad Herrenalb

Parabeln der Kräutermedizin

Geschichte der Heilpflanzenkunde

von

Prof. Dr. med. Hans Haas
Bad Herrenalb

Innovations-Verlags-Gesellschaft mbH 1989

ISBN 3-89043-006-6

Satz und Druck:
Sachs-Druck Buch + Offset, Spreestr. 7,
D-6100 Darmstadt

Vorwort

Wir leben in einer Zeit, in der die Arzneipflanzen weltweite Aufmerksamkeit genießen und als eine potentielle Quelle zur Gewinnung neuer synthetischer Heilmittel wie auch als zweckdienlicher Ersatz für herkömmliche Präparate geschätzt werden.

Die moderne Arzneimittellehre vertritt nur zu gern die Auffassung, daß alle guten Arzneien und alle nützlichen, modernen medikamentösen Behandlungsmethoden erst jüngstens aufgefunden wurden. Die Zuwendung zur Pflanzenheilkunde lehrt indes, daß große Teile des heutigen Arzneischatzes letzthin auf einfache Naturbeobachtungen früherer Zeiten zurückgehen und daß die Beachtung alter Heilerfahrungen pflanzlicher Herkunft entscheidende Anstöße für eine Neuorientierung der Therapie und für die Auffindung brauchbarer oder gar unersetzlicher Medikamente geben kann.

Bereits Paracelsus ist der Ansicht: „das die Augen am Kraut sehen, ist uit Arzeney; sie sehen allein die Schlacken, inwendig aber unter den Schlacken liegt die Arzeney“. Er stellt daher die Scheidekunst bewußt in den Dienst der Therapie und versucht mit ihrer Hilfe den eigentlichen Balsam und das heilkräftige Wesen aus den Kräutern zu isolieren. Seitdem hat die Suche nach den therapeutisch idealen Pflanzenstoffen gewaltigen Auftrieb genommen und in Verfolgung dieses Zieles ist im Laufe der Jahrhunderte unglaubliche Arbeit geleistet worden. Diese Wege aus der historischen Perspektive aufzuzeigen und eine Brücke zwischen der geschichtlichen Entwicklung und dem heutigen Kenntnisstand zu schlagen, ist das Anliegen dieses Buches.

Bad Herrenalb, im Februar 1989 Hans Haas

Steigerwald Arzneimittel

Risikoarme Arzneimittel

Inhaltsverzeichnis

Wer sich aber wundern sollte, dass nach so vielen Geschichtsschreibern auch mir die Abfassung einer solchen Schrift in den Sinn kommen konnte, der lese zuvor alle Schriften jener anderen durch, mach sich darauf an die meinige und dann erst wundere er sich.
Flavius Arrianos (95-180 n. Chr.)

Einleitung

Geschichtsforschung ist Wißbegier nach dem Ablauf des Vergangenen und zugleich ausdauernde Befragung der Vergangenheit zu den Problemen der Gegenwart. Auch die Geschichte der Heilpflanzen ist nicht nur historische Reminiszenz, sie ist Gegenwart und heute gültige, medizinische Praxis.

Die Entwicklung der Heilpflanzenkunde ist voll von Ereignissen und Entdekkungen; sie ist ebenso reich an Irrtümern und abstrusen Ideen, die wir nicht mehr nachvollziehen können. Es gilt daher den Austausch zwischen Vergangenheit und Gegenwart wieder zu öffnen, aus der Erfahrung der Alten die Erfolge der Neuzeit verständlich zu machen und eine Gegenwartsperspektive zu entwickeln, die das Bild von gestern und heute zu entziffern hilft. Dazu bietet sich die Geschichte der Heilpflanzen geradezu an, da die Welt der Pflanze noch immer einen beträchtlichen Anteil der modernen Therapie ausmacht und von ihr aus viele neuartige Arzneimittel ihren Ausgang genommen haben.

1. Der Drogenhandel

So alt wie das Menschengeschlecht ist, so alt ist die Liebe des Menschen zu Blumen und Pflanzen. Mit der Pflanze sind Fortschritt und Entwicklung der Menschheit untrennbar verbunden; denn nur der Ackerbau und die Nutzung der Pflanzenfrüchte haben sie lebensfähig gemacht.

So alt wie das Menschengeschlecht ist, so alt ist der Wunsch, aus den Gaben der Natur Genuß- und Heilmittel für Wohlbehagen und Krankheitsbekämpfung zu schöpfen. Jahrhunderte lang bezogen Arzt und Apotheker ihre Ware ausschließlich aus der Natur, der großen Apotheke Gottes. Ursprünglich ist jeder Arzt sogar sein eigener Apotheker. Er bereitete selbst aus Drogen und anderen Substanzen des Mineral- und Tierreiches seine Medizinen, die den Inhalt der Arzneibücher bildeten.

Drogenhandel im Altertum

Bereits in der Frühzeit haben die Menschen ihre Erfahrungen aus jedem nur immer zugänglichen Kulturkreis und jedem geografisch erschließbaren Gebiet gesammelt und ausgetauscht, um diese für die Behandlung von Krankheiten zu nutzen. Der Raum ist seit den frühesten Menschheitsperioden offensichtlich nicht unüberwindlich. trotz aller weiträumigen Entfernungen hat zwischen den einzelnen Kulturbereichen immer ein reger Austausch von Waren und Geräten stattgefunden, an dem die Arzneimittel teilnahmen, sodaß lange vor Beginn unserer Zeitrechnung Heilstoffe und Drogen aus Indien, aus dem Fernen Osten und Afrika bis in den Bereich der westlichen Völker geraten sind und dort Verwendung fanden.

Gegen Ende des 3. Jtsd. v. Chr. hat ein sumerischer Arzt eine Rezeptsammlung in Keilschrift auf Tontafeln niedergeschrieben, welche neben anderen Drogen den abführenden Effekt der Koloquinthenfrucht erwähnt; diese ist ursprünglich im tropischen Afrika und in Syrien beheimatet und ist erst in späterer Zeit über die Küsten des Mittelmeers durch die Araber verbreitet worden. Für Ägypten ist gesichert, daß im 3. Jtsd. v. Chr. ein reger Handelsverkehr mit den Nachvölkern stattfand und von dort Aloe, Rizinus, Hanf u. a. geliefert wurden. Das bestätigen die ägyptischen Papyri (Papyrus Ebers, Papyrus London, 1350 v. Chr.), die neben Arzneipflanzen, welche in Ägypten heimisch sind, Importe enthalten, wie die Mandragora, welche aus Nubien bezogen wurde. Auch die Wandgemälde des Tempels von Der-al-Bahari zeigen, daß in der Zeit der XVIII. Dynastie der Königin Hatschepsut Pflanzen aus fremden Gegenden nach Ägypten geholt wurden. Ihre Flotte hat, so ist es überliefert, aus dem Sudan und dem Lande Punt Aloe und Cassia mitgebracht. Wahrscheinlich geht ein Großteil der Kenntnisse der ägyptischen Heilkunde auf alt-babylonische Überlieferungen zurück, für die beispielsweise der Gebrauch der Süßholzwurzel als Hustenmittel und des Hyoscyamus als Schlafmittel belegt ist.

Im 2. Jtsd. v. Chr. blühte der phönizische Warenaustausch über See und durch die Wüste. Jesaja (um 760-701) besingt Tyrus als eine Stadt, die ein Marktplatz der Völker ist und deren Händler aus Ägypten und aus Tarschisch fremde Waren einführen. In der Bibel sind an Heilpflanzen Oleander, Safran, Granatapfel und Ölbaum erwähnt.

Aus der römischen Zeit ist ein umfangreicher Handelsverkehr mit dem Fernen Osten mehrfach belegt. So weiß Cajus Plinius Secundus (geb. 23 n. Chr. in Como und gestorben 79 n. Chr. bei Ausbruch des Vesuvs), daß der indische Ozean mittels der Monsumwinde zu überqueren ist und auf diesem Wege Waren aus China nach Rom geliefert werden. Auch Dioskurides, ein Zeitgenosse des Plinius und Militärarzt unter Nero und Vespasian (54-79 n. Chr.) erwähnt in seinem Arzneimittellehrbuch (um 70 n. Chr.), daß Manna, Galgant und Gummi arabicum arabischen Ursprungs sind und daß Chelidonium (Schöllkraut) und Krokus aus Ägypten, Aloe und Kardamomen aus Indien kommen. Schon zuvor ist Hippokrates, der 460-377 v. Chr. lebte, bekannt, daß Zimt, Pfeffer, Narde und Kardamomen aus Indien importiert wurden. Aconit, Myrrhe, Senf und Safran nennt er persische Heilmittel, zu denen Ammoniacum, Galbanum und die Asa foetida gehören; sie stammen dort von den einheimischen Doldenblütlern ab. Die Faba ägyptica, die ägyptische Bohne, wird ausdrücklich unter der Kennzeichnung ihres Herkunftslandes benannt, der Mohrenkümmling stammt aus Äthiopien. Es gibt sogar im späten römischen Altertum Zollstationen, welche den Arzneimittelhandel kontrollieren. In den Pandekten des Kaisers Justinian ist eine alexandrinische Zolltafel erwähnt, die von den Kaisern Marc Aurel (169-180 n. Chr.) und seinem Nachfolger Commodus (180-192 n. Chr.) aufgestellt wurde und eine Liste von Waren enthält, die aus Indien und den Ländern am Roten Meer kommend mit einer Durchgangssteuer belegt werden. Dies gilt für Pfeffer, Zimt, Cassia, Narde, Gummi arabicum, Kardamomen und Opium.

Papyrus Ebers – Einer der ältesten Berichte über die antike Heilkunst, etwa 1600 v. Chr.

Drogen der arabischen Medizin

Der Zuwachs an wertvollen Heilstoffen über die Karawanenstraßen und Schiffahrtswege des Ostens findet seine Fortsetzung in der byzantinischen und arabischen Medizin.

Arabische Heilmittel, wie die Granatwurzelrinde, Styrax, Sandelholz und Gewürznelken finden sich bereits in der byzantinischen Literatur des 4.-7. Jhdt. n. Chr. Später weiß Simeon Seth im 11. Jhdt. n. Chr. über Haschisch, Kampher, Moschus und Muskat zu berichten; Drogen, die bei Dioscurides und Galen nicht vorkommen.

Von den Arabern werden weiterhin eingeführt Kaffee als Herzmittel sowie Kaffeepulver gegen Mandelentzündungen, Kampher zur Herzbelebung und Kamala als Wurmmittel. Anstelle der drastischen Abführmittel treten Rhabarber, Tamarinden, Cassia, Aloe und Sennesblätter. Dies ist vor allem Rhazes (850-923 n. Chr.) zu verdanken. Arabischen Ursprungs sind auch die Namen für Ambra, Safran, Galgant, Muskat und Cinnamomum. In den Jahren 869-885 ist Abul Chasim Obaidallah ben Abdallah ben Chordadbah für die Sicherheit und Beförderung der Sendungen des Kalifen in Messopotamien verantwortlich. Er hinterläßt 912 ein Werk, das wichtige Nachrichten über den damaligen Handelsverkehr liefert. Nach seinen Angaben kommen Kampher, Gewürznelken, Sandelholz von den Sundainseln, Pfeffer aus Ceylon und Galgant aus dem Yemen. Im gleichen Jahr 912 nennt Abul Hasan ben Ali el Masudi aus Bagdad Hinterindien als den Ausfuhrort für Nelken, Muskatnüsse und Sandelholz sowie China als Lieferanten des Kampherholzes und der Aloe. Der Safran wird nach seiner Angabe in Spanien angebaut und zählt für ihn ebenfalls zu den wichtigen Arzneimitteln. Abu Mansur (etwa 975 n. Chr.) meint sogar in seiner Heilmittellehre daß in Indien mehr und wirksamere Arzneistoffe zu finden sind, als in den übrigen Weltteilen.

Drogenhandel im Mittelalter

Diese heilkundlichen Erfahrungen der antiken Kulturvölker und der Kulturkreise des vorderen und östlichen Orients bilden die Grundlage, aus der die mittelalterliche Heilkunde erwächst, die diesen alten Erfahrungsschatz bis in unsere Zeit hinüber gerettet hat.

Bereits im frühen Mittelalter finden sich in den Klöstern, den Kulturträgern dieser Zeit, ausländische Drogen, die aus dem Orient stammen. Ein Warenverzeichnis aus dem Kloster Corbi an der Somme erwähnt in der Zeit der Merowinger Orientgewürze sowie Galgant, Myrrhe und Rhabarber. Diese Drogen konnten nur in das Frankenland gelangen, weil die Juden zu dieser Zeit ausgedehnte Handelverbindungen mit dem muslimischen Orient pflegten und auf dem See- und Landweg bis in die Länder der Kalifate und nach China gelangten. Ausländische Drogen wie Kampher, Anis, Cubeben, Lorbeer, Muskat, Zitwer und Oliven sind auch der heiligen Hildegard, der Äbtissin von Bingen (1099-1179) bekannt.

Die Kreuzfahrer haben, ähnlich wie vordem die Römer, in Akkon eine Zollstätte errichtet, in der sie Transitzölle für alle aus Indien eingehenden Arzneiwaren erhoben.

Die Klostermönche haben den Heilpflanzen der antiken Welt einige nördlich wachsende Drogen hinzugefügt und Wacholder, Arnika, Kamille, Liebstökkel, Fenchel und Hirtentäschel für therapeutische Zwecke eingesetzt. Die keltische Medizin fügt die Mistel hinzu, der sie die Kraft eines Allheilmittel zuschreibt. Die Drogen bekommen nun volkstümliche Namen; die Mandragora heißt Alraune und der Absinth Wermut. Im 14. Jhdt. taucht bei Petrus De Crescentiis zudem die Frangularinde erstmalig auf, die in den folgenden Jahrhunderten eine enorme Rolle als Purgiermittel spielen wird. Forschungsreisende, wie Marco Polo (1254-1324) machen erneut mit den Drogen des vorderen Orients und Ostasiens bekannt. Aloe, Haschisch, Kampher und Rharbarber werden von ihm eingehend beschrieben. Clusius (1526-1609) hat die Rauwolfia schon 1564 in Salamanka gesehen. Eine ausführliche Beschreibung ihrer medizinischen Verwendung erscheint 1578 aus der Feder von Christobal de Acosta.

Drogen aus der neuen Welt

In der Auswirkung für die ärztliche Praxis sind diese Erkenntnisse nicht vergleichbar mit der Ausweitung des Wissens, das durch die Flut von neuartigen Drogen und Arzneipflanzen aus Amerika nach Europa gelangt. Das wurmwirksame Chenopodium, die fiebervertreibende Chinarinde, die appetitfördernde Condurangorinde, die im subtropischen Südamerika gegen Schlangenbisse und andere Krankheiten angewandt wird, das bei der Syphilisbehandlung geschätzte Guajakholz, die Hydrastis canadensis, das alte Indianermittel, die Jalappenwurzel, das Abführmittel aus Mexiko und die abführende Podophyllumwurzel aus Nordamerika, das Brech- und Hustenmittel Ipecacuanha, das als Brech- und Asthmamittel eingesetzte Lobelienkraut, die bei Bronchospasmen geschätzte Quebrachorinde aus Südamerika, das Läusemittel Sabadilla, das indianische Fiebermittel Sassafras und die bei Brustkrankheiten angewandte Sennegawurzel sowie das geheimnisvoll lähmende Gift Curare und das leistungssteigernde Coca sind aus der Reihe der Neuentdeckungen nur die wichtigsten, die dem Arzneischatz zugute kommen. Die Folge ist eine maßlose Überschätzung und Überbewertung der ausländischen Flora, so daß Paracelsus (1493-1541) mit harten Worten wettert: „Sie sehen tausen Meil ein Kraut und das vor den Füßen nit."

Er verfällt sogar in's extreme Gegenteil, weil er glaubt, daß man Krankheiten in Europa nicht mit ausländischen Arzneimitteln behandeln soll, da Gott in seiner Fürsorge den Ländern, die er mit Krankheiten heimsucht, auch die Mittel gibt, die sie heilen.

Drogenhandel in der Neuzeit

Zu welcher Bedeutung der Drogenhandel in späterer Zeit gelangt, ist an der Geschichte der Chinarinde am besten zu illustrieren. Da ihre Lieferungen infolge des sinnlosen Fällens der Chinabäume in ihrer Heimat Südamerika gefährdet sind, haben die Holländer unter der Mitwirkung der deutschen Forscher Junghuhn (1812-1864) und Haskarl (1811-1894) Cinchonaarten gegen den Widerstand und das Verbot der südamerikanischen Regierung nach niederländisch-Indien verpflanzt und von dort späterhin die Rinden nach Amsterdam geliefert.

Selbst zwei kriegerische Auseinandersetzungen zwischen China und England werden für den Drogenhandel geführt (1834 und 1842). Beim Friedensschluß in Tientsin sieht sich China gezwungen, den Handel mit Opium anzuerkennen und zu legalisieren.

Auch heute ist der Handel mit Drogen ein nicht zu unterschätzender Wirtschaftszweig. Dies wird der Öffentlichkeit am ehesten durch die Drogenscene bewußt, für die in Südostasien, im Nahen Osten, in Lateinamerika und Afrika massenhaft suchterzeugende Pflanzen gezüchtet werden, um Rauschgifte in jeder Menge zu gewinnen. Amsterdam, Frankfurt und New York sind die Umschlagplätze für diese Waren pflanzlichen Ursprungs, wie für Coca und Opium. Beide Drogen sind richtig gehandhabt als Arzneimittel geschätzt. Sie können aber ebenso wie Haschisch ständig eingenommen, verhehrende Auswirkungen haben.

Die Herkunft des Drogenschatzes stammt heute wie zu allen Zeiten aus den verschiedensten Ländern, da alle Völker im Laufe der Geschichte mit ihrem therapeutischen Erfahrungsgut pflanzlichen Ursprungs dazu beigetragen haben, die moderne Heilkunde zu ergänzen und zu bereichern.

Titelblatt des Kräuterbuches von Jacobus Theodorus Tabernaemontanus (1530-1590), Basel 1731

2. Der Arzneimittelschatz der Kräuterbücher

Schrifttum des Altertums

Der Weg, die Pflanzenwelt wissenschaftlich zu erfochen, ist ein unendlich langer. Die ersten verheißungsvollen Ansätze, über die Ursachen der überlieferten Heilverfahren nachzudenken und mit analysierender Methodik die Wirkungsweise pflanzlicher Produkte zu erfragen und zu deuten, finden sich in der Blütezeit Griechenlands etwa 400 Jahre vor der Zeitenwende. Aus der Schule des Aristoteles (384-322 v. Chr.), der selbst ein Buch über Pflanzen schrieb, ist der Verfasser eines medizinischen Kräuterbuches Theophrast von Eresos auf Lesbos (+ 288 v. Chr.) hervorgegangen. In seiner Historia plantarum hat er eine eingehende und kritische Beschreibung aller zu seiner Zeit therapeutisch angewandten Pflanzen und Pflanzensäfte geliefert. Den Ruhm eines Begründers der wissenschaftlichen Botanik muß er allerdings mit einem Zeitgenossen Platons, Diokles von Karystos (um 300 v. Chr.) teilen; ihn hat er vielfach benutzt. Beide Werke üben wiederum einen starken Einfluss auf die Arzneimittellehre des Krateuas aus. Dieser lebt als Leibarzt am Hofe des Mithridates Eupator von Pontus (124-64 v. Chr.) und gilt als besonderer Kenner der Wirkung von Giften und Gegengiften. Aus der gleichen Zeit existiert ein Lehrgedicht des Nikandros von Kolophon (zwischen 135-131 v. Chr.), das die Gifte und Gegengifte in Versform abhandelt.

Etwa 77-78 n. Chr. entsteht das Hauptwerk der antiken Drogenkunde, das bis in's 16. Jahrhundert hinein als eine unerschöpfliche Quelle über die heilkräftigen Pflanzen gilt. Der Verfasser dieser Materia medica, Pedanios Dioskurides aus Anazarba in Kilikien, hat als Militärarzt unter Nero und Vespasian (54-79 n. Chr.) große Reisen gemacht und mit besonderen Interesse die Herkunft und Wirkung ausländischer Arzneimittel und Drogen studiert. Sein Werk ist für alle späteren Bearbeiter der Pflanzenheilkunde zu einer Fundgrube geworden, wobei die Nachfolger oft bedenkenlos bis in die Neuzeit seine Angaben abgeschrieben haben, ohne zu berücksichtigen daß die bei Dioskurides aufgeführten Pflanzen aus dem östlichen Mittelmeerraum stammen und nicht immer identisch mit der mitteleuropäischen Flora sind. Das Buch des Dioskurides ist wiederholt übersetzt, hervorragend in lateinischer Sprache von Ruellius und Matthiolus. Eine deutsche Übersetzung entstand 1610 in Frankfurt/M. unter dem Titel: Kreutterbuch des in aller Welt berühmten griechischen Scribenten Pedanios Dioskurides. Besonders berühmt geworden ist eine reich illustrierte Handschrift, die sich die Kaisertochter Anicia Juliana im 5. Jahrhundert n. Chr. in Konstantinopel anfertigen ließ, der Codex Constantinopolitanus, der in Wien aufbewahrt wird.

Aus dem 1. Jhdt. n. Chr. stammt eine weitere Arzneimittellehre die Compositines medicamentorum des Scribonius Largus, die neben allerlei Kuriositäten etwa 240 Arzneivorschriften über Pflanzen und Volksheilmittel enthalten. Dort finden sich – wie bei Dioskurides – viele Arzneipflanzen, die noch heute, wenn auch mit erheblich eingeschränkten Indikationsstellungen, praktische Bedeutung besitzen, das Adonisröschen, die Meerzwiebel, die Aloe, der Rhabarber, die Schafgarbe, der Thymian, der Enzian, das Süßholz und die Weidenrinde. Sie sind bei Galen (129-199 n. Chr.), dem Vollender der antiken Medizin gleichfalls anzutreffen und ihm in ihren Nutzen am Krankenbett durchaus geläufig.

Arabische Autoren

Die Jahrhunderte, die auf Galen folgen, haben kaum eine selbständige medizinische Leistung aufzuweisen. Erst durch die arabische Medizin wird der Arzneischatz neuerlich bereichert und eine Reihe Drogen eingeführt. Die Arzneimittellehre des Ibn al-Baithar († 1248) weist eine Liste von etwa 1400 Drogen auf, in der fast alle von Dioskurides genannten Pflanzen sowie etwa 200 neuartige abgehandelt werden. Er nennt als Heilanzeigen der Herbstzeitlosen Gicht und Rheuma und zählt bei den Abführmitteln neben Crotonöl und Koloquinthen, Aloe, Rhabarber und Sennesblätter auf.

Abu Beer Mohammed ben Zakerija el Razi, den man im Abendland vereinfacht Rhazes nennt, beschäftigt sich ebenfalls eingehend mit den Kräutern und Kräuterauszügen. Mit Hilfe von Honig, Manna und Zucker, den er als indisches Produkt bezeichnet, verfertigt er Sirup. Aufgrund seiner Studien der indischen medizinischen Literatur des Charaka und Susruta empfiehlt er den Asant, die Aloe, in Anlehnung an griechische Autoren den Löwenzahn, Kamala und den Bockshornklee; auch das Bilsenkraut benutzt er und läßt es teilweise inhalieren oder nötigenfalls durch Opium ersetzen.

Im Canon medicinae, dem vollständigsten medizinischen Handbuch der damaligen Zeit, das Ibn Sina, den Avicenna des Abendlandes, zum Verfasser hat, sind ebenfalls verschiedene Abschnitte und Kapitel den pflanzlichen Heilmitteln gewidmet. Im 2. Buch werden die einfachen, im 5. Buch die zusammengesetzten Mittel abgehandelt.

Frühmittelalterliche Arzneikunde

Die frühmittelalterliche Heilkunde ist überwiegend Klosterarbeit. Im 9. Jhdt. hinterläßt Wahlafried Strabo (809-849), ein Mönch aus dem Kloster auf der Insel Reichenau, ein in Hexametern abgefaßtes Werk, den Hortulus, in dem er 25 Heilpflanzen beschreibt, die schon im Capitulare Karl des Großen vorkommen. Dieses empfiehlt eine Reihe von Pflanzen zum Anbau. Darunter befinden sich Anis, Dill, Fenchel, Kümmel, Liebstöckel, Lein, Lorbeer, Senf, Salbei und die Pfefferminze. Zur gleichen Zeit entsteht die ursprünglich von den Franken gegründete Schule von Salerno, der bereits bekannt ist: „Contra vim mortis, non est medicamen in hortis". Dort entsteht die Circa instans, nach den Anfangsworten so genannt, die 273 Arzneistoffe, alphabetisch geordnet, enthält und die Grundlagen für spätere Kräuterbücher liefert. Erwähnung finden Aloe, Asant, Quendel, Lavendel sowie die Muskatnuß, der schwarze Nachtschatten und das Wacholderöl. Die einfachste Medizin, so meint die Circa instans, ist jene, welche die Natur liefert. Etwa aus dem Jahr 1140 stammt ein weiteres Lehrgedicht, das unter dem Namen Macer Floridus geführt wird. Es stützt sich weitgehend auf griechisch-römische Vorbilder und beinhaltet 77 Hinweise über die Kraft der Kräuter (De viribus herbarum).

Henrik Harpestreng, der 1244 in Röskilde starb, hat eine freie Prosaübersetzung des Macer Floridus geliefert; in dieser werden mehrere Kräuter, die in seinem Vorbilde fehlen, aufgeführt, so der Kubebenpfeffer, die Lakritze und der Wasserschierling.

Lehrreiche Einblicke in die Anschauung der damaligen Zeit über Arzneimittel vermitteln auch die Physica der Hildegard von Bingen (1099-1179). Die Physica, die ursprünglich Liber simplicis medicinae heißen, sind lateinisch geschrieben, die Drogenbezeichnungen sind aber gleichzeitig im damaligen mittelhochdeutsch neu geprägt. So heißt der Absinth = Wermuda, die Capsella Bursa pastoris = das Hirteltäschel, die Caryophylli = Nelchin, Conium = Scherling, Hyoscyamus = Bilse, Levisticum = Lubestuckel, die Valeriana = Denemarcha und das Verbascum = Wullena sowie die Zedoaria = Zijtvar. Das Werk lehnt sich im übrigen deutlich an Plinius sowie die Schule von Salern, Walafried und Macer Floridus an.

Aufschlüsse über die Arzneikunde in England gibt ein Arzneibuch aus Wales, das im 13. Jhdt. entstanden sein muß und den Titel Meddygon Myddfai, d. h. die Ärzte von Myddfai, trägt. Es erwähnt die sonst unbekannte Digitalis, den bittersüßen Nachtschatten, der zusammen mit der Betonie und dem Salbei gegen den Biß toller Hunde verwendet werden soll. Auch Wacholder, Lavendel und Mohn, Löwenzahn und Ulmenrinde werden empfohlen. Neben

Strabi Fuldensis mo
nachi poete suauissimi. quondã Rabani
Mauri auditoris Hortulus nuper apud Heluetios in. S. Galli monasterio
repertus. qui Carminis elegantia tam est delectabilis. q̃ doctrine cognoscen-
darum quarundam herbarum varietate vtilis. Ad Grymaldũ Abbatem.

¶ Item Psalmus. 41. Sicut ceruus desiderat ꝛc. et Psalmus. 112. Lau-
date pueri ꝛc. per Venerabilem Bedam. sono Heroico decãtanti.

Strabi Fuldensis Hortulus – Poetische Darstellung der Heilkräuter von Wahlafried Strabo, Abt im Kloster Reichenau (838), gedruckt nach 1510.

der Digitalis, ist hier zuerst die Bärentraube genannt und es gibt zudem die eigentümliche Empfehlung, daß jeder Arzt für die arzneiliche Verwendung in seinem Garten den Eisenhut anbauen solle.

Trotz aller Verhaftung im mittelalterlichen Denken bedeutet die Beschreibung von etwa 250 Arzneipflanzen und Drogen durch Albertus Magnus von Bollstädt (1193-1260) einen Fortschritt, weil seine Klassifikation der Pflanzen und seine pharmazeutischen Angaben zum Teil auf eigenen Versuchen und Beobachtungen beruhen. Von seinen Schriften ist das erste in deutscher Sprache verfasste volkstümliche Buch über Arzneipflanzen, das Buch der Natur des Konrad von Meggenberg (1309-1374), stark beeinflußt. Es behandelt etwa 90 Arzneikräuter zum Teil wiederum mit deutschen Namensbezeichnungen, wie Alraune für Mandragora, Wachalter für Juniperus, Mauszwivel für Scilla und Wanzenkraut für Koriander.

100 Jahre später in der Zeit des ausgehenden Mittelalters erscheint in Mainz in der von P. Schöffer geleiteten Offizin, einem Mitarbeiter Gutenberg's, ein lateinisch gedrucktes Buch mit bunten Holzschnitten. Das große Interesse, das diesem Herbarius (1484) entgegengebracht wird, veranlaßt Schöffer, ein zweites Werk in deutscher Sprache herauszugeben, den „Gart der Gesundheit" (1485). Die Zusammenstellung besorgt der Frankfurter Stadtarzt Johann Wonnecke von Cube (Kaub); das Buch enthält 382 Beschreibungen von Pflanzen neben Angaben über mineralische und tierische Arzneimittel. 1491 erscheint zusätzlich der große Hortus sanitatis von Jakob Meydenbach ebenfalls in Mainz. Er ist Buchdrucker und vermehrt die Zahl der Pflanzenbeschreibungen auf 530, wiederum unter Zufügung von Abbildungen.

Die Väter der Botanik

Das 16. Jhdt. bringt für die Pflanzenheilkunde den großen Aufschwung, bedingt durch das Wirken einiger Männer, die mit Recht als die Väter der wissenschaftlichen Botanik bezeichnet werden, da sie sich von der Tradition der Antike unabhängig machen und sich auf eine Naturbeobachtung bei der Beschreibung der Pflanzen stützen. Dies führt zur Sammlung eines neuen Beobachtungsmaterials, von dem die vorangehenden Jahrhunderte wenig Ahnung besaßen. Die aus eigener Sicht und Erfahrung gewonnenen Kenntnisse werden unter Mitarbeit von Holzschneidern und Illustratoren so dargestellt, daß jedes geschulte Auge die naturgetreu abgebildeten Pflanzen sogleich erkennen kann. In diesen kunstvollen Holzschnitten aus der heimi-

D. Leonhart Fuchs/seins alters im XLII. Jar.

Leonhart Fuchs, 1501-1566, Professor in Tübingen.

schen Pflanzenwelt liegt der wissenschaftliche Gewinn dieser Kräuterbücher, während auf medizinischem Gebiet sich nur Ansätze für eine bessere Verwertung der Pflanzen zu therapeutischen Zwecken finden.

Während die Kräuterbücher von Schöffer und Meydenbach mit weitgehend mittelalterlichem Text und Abbildungen kursieren, gibt der gebürtige Mainzer Otho Brunfels (1488-1534), ein gelehrter Humanist, 1530 ein lateinisch geschriebenes Herbarium heraus, das von großem wissenschaftlichen Ernst getragen ist. Ihm folgt 1532 eine deutsche Übersetzung mit dem Titel: „Contrafeyt Kreuterbuch". Was dieses Werk so wertvoll macht, sind die Abbildungen, die von dem Holzschneider Hans Weyditz angefertigt sind. Sie stellen schlechthin Kunstwerke von hohem Rang dar und sind naturgetreue Darstellungen der in der Umgebung von Straßburg und im Rheingau gesammelten und identifizierten Pflanzen.

Wenige Jahre nach Brunfels veröffentlicht der Tübinger Professor Leonhard Fuchs (1501-1566) ein weiteres, bebildertes Kräuterbuch, das 1543 bei Isingrin in Basel gedruckt wird und hervorragend in Text und Druckgestaltung ausgestattet ist. Die Abbildungen stammen von drei Künstlern H. Füllmaurer, H. Meyer und V. R. Speckle, die den Holbein'schen Arbeiten nahestehen. Lange Zeit ist man unsicher, wie die Bilder entstanden, da sie ganz verschieden von den Abbildungen des Brunfels sind, bis man entdeckt, daß Fuchs das Herbarium von Leonhard Rauwolf (1540-1596), der mit Fuchs befreundet war, als Vorlage diente. Der Text, welcher Name, Geschlecht, Gestalt, Heimat und Blütezeit sowie „krafft und würkung" berücksichtigt, überragt die mittelalterlichen Arbeiten erheblich, da er stets auf eigene Beobachtungen zurückgreift.

Volkstümlicher angelegt ist das Kräuterbuch des Hieronymus Bock (1498-1554) aus Zweibrücken, das erstmälig 1539 und nachfolgend 1546 mit Abbildungen versehen erscheint. Es befaßt sich hauptsächlich mit der Pflanzenwelt aus der engeren Heimat des Autors im Wasgau. Daneben werden einige ausländische Pflanzen, die dort kultiviert werden, wie der Mandelbaum, das Süßholz, die römische Kamille und die Koloquinthen erwähnt. Auch der Fingerhut (Digitalis) ist erstmalig genannt. Illustriert ist das Werk von einem jungen Zeichner David Kandel, den Bock selbst herangebildet hat.

Ein weiteres Kräuterbuch wurde in diesem druckfreudigen Jahrhundert von Jacobus Theodorus Tabernaemontanus (1530-1590) herausgegeben, der seinen Namen nach seinem Heimatort Bergzabern in der Pfalz latinisiert hat.

Er ist ein Schüler Bock's und schafft ein riesiges Werk, in dem über 3000 Pflanzen botanisch und pharmakognostisch behandelt sind. Zu Ende des

De herbis.

Ca. cc xxxiij.

Incensaria. Dyascorides. Incensaria herba est facta sicut arnoglossa; sed aspera ⁊ super terram spansa: cuius odor est sicut odor thuris habēs in costis aliqualem pilositatem et albedinem sicut enula. Et folia habent formam aliqualiter cordis nascentia.

Operationes.

A Dyascorides. Desiccat humiditatē pectoris. ⁊ confortat neruos. B Et valet ad coryzam.

Ca. cc xxxiiij.

Indicus: Sera. li. aggre. cap̄. Al lech. auct. dyas. Est de ipso domesticus ⁊ siluestris. Et domesticus ē ille q̄ tinctores vtunt̄. Cuius foliū est simile folio plantaginis. nisi quia est magis viscosum ⁊ fortioris nigredinis. ⁊ habet stipitem lōgitudinis brachij vnius. Sed agrestis assimilat̄ domestico nisi quia folium eius est magis simile folio lactuce. ⁊ habet ramulos longos plures graciles cū multis ramusculis. quorum color tendit ad rubedinē. et in summitatibus ramorū sunt vaginole multe similes linguis. Et ē in eis semen. ⁊ habz florem paruū subtilē Ex eidem auct. Gal'. Domesticus est ille q̄ vtunt̄ tinctores: sapor eius ē amarus. stipticus ⁊ virtus eius ē q̄ desiccat fortiter sine acumie Et idē auct. Alocsine. Est arbustū puluerulentum eleuatumq; cū stipite suo longitudine vnius brachij. ⁊ hz germina ramorum: In summitate sua est flos sicut flos coriādri ⁊ siccatur ⁊ teritur. ⁊ ponitur cum alcāna

Aus dem lateinischen Hortus Sanitatis von Meydenbach

Jahrhunderts beschreibt Joachim Camerarius (1543-1598), ein Schüler des Melanchton, in seinem Hauptwerk Hortus medicus et philosophicus 1588 den in Nürnberg von ihm gegründeten Botanischen Garten. In seinen Abbildungen ist er nur teilweise eigenständig, da er den größten Teil der von Conrad Gessner (1516-1565) angefertigten Pflanzenbilder übernimmt. Dieser kann sein vorgesehenes Kräuterbuch nicht fertigstellen, weil er in jungen Jahren an der Pest stirbt. Textlich bringen diese Werke wenig Neues; doch finden sich bereits einige Pflanzen der amerikanischen Flora erwähnt, wie der Tabak, der ursprünglich als Heilkraut verwendet wird, sowie das Guajakholz und die Sarsaparille, die neuen Wundermittel gegen die Syphilis.

Unter Benutzung der Holzstöcke des Matthiolus folgt 1663 der Parnassus medicinalis des Professors für Arzneikunde in Mainz, Johann Joachim Becher (1635-1682). Er versieht jede Abbildung mit einem Knüppelvers und schreibt beispielsweise bei der Palma Christim der Stendelwurz:

Die Stendelwurz ist süß, erwärmet und befeucht
sie stärkt die Mutter, ist darinnen Kräfften reich.
Den Männern gibt sie Krafft,
sie machet auch das man
im Venusspil, wie sich's gebührt, bestehen kann.

Ausländische Kräuterbücher

Außerhalb Deutschlands erscheint in Antwerpen bei dem dortigen Verleger Plantin 1583 das Hauptwerk Stirpium Historia pemptades VI des Rembert Dodonaeus, der zuvor schon 1563 ein Cruydboek herausgegeben hat. Im gleichen Verlag gibt 1576 Mathias de Lobel (1538-1616) die Plantarum et Stirpium Historia heraus, die sein namhaftes Wissen über das Pflanzenreich und seine Verwendungsmöglichkeiten bezeugt.

In Frankreich erfolgt 1586 Jacques Dalechamps (1513-1588) mit einem umfangreichen Kräuterbuch, das viele exotische Pflanzen enthält. Ein Jahr zuvor erscheint 1585 in Italien das Herbario nuovo von Castore Durante (1529-1590). Ihm voran geht 1583 in Siena Pierandrea Matthiolus mit seinem berühmten New Kreuterbuch, das durch Handsch verdeutscht und mit 810 ganzseitigen Holzschnitten ausgestattet ist. In England folgt 1597 The Herball von John Gerard.

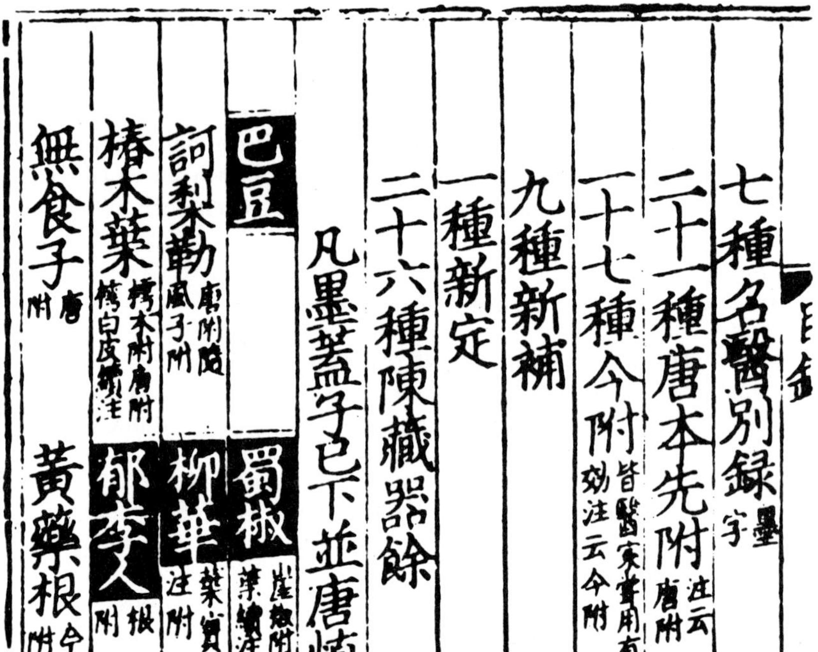

七種名醫別録 墨字
二十一種唐本先附 注云唐附
一十七種今附 皆醫家嘗用有效注云今附
九種新補
一種新定
二十六種陳藏器餘
凡墨蓋子已下並唐慎微續證類
巴豆 蜀椒 崖椒附 蔓椒續注 皂莢 鬼皂莢續注
訶梨勒 唐附 隨風子附 柳華 葉實子注附 楝實 即金鈴子也 根附 皮續注
椿木葉 樗木附 唐附 樗白皮續注 郁李人 根附 莽草
無食子 唐附 黃藥根 今附 雷丸

Ausschnitt aus dem Inhaltsverzeichnis der Drogenkunde „Ch'ung – hsiu – cheng – ho pen-ts'ao" Ende 11. Jahrhundert.

Die ersten Informationen über die Drogen der Neuen Welt liefern der spanische Franziskaner-Mönch Bernadino de Sahagun (1499-1596) und Francisco Hernandez (1514-1587). Sahagun kommt 1529, 10 Jahre nach der Eroberung Mexiko's durch Fernando Cortez in dieses Land und verfaßt zunächst in aztekischer Sprache eine Chronik über die Drogen und medizinischen Gebräuche der Eingeborenen. Sie vermittelt insbesondere Kenntnisse über die Rausch erzeugenden Kräutermittel der Indianer wie über den Visionen erzeugenden Pilz Teonanácatl, das Hirngespinst Peyotl, den Kaktus mit dem weißen Haarbusch und den sinneberauschenden Samen Ololiuqui. Wegen des Inhaltes und der Berichte über die indianischen Zauberzeremonien wird die Veröffentlichung von seinen Ordensoberen verhindert und die endgültige spanische Version hat über 200 Jahre lang auf ihren Druck warten müssen.

Francisco Hernandez ist 1571-1577 im Auftrage des spanischen Königs Phillip II in Mexiko. Auch sein Werk, die Historia natural de Nueva Espagña, kann zunächst nicht erscheinen; es erfährt eine Überarbeitung durch Leonardo Antonio Recchi und wird 1628 in der Academia dei lincei in Rom gedruckt. Bearbeitet sind über 400 Medizinalpflanzen. Weitere Beiträge über die amerikanische Heilkräuterkunde sind dem Werk von Bernabe Cobo aus dem Jahre 1653 zu entnehmen, der 1642 die Chinarinde nach Spanien und Rom bringt. Ein halbes Jahrhundert nach der Eroberung Mexiko's erscheint dann wiederum in Antwerpen bei Christoph Plantin das Werk von Nicolo Monardes († 1578) in lateinischer Sprache. Es ist bereits 1565 auf spanisch in Sevilla herausgegeben. Die Übersetzung besorgte Carolus Clusius.

In diesen Werken finden sich Berichte über Sabadilla und Sarsaparilla sowie über die Jalappen. Die Eigenschaften der Chinarinde, des Perubalsams, der Cassia, des Coca und Guajakholzes werden beschrieben und auch der Tabak findet Erwähnung.

Die ostasiatische Drogenkunde wird durch die Portugiesen übermittelt. Sie bringen 1525 die Knollen der in Japan, China und Vorderindien heimischen Pflanze Smilax China nach Europa. 1565 berichtet Garcia da Orta (1490-1570) über den Hanf- und Opiumgenuß in Ostasien. Er kennt den Benzoe-Baum, dessen Harz schon Vasco da Gama (1469-1524) 1497 nach Europa gebracht hat. Er erwähnt auch, daß er in Goa die Rauwolfia gesehen hat, deren ausführliche Beschreibung und medizinische Verwendung aus der Feder von Christobal de Acosta († 1580) aus dem Jahre 1578 stammt.

An diesen ausländischen Drogen bekundet Carolus Clusius (1526-1609). Professor in Leyden, besonderes Interesse. In seiner „Rariorum plantarum historia", die sich aus 10 Büchern zusammensetzt, ist das gesamte damalige Wissen über inländische und außereuropäische Drogen zusammengefaßt. Das Werk ist mit 1109 Holzschnitten ausgestattet, die auch exotische, damals wenig bekannte Pflanzen abbilden. Gedruckt ist es 1597 wiederum in Antwerpen bei Plantin. Alexander Tschirch (1856-1939), der berühmte Schweizer Drogenforscher, hat das Kräuterbuch von Clusius als das wichtigste Dokument dür die Geschichte dieses Faches bezeichnet. Hier findet sich eine Abbildung des Kanarischen Drachenblutbaumes, von dem der Verfasser selbst ein lebendes Exemplar gesehen hat. Gezeichnet sind weiter Sternanis, Capsicum, Cacaosamen, Sabadilla und Gutti. Er kennt außerdem die Colanuß und den Copaivabalsam und steht mit bedeutenden Sammlern im Briefverkehr, von denen er Proben von Tolubalsam und Kirschlorbeer empfängt. In Lissabon lernt er den weißen Pfeffer kennen und kultiviert Calmus, den er aus Kleinasien erhält. In Brügge sieht er Zweige von Zimtbäumen, in Andalusien Quercus ruber, in Spanien Bärentraube und Capsicum. Bei seinen Studien vergleicht er zudem stets das Neue mit dem Alten und zielt bei seiner botanischen Forschung immer auf eine Förderung des Wissens hin.

Pharmazeutische Schriftsteller des XVII.–XIX. Jahrhunderts

Die Väter der Botanik interessieren sich grundsätzlich nur für die Pflanzen als Heilmittel oder als künftige Arzneien. Das ist nicht erstaunlich, da ihre Werke nahezu ausschließlich gelehrte Ärzte als Verfasser haben. Dies gilt für Brunfels, der als Arzt in Bern starb, sowie für Fuchs, der seine medizinische Ausbildung in Erfurt und Ingolstadt erfuhr. Ebenso ist Pierandrea Matthiolus Arzt am Hofe des Kaiser Maximilians. Adam Lonicerus ist Stadtphysikus in Mainz, Joachim Camerarius ist Arzt in Nürnberg und Tabernaemontanus, der Mann aus Bergzabern, ist Leibarzt von Johann Casimir in Heidelberg und Mathias de Lobel ist Hofarzt von Jakob I in England. Auch Walter Hermann Ryff († 1548), der 20 Bücher u. a. die New ausgerüstete teutsche Apoteck produzierte und das meiste seiner Veröffentlichungen von anderen abschrieb, ist Arzt in Straßburg und Mainz.

Mit der Ausweitung des Inhalts der Drogenbücher und der fortschreitenden Kenntnis der Pflanzenkunde, der Anlage von botanischen Gärten und Herbarien, gewinnt immer mehr und mehr die Botanik als solche und das Bemühen um eine Ordnung und Klassifizierung des Pflanzenreiches den Vorrang. Den ersten Versuch, die Pflanzenwelt nach einem natürlichen System einzuteilen, unternimmt Caspar Bauhin (1560-1624). Er lehrt Anatomie und Botanik in Basel, ist ein Freund von Fuchs und Gessner und beginnt für 6000 Pflanzen mit der Aufstellung eines natürlichen Pflanzensystems nach Arten und Spezies. Rembert Dodonaeus in Leyden († 1585) macht mit der Klassifikation der Pflanzenwelt weitere Fortschritte, die schließlich zu dem von Carl von Linné (1707-1778) aufgestellten künstlichen System der Pflanzen im Jahre 1735 führt.

Für diesen Wandel, der seit 1600 einsetzte, ist kennzeichnend, daß der Apotheker Basilius Besler (1582-1629) auf Betreiben des Bischofs von Eichstätt, Johann Konrad von Gemmingen einen riesigen Kräutergarten mit 1000 seltenen Gewächsen schafft, die er in seinem Prachtwerk, dem Hortus Eystettensis 1613 abbildet. An Größe und Gewicht (die Originalmaße betragen 55 mal 47 cm) entspricht es der Prachtliebe dieses Jahrhunderts. Es ist mehr ein Schaubuch, das botanisch und ästhetisch befriedigt, medizinisch aber kaum weiterhilft. Die Stiche sind meist später koloriert und sind vielfach nur als Einzelblätter erhalten. Der herrliche Botanische Garten ist im 30-jährigen Krieg zerstört.

Seit dem Erscheinen des Hortus Eystettensis gleitet für den Zeitraum vom 17.-19. Jahrhundert die Abfassung der Kräuterbücher völlig aus den Händen der Ärzte und es sind nur noch Apotheker und Botaniker als Verfasser von Kräuterbüchern zu nennen. Andreas Friedrich Happe in Berlin nennt sogar sein Werk über die Heilpflanzen „Botanica pharmazeutica" (1785). Carl Ludwig Willdenow ebenfalls in Berlin, der einen Grundriß der Kräuterkunde 1792 veröffentlicht, ist Vorsteher des Botanischen Gartens und Professor der Botanik. Theodor Friedrich Ludwig Nees von Esenbeck, der über einheimische Giftgewächse 1798-1801 berichtet, ist Professor der Pharmazie in Bonn und dort Inspektor des Botanischen Gartens. Johann Heinrich Dierbach ist Apotheker und Professor der Botanik in Heidelberg; er verfaßt eine Abhandlung 1831 über die Arzneikräfte der Pflanzen. Friedrich Gottlob Hayne ist wiederum Professor der Botanik in Berlin und gibt ein 4-bändiges Werk über die Arzneigewächse zwischen 1829-1841 heraus. Auch die allgemeine medizinisch pharmazeutische Botanik, ein 6-bändiges Werk (1831-1836), hat einen Professor der medizinischen Botanik aus Prag, Franz Vinzenz Kosteletzky, zum Verfasser.

Charakteristisch für den Wandel ist weiterhin, daß ab 1600 kaum noch Holzschneider zu finden sind. An ihre Stelle treten die Kupferstecher, welche die Darstellung von Pflanzen, wie die berühmten Pflanzenbilder Dürer's zeigen, zur höchsten Vollendung entwickelt haben. In den Kräuterbüchern handelt es sich meist um kolorierte Bilder, welche in größter Naturtreue Gestalt und Aussehen, Blüten und Früchte wiedergeben. Sie sind vielfach von außerordentlicher Schönheit, aber vornehmlich rein floristisch geprägt; mit den alten Kräuterbüchern haben sie eigentlich nur den Namen gemeinsam.

Im 17. Jahrhundert erfolgt ein weiterer Wandel, der sich auf die Kräuterkunde deutlich auswirkt. Schon in dem umfangreichen Tafelwerk über Heilpflanzen, der Botanica pharmaceutica von A. F. Happe 1785, sind nur solche Pflanzen abgebildet und beschrieben, die im Brandenburgischen Dispensatorium enthalten sind. Ebenso gibt F. G. Hayne in seiner Darstellung und Beschreibung der Arzneigewächse nur über solche Drogen Auskunft, weolche in die neue preußische Pharmakopoe aufgenommen sind. Dieser Begriff „Pharmakopoe" taucht erstmalig zu Ende des 16. Jhdt. auf. Ein Titel, der die Bedeutung des Machens der Pharmaka betont. Dispensatorium heißt „Anweisung", beide Begriffe zielen auf Vorschriften hin, die für die Zubereitung und Aufbewahrung sowie Handhabung der Drogen verbindlich sein sollen. Den Anfang setzt in Nürnberg der dort tätige Valerius Cordus, der 1546 das erste offizielle Arzneibuch in Deutschland zusammenstellt und herausbringt. Dieses Buch erregt allgemeines Aufsehen und wird schon bald für alle in Nürnberg tätigen Heil- und Arzneibeflissenen zur Richtschnur erklärt. 1564 erscheint dort ein 2. Arzneibuch, das Cellarius, 1580 im Vorwort der 4. Auflage dem Nürnberger Rat zur Einführung als verbindliche Vorschrift empfiehlt, weil es Bücher genug, doch keines kommt dem heutigen gleich. Es findet bis in's 18. Jahrhundert reichlich Nachahmer und es gibt in rascher Folge ähnliche gesetzliche Vorschriften für die Apotheker in zahlreichen Städten.

In diesen Pharmakopoen werden neben pflanzlichen Drogen viele chemische Verbindungen aufgeführt. Schon Paracelsus (1493-1541) bevorzugt therapeutisch die Metallpräparate. Er stellt bewußt die chemische Scheidekunst in den Dienst der Therapie, um mit ihrer Hilfe unter den Schlacken die inwendig liegende Arznei zu finden.

Aus diesen Anfängen erwächst die moderne Chemie, mit deren Aufschwung im 19. Jahrhundert die chemischen Arzneien derart zunehmen, daß die pflanzlichen Naturstoffe und ihre einfachen Zubereitungen nur noch eine Nebenrolle in der Arzneibehandlung spielen. An ihrer Statt isoliert man aus den Pflanzen die reinen Inhaltstoffe, um diese bevorzugt anzuwenden.

Außerhalb des europäischen Kulturkreises ist China das Land, in dem die Pflanzenwelt als Lieferant von Arzneimitteln besonders geschätzt worden ist. Die Tradition wird dort auf den legendären Herrscher Shen-nung zurückgeführt, der um 2700 v. Chr. regiert haben soll. Niederschriften seines Pflanzenkanons sind erstmalig aus der späten Han-Zeit um 200-220 n. Chr. bezeugt. Weitere Teilstücke sind aus den Jahren zwischen 452-536 erhalten. Dieses drogenkundliche Wissen ist untrennbar mit dem Namen Pen Ts' ao verknüpft, d. h. soviel wie Drogenkunde. Dieser Begriff wird in der Geschichte der Arzneibücher China's über alle Zeiten hin benutzt.

Die alte, überkommene Lehre wird in den folgenden Jahrhunderten vielfach überarbeitet, kommentiert und erweitert. Dies gilt insbesondere für die Aufnahme neuer Drogenmonographien. Werden im Pen ts' ao-ching aus dem 3. Jhdt. n. Chr. nur 265 Mittel besprochen, so ist in der Arzneimittellehre des Li Shi-chen (geb. um 1500), die Zahl der Einzeldarstellungen auf 1900 angewachsen. Dieses Werk ist unbestreitbar die wichtigste Drogenkunde, deren sich die chinesische Wissenschaft rühmen darf. Unter dem Namen Pen ts' ao-ka-mung bringt es für jede Droge neben mannigfaltigen Quellenverweisen suf ältere Literaturstellen eine genaue Beschreibung der äußerlichen Pflanzenmerkmale, wie Angaben über ihre Fundorte, Zubereitungen, Dosierungen und Indikationen. 142 recht unvollkommene und roh angefertigte Illustrationen ergänzen die Texte. Weitaus bessere Pflanzenbilder sind in einer Handschrift aus dem Jahre 1159 im Shao-hsing-Pen ts' ao überliefert. Sie sind zugleich die ältesten Pflanzendarstellungen in der Literatur China's und sie verdienen zweifellos nicht nur Interesse als medizinische Illustrationen, sondern auch als Dokumente für den Stand der chinesischen graphischen Technik zu diesem Zeitpunkt.

Abgesehen von ihren hochwertigen, künstlerischen Holzschnitten und Kupferstichen haben die Kräuterbücher in ihren Texten der Heilkunde einen unverkennbaren Stempel aufgedrückt. Neben allen naturphilosophisch gespreizten Spekulationen und einer Verwobenheit in eine magische Gedankenwelt bringen sie erste Ansätze für eine zukunftweisende Empirie, welche auf einer intensiven Naturbeobachtung und auf einem uralten Erfahrungswissen beruht. Kräuterbücher haben somit uns nicht nur mit den Auffassungen früherer Jahrhunderte über das Wesen der Krankheiten und ihre therapeutischen Behandlungsmöglichkeiten bekannt gemacht; sie haben zudem beachtliche eigenständige Leistungen aufzuweisen, die für die Entwicklung der Heilkunde entscheidend sind.

3. Wege der Schmerzbekämpfung

Das Erlebnis Schmerz ist so einschneidend, daß der Mensch sich notgedrungen nach Hilfe, Abwehrmaßnahmen und Vorbeugungsmöglichkeiten umsehen muß. Seit den frühesten Zeiten haben die Ärzte sich daher bemüht, Schmerzen mit Drogen zu bekämpfen und zu lindern.

Die älteste überlieferte Quelle über betäubende und schmerzlindernde Heilmittel stammt aus dem 3. Jtsd. v. Chr. Ein babylonisches Tontäfelchen aus dieser Zeit enthält die Anweisung, kariöse Zähne mit einer zementartigen Masse zu füllen, die mit zerriebenem Bilsenkrautsamen und Mastix vermischt werden soll. Ebenso kennt der Papyrus Ebers (um 1550 v. Chr.) die Verwendung von Bilsenkraut und Mohn zur Schmerzbekämpfung. Auch die Inder benutzen frühzeitig Mischungen von Datura, Mohn und Bilsenkraut für narkotische Zwecke.

Hanf (Cannabis sativa)

Neben diesen Drogen wird der Hanf als Betäubungsmittel eingesetzt. Dies ist insbesondere aus der indischen und altpersischen Literatur zu belegen, wo der Hanf bei Susruta (etwa 1300 v. Chr.), wie das 450 n. Chr. geschriebene Bower Manuskript bestätigt, ausdrücklich als Narkotikum erwähnt wird. Auch die Avesta, die vermutlich im 6. Jhdt. v. Chr. entstandene heilige Schriftensammlung der Perser, weiß von der betäubenden Wirkung der Blätter und Harze der Hanfpflanze zu berichten. Der griechische Autor Herodot (485-425 v. Chr.) schildert, daß die Skyten den Hanf anbauen, um seinen betäubend wirkenden Samen zu gewinnen. Ob mit diesen Gewohnheiten bereits eine medizinische Anwendung verbunden war, ist nicht gesichert. Dies trifft erst für den bedeutenden Chirurgen des alten China's Hua T'uo zu, (etwa 190-265 n. Chr.) der seinen Patienten vor operativen Eingriffen einen narkotischen Wein verabreichen ließ, der neben Hanf möglicherweise Arisaema dracunculus, Pinellia und Aconitum enthält. Ohne einen Hinweis auf eine etwaige therapeutische Anwendung gibt Diodor an, der unter Caesar und Augustus lebt, daß die Frauen in Theben aus Hanf eine Flüssigkeit herstellen, die narkotisch wirkt.

Nach Galen wirkt der Hanf beruhigend; er warnt jedoch vor einem häufigen Gebrauch, da dieser Magenschmerzen, Kopfbeschwerden und Impotenz nach sich zieht, eine Feststellung, die die Haschisch-Süchtigen bestätigen können. Daß der Hanfextrakt den Magen angreift, das Blut verschlechtert und das Hirn schädigt, ist auch bei Francois Rabelais (1494-1553) in seinem Schelmenroman Gargantua und Pantagruel zu lesen. Die therapeutischen Empfehlungen sind im Mittelalter wie schon bei Dioscurides im 1. Jhdt. n.

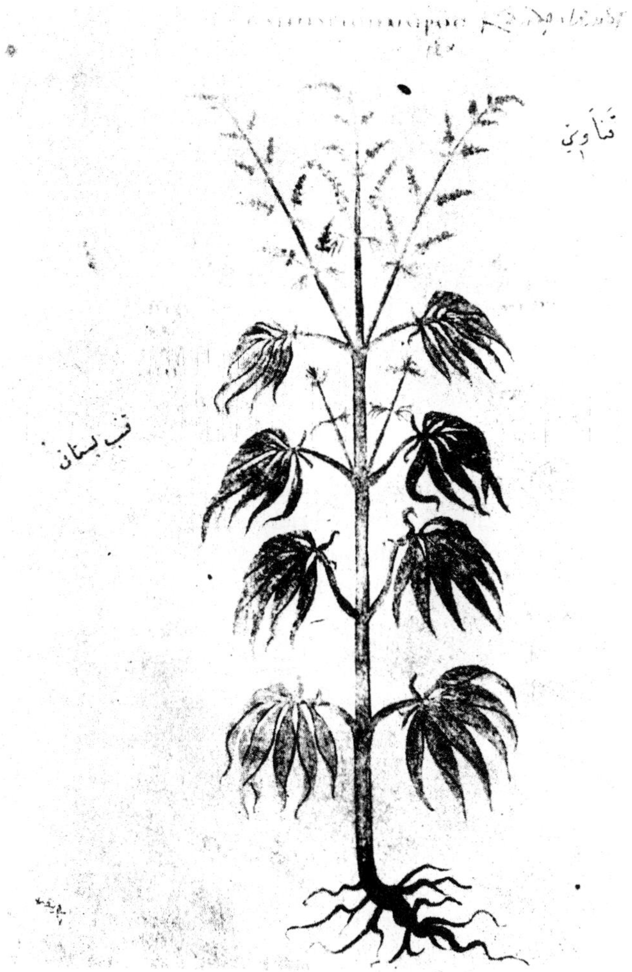

Haschisch

Haschisch – Älteste bekannte Abbildung des Hanfes aus der Handschrift des Dioscurides

Chr. auf die Indikation Gebärmutter-Mittel und den Geschlechtstrieb dämpfende Arznei ausgerichtet. Zur Schmerzbekämpfung wird die berauschende Wirkung in dieser Zeit nicht benutzt.

Erst das 19. Jhdt. bringt Anfänge einer pharmakologischen Erforschung des Hanfes. Sie beginnen mit den Untersuchungen des irischen Arztes William Brooke O'Shaughnessy (1809-1899). Er studierte in Kalkutta die indische Volksmedizin und beschreibt seine Erfahrungen über den Hanf in „The Bengal Dispensatory and Companion to the Pharmacopeia" (London 1842). Drei Jahre später erscheint das über 400 Seiten starke Buch des französischen Nervenarztes Jacques-Joseph Moreau de Tours (1804-1884) „Du Haschisch et de l'aliènation mentale" (Paris 1845), dessen ausführliche Beschreibung des Haschischrausches nicht nur das Interesse zahlreicher Ärzte, sondern auch der Literaten Theophil Gauthier (1811-1872) und Charles Baudelaire (1821-1867) erregt.

Vom klinischen Standpunkt aus werden die Wirkungen des Hanfs durch John Warnock (1864-1942) und Auguste-Armand Marie (1865-1934) erforscht. Eine zusammenfassende „Klinik der Haschischwirkungen" stammt von Stringaris aus dem Jahre 1939, welcher insbesondere die Haschisch-Psychose und die chronischen Charakterveränderungen nach längerem Gebrauch des Haschischgenusses differenziert.

Die Bemühungen, die Chemie des Hanfes aufzuklären, setzen in den Jahren 1896-1899 ein, wo ein zähes Öl, das Cannabinol aus dem Harz isoliert wird. Rein dargestellt wird es in den 30-iger Jahren dieses Jahrhunderts von Robert Sydney Cahn. Die Strukturaufklärung und seine Synthese gelingen zwischen 1940-1943 Roger Adams in den USA und unabhängig davon A. R. Todd in Großbritanien. Man hält das Cannabinol ursprünglich für den eigentlichen Wirkstoff des Hanfes, bis die Versuche von Siegfried Loewe 1950 zeigen, daß das Tetrahydrocannabinol für die typischen Effekte des Hanfes verantwortlich ist. Selbst dieses hochwirksame Prinzip hat eine therapeutische Verwendung gefunden, da es bei Patienten, die sich einer Krebstherapie unterziehen müssen, das vielfach auftretende Erbrechen zu unterdrücken vermag (Kluin-Neleman 1979, Anderson 1981). Infolge der psychotropen Nebenwirkungen hat man Abwandlungsprodukte entwickelt; doch diese sind ebenfalls nicht ohne Begleiterscheinungen.

Mohn (Papaver somniferum)

Nach den Mohnkapselfunden in den Pfahlbauten Mitteleuropas ist der Mohn bereits vor mehr als 2000 Jahren kultiviert worden. Ebenso ist er den alten

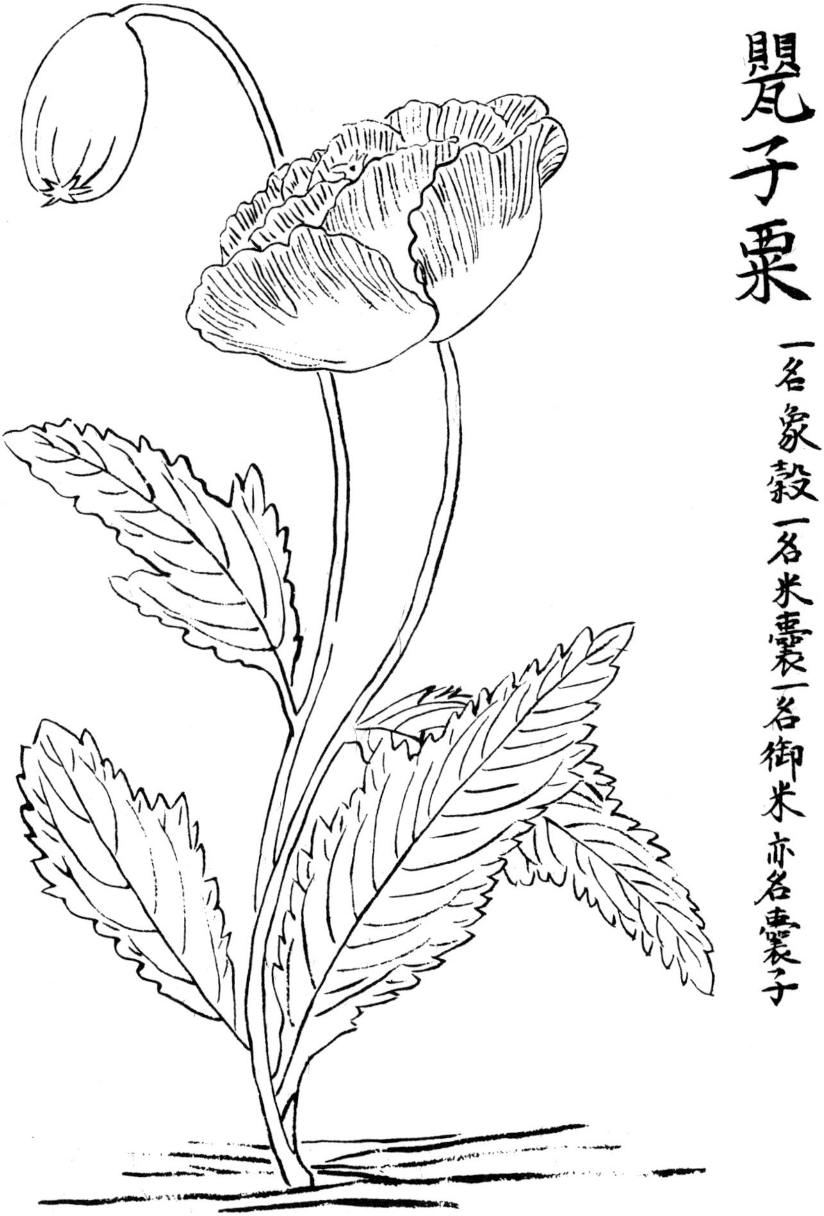

Mohn – Abbildung aus einem chinesischen Kräuterbuch der Periode Shao-hsing (1159)

Hochkulturen im Vorderen Orient bekannt. Dies bezeugt eine Steele aus der Zeit des Königs Sargon II um 705 v. Chr., auf der ein assyrischer Priesterarzt mit einer Mohnkapsel zu sehen ist. In Kreta sind Skulpturen aus der Zeit zwischen 1400-1200 v. Chr. aufgefunden, die auf dem Kopf eine Krone aus Mohnkapseln tragen. Dieser Schmuck versinnbildlicht wahrscheinlich die schlafspendende und schmerzstillende Gottheit. Noch bei Michelangelo wird die Statue der Nacht in den Medici-Kapellen durch eine Mohnkapsel geziert. In gleicher Weise hält in Aquileia ein Genius eine Mohnpflanze im ewigen Schlaf in der Hand.

Neben diesen künstlerischen und prähistorischen Zeugnissen ist aus der Literatur zu entnehmen, daß Opium frühzeitig als Schmerzbekämpfungsmittel geschätzt ist. Die Gewinnung des Opiumkuchens muß der Minoischen Kultur bekannt gewesen sein. Im Museum von Heraklion findet sich eine Darstellung eines Opiumkuchens. Wahrscheinlich handelt es sich auch bei der im Papyrus Ebers aufgeführten Schepen-Pflanze um den Mohn, da diese Droge empfohlen wird, um das übermäßige Geschrei von Kindern zu stillen. Nicht zu entscheiden ist, ob die Griechen unter der Bezeichnung Mekonium den ausgepreßten Saft oder einen Extrakt der Fruckt bzw. die ganze Pflanze gemeint haben. Sie unterscheiden zwar zwischen dem Mekonium, das nach Hesiod aus der Stadt Mekone stammt und dem Opium, das durch Ritzen der Kapseln gewonnen wird und dessen Name sich von dem Griechischen Wort Opos = Saft ableitet.

Beide Zubereitungsarten werden von Hippokrates und Galen gleichmäßig zur Behandlung von Augenkrankheiten, Darmkoliken und Durchfällen benutzt. Kennengelernt haben die Griechen die Opiumgewinnung wahrscheinlich beim Feldzug Alexander des Großen in Indien. Aus dieser Zeit stammt die Naturgeschichte der Gewächse des Theophrast (etwa 370-288), der die Ernte des Mohnsaftes und das Anschneiden der Mohnkapseln genau beschreibt und zugleich eindringlich vor einem leichtsinnigen Gebrauch warnt. Nur in aussichtslosen Situationen soll man Opium einsetzen, um ein schmerzfreies Ende des Lebens zu erreichen. Plinius und Dioscurides, welche die schmerzstillende Wirkung der Droge hochschätzen, wissen ebenso über die Giftwirkung dieses Saftes Bescheid. Vergil (70-19 v. Chr.) nennt den Mohn in seiner Georgika „getränkt mit lethäiischem Schlummer“ und läßt ihn in seiner Änaeis mit tauigem Honig als betäubendes Mittel geben.

Von den Griechen und Römern gelangt das Opium in die arabische Medizin; von dort wird im 6. und 7. Jhdt. seine Anwendung bis nach Persien und Indien verbreitet, weniger als Medizin, sondern als Genußmittel. Über die Araber kommt die Droge nach China und erscheint erstmalig in dem medizinischen

Werk Pen-Ts'ao des Shen-Nung mit der Heilanzeige Dysenterie. Ein Mißbrauch des Opiums ist in China erst im 17. Jhdt. in Mode gekommen. Katholische Missionare haben dazu beigetragen, indem sie in diesem Lande Jesuspillen vertrieben, welche Morphium enthielten.

Das 17. und 18. Jhdt. weist recht unterschiedliche Auffassungen über den Nutzen des Opiums auf. Friedrich Hoffmann (1660-1742) schätzt es als ein spezifisches Mittel gegen den Schmerz. Sein Zeitgenosse Georg Ernst Stahl (1660-1734) verwirft es, weil es die Bewegungen der Seele hemmt und einen schwächenden Einfluß auf die Lebensgeister ausübt. Thomas Sydenham (1624-1689) nennt es dagegen eine Gotteshand und einen geheiligten Lebensanker, der gegen alle Schmerzen hilft. Georg Wolfgang Wedel (1645-1721) zu dessen Schüler Stahl und Hofmann gehören, hat in Jena das gesamte Wissen seiner Zeit über das Opium in der Monografie Opiologia zusammengetragen.

Die Droge Opium steht auch am Anfang der intravenösen Injektionstherapie. Robert Boyle berichtet 1664 in seinem Werk „Some Considerations Touching The Usefullness of Experimentel Natural Philosophy", daß Christopher Wren einem Hund eine warme Opiumlösung intravenös injiziert hat. „Kaum hatten wir den Hund losgebunden, als schon die Opiumtinktur ihre narkotische Wirkung auszuüben begann; und sowie er auf seinen Füßen stand, begann er mit dem Kopf zu nicken, zu taumeln und war dann so betäubt, daß man für sein Leben fürchten mußte".

Die therapeutische Verwendung von Opium ist in der Antike und im Mittelalter besonders in Form des Theriak verbreitet, den angeblich Andromachus, der Leibarzt des Nero, erfunden und den er als Panacee gegen alle Krankheiten empfohlen hat. Dieser Theriak ist eine Mischung aus zahlreichen Ingredienzen. In der Regel sind die wichtigsten Inhaltstoffe Vipernfleisch und Opium. Diese Komposition hat sich durch viele Jahrhunderte in allen Arzneibüchern des Abendlandes erhalten. Die rühmliche Arznei, das Laudanum des Paracelsus (1493-1541), ist nichts anderes, als eine Opiumtinktur. Sie wird von ihm als Wundermittel angepriesen, zu dem er äußert: „Ich hab ein Arkanum, heiß ich Laudanum, ist über alles, wo es zum Tode weichen will".

Mit der Isolierung des Alkaloid Morphin aus dem Opium (1805) durch den Apotheker Sertürner in Paderborn tritt dieser Inhaltstoff anstelle des Opiumkuchens. Als Schmerzstillungsmittel gewinnt es therapeutische Bedeutung, als man lernt, diesen Wirkstoff per Injektion dem Patienten zuzuführen. Den ersten Versuch am Menschen führt ein irischer Arzt namens Kynd durch, der es 1844 unter die Haut einspritzt und diese Methode in die ärztliche Praxis einführt. Ihm folgt 1853 Alexander Wood mit einer Injektion bei einem

Patienten, der an einer Neuralgie leidet. Aufgelöst wird das Morphin in Sherrywein.
Mit dieser Anwendungsart erreicht man zugleich in erschreckenden Ausmaßen das Auftreten von Nebenwirkungen in Form von Sucht und Abhängigkeit sowie Gewöhnung, die sich insbesondere bei wiederholter Zufuhr einstellen.

Aus diesen Gründen suchr man bereits in der Mitte des vorigen Jahrhunderts nach schmerzstillenden Mitteln, welche die günstigen Eigenschaften des Morphins ohne die begleitenden ungünstigen Nebenwirkungen besitzen. Die ersten Versuche in dieser Richtung beginnen mit relativ einfachen halbsynthetischen Umwandlungen des Morphinmoleküls und führen 1874 zur Gewinnung des Heroins durch Wright und Beckett. Dieses Analgetikum übertrifft zwar das Morphin an Wirksamkeit und zugleich an Giftigkeit um ein Vielfaches. Es löst in weit höherem Maße eine Sucht aus. Auf das Heroin folgt die Darstellung des Codein 1881 durch Grimaux; diese Synthese erweist sich therapeutisch wegen der guten hustenstillenden Effekte dieses Alkaloids als äußerst wichtig, zumal Codein im Opium in geringen Mengen enthalten ist und eine Extraktion kaum lohnend ist. Weitere Morphinderivate, die in der Folgezeit halbsynthetisch hergestellt werden, kommen im Gegensatz zum Codein in der Natur nicht vor. Sie werden teils als schmerz- und teils als hustenstillende Mittel eingesetzt.

Parallel zu diesen Versuchen, das Problem der zentralangreifenden schmerzstillenden Mittel durch eine halbsynthetische Umwandlung des Morphinmoleküls zu lösen, bemüht man sich seit der Mitte des vorigen Jahrhunderts um die Aufklärung der chemischen Konstitution des Morphins und seine Darstellung auf chemischen Wege unabhängig von der pflanzlichen Ausgangsbasis. Diese Aufgabe ist bereits zu Liebig's Zeiten in ihrer Bedeutung klar erkannt. 1870 hat die Preussische Akademie der Wissenschaften sogar 100 Dukaten für die Lösung dieses Problems gestiftet. Es hat jedoch bis 1923 gedauert, bis J. M. Gulland und R. Robinson die chemische Konstitution des Morphins aufgeklärt haben; erst 1952 gelingt M. Gates und G. Tschudi eine künstliche Herstellung dieses Alkaloids. Dieses Verfahren hat aber nie ein technisches Interesse gefunden, da es über viele Zwischenstufen geht und praktisch nicht verwertbar ist.

Es blieb noch die Frage zu klären, wie das Morphin seine schmerzlindernden Wirkungen ausübt. Die Lösung findet 1971 A. Goldstein mit dem Nachweis, daß im Nervengewebe Opiat-Rezeptoren existieren. Es gibt demnach im Gehirn, Hirnstamm und Rückenmark Haftstellen für das Morphin, über die es die Schmerzempfindung dämpft und die Schmerzleitung hemmt. Daneben übt es einen Einfluß im sogenannten limbischen System aus, das die emotionale und affektive Färbung des Schmerzes bestimmt und kann über diese Hirnregion seine euphorisierenden Effekte entfalten, die zur Ursache eines Mißbrauches werden können und zur Gewöhnung der Morphinsucht führen.

Nachtschattengewächse (Solanaceen-Alkaloide)

Nachtschattengewächse (Solanaceen) mit Tropa-Alkaloiden wie die Tollkirsche (Atropa belladonna), das Bilsenkraut (Hyoscyamus niger), der Stechapfel (Datura strammonium) und die Alraune (Mandragora officinalis) entfalten auffallende psychotrope Wirkungen, vor allem Sinnesstörungen. Sie werden im Altertum und Mittelalter verbreitet über die ganze Welt als Rauschdrogen und Zaubermittel, sowie als Liebestränke und Hexensalben benutzt.

Das berüchtigste Wunderkraut ist die Alraune, um die bizarre Mythen entstanden. Sie soll beim Ausgraben Jammerlaute ausstoßen, sodaß man daran sterben kann. Der Grabende muß sich die Ohren verstopfen und nach einem geheimnisvollen Ritus mit dem Schwert drei Kreuze um die Wurzel ziehen und sie von einem schwarzen Hund, an dem kein weißes Haar sein darf, aus dem Erdreich herausreißen lassen. Der Hund muß dann sterben. So steht es bei Plinius Secundus (23-79 n. Chr.) in seiner Historia naturalis; die gleichen Anweisungen sind der mittelalterlichen Literatur z. B. einer Wiener Handschrift aus dem 13. Jhdt. (Codex latinus 93) zu entnehmen.

Die ersten historisch bezeugten Ansätze, mit der Hilfe von Nachtschattengewächsen auf medikamentösem Wege Schmerzen zu lindern, stammen aus Babylon, sowie aus Ägypten, China und Indien. Vor operativen Eingriffen setzt sie bewußt Diocurides im 1. Jhdt. v. Chr. in Rom ein. Er reicht seinen Kranken zur allgemeinen Betäubung einen Alkoholdekokt aus der Mandragora. Ebenso gibt Oreibasios (325-403 n. Chr.), der Leibarzt des Kaisers Julian Apostata, in seiner medizinischen Enyklopädie die Anweisung „nimm 4 Pfund Wurzelrinde der Mandragora, lege sie in einen Krug Most und bewahre sie solange auf, bis sie reif ist. Hiervon sollen 4 Unzen gegeben werden. Alsbald nach der Einnahme wird der Patient schlafen und die Inzisionen nicht spüren". Mischungen verschiedener Nachtschattengewächse wie Mandragora und Bilsenkraut zusammen mit Mohn und Schierling verwendet Celsus (1. Jhdt. n. Chr.) in seinen schmerzstillenden Pillen. Galen (129-201 n. Chr.) kennt gleichfalls die Wirkung dieser Stoffe, warnt jedoch wie später Alexander von Tralles (525-605 n. Chr.) vor Überdosierung.

Plateariꝰ disser rynden als groiß als dry heller gewicht gehal ten fur die scheinde der frauwen brenget menstruū vñ dryben vß das dot kynt. Diß ryndẽ gestoissen zů pulver vnd genutzet mit eynem clister machet slaiffen vnd růwen fur alle ander kunst.

Item diß würtzel gesotten in wyn vñ vff das gegicht geleyt der glidder ist den wetdum stillen.

Mādragora Capitulum

Andrago Die mei lichen daz selbe dogent mit vmb beschribe ich wan als du geho pitel fur dissem.

alrun·fraw ·ccxlviij·

ra mulier latine. ster sprechen gemey diß allrun habe die der ersten vnd dar nit meen dar von ret haist in dem cas

Die Alraune (Weiblein) – Abbildung aus Peter Schöffer „Gart der Gesundheit" 1485

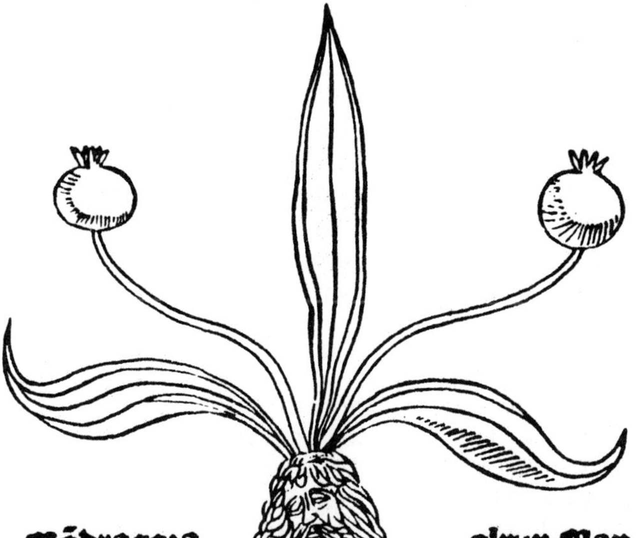

Mādragora alrun Man
Capitulum ·cclviij·
Andragora latine·grece anti=
mon uel cir ceon·arabice iebo=
rat Die meister sprechē ge=
meynlich daz zweyer hand sy der alrun
Eyn der man· Die ander die frauwe·
In dē bůch genant circa instās beschri
ben vns die meyster vñ sprechē daz mā
dragora sy kalt vñ druckē an dē drit
ten grade· Vnd diß ist auch die meynū
ge deß meisters Aui cenne· Die frauwe
halt spitzer bletter wan der man· Etz
lich meister sprechē daz die freülich ge
nutzet werde in der artzny vnd nit die
[illegible]enlich aber wie dē sy so bruchet man
die alle bede vñ bas ken bynaß eyn na
tuer· Itē die mei ster beschriben vns
auch in dē bůch cir ca instās vñ spre=
chen daz diß wůr geln schauffer wer
den vñ geformeret fynt glich dē men
schen als mannen vñ frawē· Dar zů
sprechē die meyster daz ey solichs key
warheyt vff ym ha be vñ nit also for
meret sint vñ solich wůrtzeln wachsen
nit in der erdē sunder sie werde gemacht vō kunsten vñ also gestalt·

Die Alraune (Männlein) – Abbildung aus Peter Schöffer „Gart der Gesundheit“ 1485

Dieses Wissen um die betäubende Wirkung der Nachtschattengewächse hat Isidor, der berühmte Bischof von Sevilla, (um 560 bis 636 n. Chr.) übernommen und empfiehlt bei Kranken, deren Leib geschnitten werden soll, Mandragorawein zu geben, damit sie im Schlaf den Schmerz nicht spüren. Auch Konrad von Megenberg weiß in seinem „Buch der Natur" zu berichten, daß der Genuß der Alraune Verlust des Bewußtseins und des Empfindungsvermögens bewirkt. Beda Venerabilis († 735) lobt diesen Heiltrank als Mittel gegen viele Beschwerden. Ebenso läßt die arabische Medizin wie beispielsweise Avicenna (980-1077 n. Chr.) Mandragorawurzeln in Wein vor einem operativen Eingriff einnehmen. Die Einatmung von Dämpfen, die durch Kochen von Bilsenkraut, Tollkirschen und bittersüßem Nachtschatten sowie Mohn in bleiernen Kesseln erzeugt werden, empfiehlt schließlich 1589 Gianbatista della Porta zur Betäubung von Zahnschmerzen.

In W. Bulleins Schrift, betitelt „Bollwerk im Kampf gegen alle Krankheiten" aus dem Jahre 1562 fragt der Wundarzt Marcellus den Gärtner Hillarius: „Was ist die Natur der Mandragora". Hillarius antwortet ihm: „Der Trank dieses Samens, so sagt Dioscurides, reinigt den Leib. Der ausgepresste Saft des Krautes bringt Schlaf und versetzt den Menschen in einen Trancezustand und in einen tiefen schrecklichen Traum bis der Stein herausgeschnitten ist."

Die Solanaceen werden außerdem im Mittelalter vielfach als schmerzstillende Mittel bei Folterungen und Hexenverbrennungen benutzt. Ippolito de Marsilii (1450-1529), Professor der Jurisprudenz in Bologna beschreibt 1529 in seiner „Practica Criminalis", daß die armen Verurteilten zum Teil gegen die ärgsten Folterqualen unempfindlich sind, wenn sie zuvor betäubende Getränke zu sich genommen haben. Daß es sich dabei um Bilsenkraut-Tränke und ähnliches gehandelt hat, geht aus dem Luzerner Stadtarchiv des Jahres 1570 hervor, wo vermerkt ist, daß die Apotheker Zahlungen für Tränke erhalten haben, die der Henker bei Verbrennungen der Delinquenten verabreicht hat.

Das Mittelalter bevorzugt zudem für chirurgische Zwecke die sogenannten Schlafschwämme, die ebenfalls mit Rauschmitteln getränkt sind.

Möglicherweise ist diese Technik, Schwammstückchen mit Säften von Opium, Schierling und Mandragora zu tränken und deren Wirkstoffe über die Nase und Mundschleimhaut zur Einwirkung zu bringen, bereits in der helenistische Zeit in Alexandrien geübt worden. Gesicherte Angaben finden sich erst im 9. Jhdt. n. Chr., so im Bamberger Antidotarium (H. E. Sigerist) und in einem Codex des Klosters Montecassino (K. Sudhoff). Das „Ypnopticum adiutorium" des Bamberger Rezeptes enthält wiederum Mandragora, Opium, Schierling und Bilsenkraut. Ähnliche Mischungen empfiehlt Nicolaus Salernitanus im 12. Jhdt. sowie die im 13. Jhdt. geschriebene „Cyrurgia“ des Teodorico Borgognoni (1205-1298) die hauptsächlich die chirurgischen Erfahrungen seines Vaters Hugo von Lucca († 1252) enthält. Der zur Salerner Medizinschule gehörende Mazzeo de la Montagna benutzt für seine operativen Eingriffe die gleichen schlafbringenden und berauschenden Drogen. Der große französische Chirurg Guy de Chauliac (1300-1368) erwähnt ebenfalls in seinem Sammelwerk „Inventorium et collectorium artis chirurgicalis medicinae“, das bis ins 16. Jahrhundert das führende chirurgische Lehrbuch bleibt, Schlafschwammrezepte; warnt aber vor der Gefahr der Vergiftung. Weitere Anweisungen für die Zubereitung von Schlafschwämmen gibt um 1460 Heinrich von Pfolspeundt in seinem Buch „Bündth-Ertznei“, die große Ähnlichkeit mit den Rezepten des Antidotariums des Nicolaus Salernitanus haben. Desgleichen spricht Brunschwigk († 1534) in seiner Chirurgia 1497 von einem Doltrank und H. von Gerssdorff zählt im Jahre 1517 in seinem Feldbuch der Wundarznei Mohnsaft, Mandragora, Nachtschattenwurzeln und Bilsenkraut als Mittel zur Schmerzbekämpfung auf, warnt jedoch, wie bereits Guy de Chauliac, vor der Anwendung hoher Dosen, weil man „schwellig und unsinnig“ werden könne. Das letzte Datum über den Gebrauch von Schlafschwämmen ist das Jahr 1847. Der französische Arzt Dauroil hält diese Art der Betäubung für ebenso wirksam, aber für weniger gefährlich als die Äthernarkose. Diese Ansicht ist längst überholt, weil bereits im 16. Jhdt. verantwortungsbewußte Ärzte wie Fallopio (1523-1562) und Fabricio D'Acquapendente (um 1530-1619) sowie Fabricius von Hilden (1560-1634) wegen der hohen Vergiftungsgefahr die Anwendung der Schlafschwämme abgelehnt haben.

Die moderne therapeutische Verwendung der Solanaceen-Drogen beginnt mit der Isolierung der Reinsubstanzen, des Atropin aus den Tollkirschen, durch R. Brandes 1819, des Solanin aus dem Nachtschatten durch Defosses 1821 und des Hyoscyamin, das in verschiedenen Nachtschattengewächsen vorkommt, durch P. L. Geiger und L. Hesse 1833. Heute wird das Atropin meist synthetisch hergestellt (Lindemann 1961) und vorwiegend als krampflösendes Mittel sowie zur Bekämpfung einer bradykarden Herzrhythmusstörung eingesetzt. Zugleich dient es vielfältig als Modellsubstanz für die Synthese zahlreicher Abwandlungsprodukte, die gleichfalls als krampflösende Mittel eingesetzt werden.

Der Stechapfel hat lange Zeit als Räucherpulver zur Behandlung von Asthmazuständen sowie in Asthmazigaretten Verwendung gefunden; dieser Behandlungsmethode wird jedoch neuerdings wegen der Nebenwirkungen (Bronchialreizung, aphrodisische Effekte) kein großes Interesse entgegen gebracht.

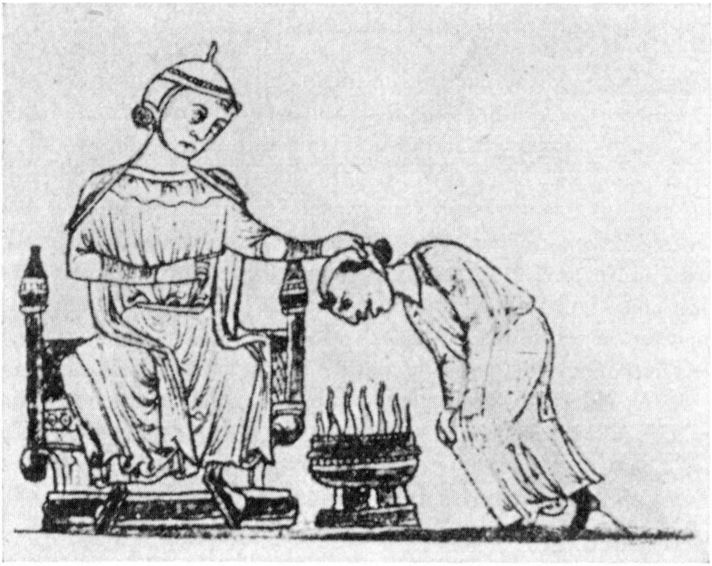

Schmerzbehandlung mit Bilsenkrautdämpfen
Abbildung aus der „Chirurgie" von Roger von Salerno (13. Jahrhundert)

Coca (Erythroxylum coca)

Die allgemeine Narkose geht den Schmerz an, indem sie beim Menschen das gesamte Bewußtsein ausschaltet und damit das Erleben des Schmerzes beseitigt, ohne daß die peripheren Leitungsbahnen und die lebenswichtigen Kreislauf- und Atemzentren ausfallen. Mit der Entdeckung der lokalanästhetischen Eigenschaften des Cocain und der weiteren Vervollkommnung der örtlich betäubenden Mittel und ihrer Anwendungsverfahren wird es möglich die peripheren sensiblen Elemente zu unterbrechen und Schmerzgefühle bei vollerhaltenem Bewußtsein aufzuheben.

Die ersten Berichte über Coca gelangen 1499 nach Europa durch den spanischen Priester Thomas Ortiz, der bekundet, daß die Eingeborenen an der Nordküste Südamerikas ein Kraut „hayo" als Genußmittel gebrauchen. In Peru kommt Francisco Pizarro (1470-1541) in Berührung mit der Droge, wie aus den Notizen von Pizarro's Geheimschreiber Francisco de Xerez hervorgeht. „Es gibt dort ein Kraut, das die Hungrigen sättigt, den Müden und Erschöpften neue Kräfte verleiht und die Unglücklichen ihren Kummer vergessen macht." Beruhend auf Beobachtungen, die Pedro de Cieza de Leon in den Jahren 1532-1550 auf seinen Reisen gemacht hat, hat dieser Autor 1533 über die Kultur und die Verwendung der Cocapflanzen ausführliche Angaben veröffentlicht. Auch in diesem Werk wird betont, daß die Coca Kraft und Stärke verleiht und den Hunger vertreibt. 1591 erscheint in Mexiko, der Hauptstadt Neuspaniens, ein dem Vicekönig des Landes gewidmetes Buch über die wunderbaren Probleme und Geheimnisse Indiens, das den mexikanischen Arzt Juan de Cárdenas (1563-1609) zum Verfasser hat. Er gibt erstmalig eine Erklärung, wie die Wirkung des Cocagenusses vom Standpunkt der galenischen Medizin zu deuten ist, indem er meint, daß die Zufuhr von Coca das Phlegma aus dem Gehirn in den Magen vertreibe, dort zur Kochung gelange und dann über die Leber in's Blut transportiert werde, um in diesem der Ernährung des Körpers zu dienen. In's Gehirn gelangt anstelle des Phlegmas ein anderer Saft, der den Verstand umnebelt und Ermüdungserscheinungen nicht zum Bewußtsein kommen läßt.

Im Auftrag von Phillip II., dem König von Spanien, wird von Francisco Hernandez (1514-1587) eine Naturgeschichte der neuen Welt herausgegeben, die über 400 Medizinpflanzen-Angaben enthält und über Handel, Anbau und Botanik des Coca berichtet. Das gleiche gilt für das Werk von Nicolaus Monardes (1493-1588), das ein halbes Jahrhundert nach der Eroberung Mexiko's in Antwerpen bei Plantin erscheint und in der Übersetzung von Carolus Clusius in lateinischer Sprache weite Verbreitung findet. Die gesammten

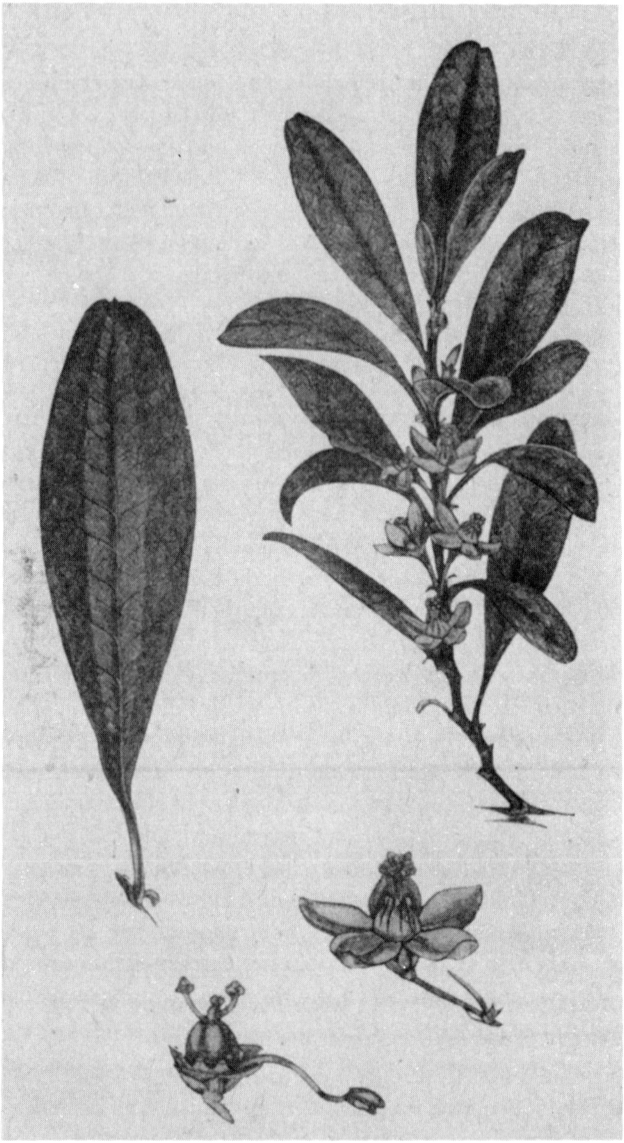

Zweige, Blätter und Blüten des Coca-Strauches. Abbildung nach „The Garden" 1876

Kenntnisse, die man am Ende des 16. Jhdt. über die Coca besitzt, sind schließlich von Garcilaso de la Vega (1535-1616) zusammengefaßt. Er bezeichnet sich als Abkömmling der Inka und ist bestens über die Wirkung der Droge unterrichtet, wie aus seiner 1608 oder 1609 in Lissabon veröffentlichten Schrift hervorgeht.

Die Schätzung der Droge bei den Eingeborenen und die Tatsache, daß Coca Hunger und Müdigkeit vertreibt, veranlaßt die Spanier, den indianischen Minenarbeitern reichlich dieses Genußmittel zu verabreichen, um ihre Arbeitslust zu steigern. Der Jesuit Antonio Julian macht 1787 sogar den Vorschlag, die Droge als Stärkungs- und Genußmittel anstelle von Tee und Tabak einzuführen und der Arzt Pedro Nolasco Crespo fordert 1793, die Droge zu einem festen Bestandteil der Ernährung des Schiffspersonals zu machen.

Auch der peruanische Arzt Hippolito Unanué verdeutlicht in seiner 1794 in Lima erschienenen Abhandlung die leistungsteigernde Wirkung der Coca, sowie ihre Bedeutung im Kultleben und der Mythologie der Eingeborenen.

Zu objektiven Angaben über die Wirkung und die Folgen des Cocagenußes kommt es erst im 19. Jhdt., ausgehend von dem ausführlichen Bericht, den der deutsche Arzt Eduard Friedrich Pöppig (1798-1868) in seinem 1836 erschienen Werk „Reise in Chile, Peru und auf dem Amazonenstrome" während der Jahre 1827-1832 verfaßt. Die Schilderung, die er von den seelischen und moralischen Folgen des Cocagenusses entwirft, ist ein Meisterstück exakter Beobachtung. Er weiß um die unheilvollen sozialen Folgen des dauernden Cocagenusses, der bleibenden Abhängigkeit von diesem Genußmittel, des Verlustes aller geistigen Impulse und der Abnahme aller Geisteskräfte. Er kennt auch die körperlichen Schädigungen, wie die Appetitlosigkeit, Verdauungsstörungen, die Obstipation, Schlaflosigkeit und die schweren körperlichen Endstadien, mit Gliederschmerzen, Bauchwassersucht, Gelbsucht und allgemeiner Entkräftung. Demgegenüber erklären der Schweizer Forschungsreisende Johann Jakob von Tschudi (1818-1889) und der englische Arzt H. A. Weddell, daß der Cocagenuß ziemlich harmlos sei und ein mäßiger Gebrauch ohne nachteilige Folgen für die Gesundheit bliebe. Das Coca-Kauen sei so wenig ein Laster, als das Weintrinken und nur das Übermaß stempele das eine wie das andere zu einer Leidenschaft.

Eine weitere Steigerung erfährt die Wertschätzung des Cocagenusses durch die 1859 veröffentlichte Monographie des italienischen Arztes Paolo Mantegazza (1831-1910) über die hygienischen und medizinischen Vorzüge der Coca, die in Mailand von einer wissenschaftlichen Gesellschaft mit einem Preis ausgezeichnet wird. Mantegazza, der mehrere Jahre als Arzt in Südamerika praktiziert, und die Berichte von Pöppig und Tschudi genau kennt, beginnt erstmalig mit Selbstversuchen, indem er Cocablätter zunächst kaut und später eine Infusion mit einem Auszug aus 60 g Blättern sich selbst injiziert. Auf dem Höhepunkt des Coca-Rausches schreibt er die Bemerkung nieder, die er den beobachtenden Ärzten übereicht: „Gott ist ungerecht, weil er den Menschen unfähig gemacht hat, ständig Coca zu kauen. Ich würde lieber 10 Jahre mit Coca als eine Million Jahrhunderte ohne Coca leben". Durch diese Selbstversuche Mantegazza's wird erstmalig die Aufmerksamkeit der Ärzte auf eine therapeutische Verwendbarkeit der Cocadroge gelenkt, nachdem der spanische Arzt Nicolas Monardes (1493-1588) im 16. Jhdt. vergeblich die Verwendung als Arzneimittel vorgeschlagen hat. Zwischen 1860 und 1890 werden Magenstörungen aller Art, Schwangerschaftserbrechen, Bergkrankheit sowie Asthmazustände und andere Krankheiten und Schwächezustände mit Extrakten und Infusen behandelt, wobei Mantegazza bereits den Einfluß der Coca auf den Magen durch seine betäubende Wirkung erklärt. Die im Selbstversuch vielfach festgestellte Euphorie läßt die Droge als Mittel gegen Erschöpfungszustände und Kachexien geeignet erscheinen, weil man glaubt, daß es als Sparmittel für den Stoffwechsel sich auswirkt. Die Vergiftungserscheinungen, die sich beim Übermaß einstellen, führen bald zu einer behördlichen Einstellung des Gebrauches, die später in einer Unterstellung des Handels mit Cocain unter das Betäubungsmittel-Gesetz enden.

Die Isolierung des Hauptalkaloids Cocain aus den Cocablättern gelingt in den Jahren 1859-1860 Albert Niemann. In seiner 1860 erschienenen Doktorarbeit über eine neue organische Base in den Cocablättern gibt er diesem Alkaloid den Namen Cocain. Nach Niemann's frühem Tod werden seine Untersuchungen von W. Lossen (1862) fortgesetzt. Die Reindarstellungen der übrigen in den Cocablättern enthaltenen Nebenalkaloide werden durch die Arbeiten von O. Hesse und namentlich Richard Wildstätter (1872-1942) gelöst.

A. Niemann (1834-1861) und Wilhelm Lossen (1838-1906) erhielten eine kleine Menge Cocablätter von dem österreichischen Naturforscher Carl von Scherzer (1821-1903), der an der Weltumseglung der Novara in den Jahren 1857-1859 teilnimmt und den Coca-Genuss in Südamerika kennenlernt.

In dem Laboratorium des Chemikers Friedrich Wöhler, in dem Albert Niemann arbeitet, hat bereits Wöhler festgestellt, daß das Cocain bitter schmeckt und auf die Zungennerven eine Wirkung ausübt, daß die Berührungsstelle wie betäubt und fast gefühllos wird. Die Auswertung dieser Beobachtung für die praktische Medizin läßt volle 2 Jahrzehnte auf sich warten, obwohl der Wiener Pharmakologe Karl Damian Ritter von Schroff (1802-

1887) eine Unempfindlichkeit der Haut nach der Einwirkung von Cocain bereits 1862 festgestellt hat. Ebensowenig wird der Selbstversuch des Physiologen Basil von Anrep im Jahre 1880 beachtet, der nach subcutaner Injektion einen lokal-anästhetischen Effekt des Cocains feststellt.

Die Begründung der modernen Lokalanästhesie erfolgt in Wien durch eine Arbeit von Sigmund Freud (1856-1939) über Coca (1884), in der er vornehmlich sich mit der inneren Anwendung des Cocain's beschäftigt, zugleich aber die betäubenden Eigenschaften des Cocain's auf die Haut und die Schleimhäute zur Verwendung bei Schleimhautaffektionen enpfiehlt. Dieser Aufforderung folgt der Augenarzt Carl Koller (1857-1944), indem er zunächst die schmerzstillende Wirkung des Cocain's bei entzündlichen Prozessen des Auges einsetzt und auf diese Weise die Möglichkeit einer Verwendung dieses Alkaloids in der operativen Augenheilkunde erkennt. In einer Sitzung der Heidelberger Ophthalmologischen Gesellschaft trägt er am 15. September 1884 seine Ergebnisse vor und im gleichen Jahre untersuchen Heppburn und Knapp in den Vereinigten Staaten Cocain auf seine chirurgische Verwendbarkeit. Eine Woche nach Koller's Vortrag berichtet der Laryngologe Edmund Jellinek (1852-1928) den Wiener Ärzten über die Möglichkeit, Cocain am Kehlkopf einzusetzen. Aufgrund der von Jean-Babtiste Vincent Laborde (1831-1903) und Augustin Charpentier (1852-1916) durchgeführten Versuche, daß Cocain die sensible Leistungsfähigkeit des Nervenstamms unterbricht, wird durch Maximilian Oberst (1849-1925) und den Finnen Ali Krogius in den Jahren 1888-1894 die Leitungsanästhesie in die chirurgische Praxis eingeführt. 1892 gibt Karl Ludwig Schleich (1849-1922) die sogenannte Infiltrationsanästhesie bekannt, 1899 fügt August Bier (1861-1949) die Lumbalanästhesie hinzu. 1912 erfindet Läwen die Sakralanästhesie und 1930 Dennecke die Periduralanästhesie. Heinrich Braun (1862-1934) ermöglicht 1839, durch den Zusatz von Adrenalin die Giftigkeit des Cocain's abzuschwächen und gleichzeitig seinen lokalbetäubenden Effekt zu verlängern.

Die chemische Konstitution des Cocain's wird 1898 durch Richard Willstädter aufgeklärt; ihr folgt die Darstellung synthetisch hergestellter Abwandlungsprodukte, welche unter Beibehaltung des gewünschten lokalanästhetischen Effektes eine bessere allgemeine Verträglichkeit aufweisen.

Das Cocain unterliegt dem Betäubungsmittelgesetz und darf nur für die Praxis und den Stationsbedarf abgegeben werden. Seine Anwendung ist ausschließlich bei Eingriffen am Auge, Kehlkopf, Nase, Rachen und Kiefer erlaubt und dann nur in Form einer Lösung oder als Augentabletten oder Salbe. Vom Zahnarzt darf es nicht verschrieben werden.

4. Die ausleerenden Kuren

Bedingt durch die Auffassung, daß die Säfte, die Humores, das normale und krankhafte körperliche Geschehen entscheidend beherrschen, werden seit den ältesten Zeiten ausleerende Kuren in großem Umfang therapeutisch ausgenutzt. Eine krankhafte Störung der Säfte, so verlangt es die Theorie der Humoral-Pathologie, ist zu entfernen und dies kann nur erreicht werden, wenn durch ausleerende Mittel in Form von harn- und schweißtreibenden, sowie auswurffördernden und darmentleerenden Medikamenten die Krankheitsmaterie, die materia pecans, aus dem Organismus vertrieben wird.

Derartige Vorstellungen finden sich in der alten ägyptischen Medizin. die größten Wert auf eine regelmäßige Stuhlentleerung legt und die zeitweise lehrt, daß man an drei Tagen jeden Monats ein Abführmittel gebrauchen soll. Diese Maßnahme ist vornehmlich prophylaktisch gedacht, da nach der Auffassung der ägyptischen Medizin viele Erkrankungen aus dem Übermaß an genossener Nahrung entstehen. Ebenso sind die Abführmittel bei den Chinesen hoch geschätzt. Im Kräuterbuch Pen-Ts'ao heißt es: „Wenn du Kälte oder Hitze aus dem Körper treiben, den Atem verbessern, die Verdauung erleichtern, Krankheiten heilen willst, so gebrauche Drogen, wie den Rhabarber, den Crotonsamen und verschiedene Euphorbiaceen.

Ähnliche Krankheits- und Gesundheitslehren beherrschen die hippokratische Medizin sowie das Denken und Handeln Galens (130-201 n. Chr.). Sein Grundgedanke ist die Qualitätslehre, der zufolge die vier Elementarqualitäten warm, kalt, feucht und trocken die wesentlichen Urquellen darstellen. Ihnen zugeordnet sind die 4 Elemente: das Feuer ist heiß und trocken, die Erde kalt und trocken, die Luft warm und feucht und das Wasser kalt und feucht. Das Verhalten dieser 4 Qualitäten ist maßgeblich für die Mischung der Säfte und es ist wirksam in den Medikamenten. Störungen der Mischung bedingt durch Krankheiten sowie Qualitätsabweichungen sind wiederum zu bekämpfen durch die ausleerenden Kuren. So legt diese Art der Humoralpathologie auf den Gebrauch von Abführmitteln in großem Umfange Wert, wiederum in der Absicht, die Krankheitsmaterie zu entfernen und die gesundheitsschädigenden Schlacken auszuscheiden.

Über Galen wird diese Lehre in die mittelalterliche Medizin übernommen und sie gilt fast bis in die Neuzeit hinein. Der Gebrauch insbesondere von Abführmitteln gehört daher neben dem Aderlaß über die Jahrhunderte hinweg zu den wichtigsten Arzneipraktiken. Das bezeugen die Autoren zahlreicher

Bücher, so das Werk des arabischen Arztes Johann Mesue, der wahrscheinlich im 9. Jhdt. n. Chr. lebt, sowie das ägyptische Krankenhaus-Arzneibuch von Al-Sadid ibn Abi'l-Bajan aus dem Anfang des 13. Jhdt., in welchen ausführlich über die Abführmittel berichtet wird. Ebenso behandelt Valerius Cordus (1515-1544) in seinem 1546 erschienenen Dispensatorium die Medicamenta purgantia. Jacques Dalechamps (1513-1585) schreibt ein eigenes Buch über Abführmittel, desgleichen Rhember Dodonaeus 1574 und Antonio Musa Brasavolo 1555. Conrad Gessner (1516-1565) zählt die Purgiermittel und Brechmittel einzeln in alphabetischer Ordnung auf und Werner Rolfing veröffentlicht 1667 zur Eröffnung des Botanischen Gartens in Jena eine Schrift über die vegetabilischen Abführmittel.

Alle diese Werke bezeugen die Wertschätzung der abführenden Kuren im 16. und 17. Jhdt., bedingt durch die Auffassung, daß mit diesen Mitteln der gestörte Säftestrom von den bedrohten inneren Organen abzuziehen und auf den Darm abzuleiten ist. Daneben verwenden die Mediziner seit der Zeit des Hippokrates Abführmittel probeweise, um aus dem Verhalten der Kranken nach dem Gebrauch dieser Drogen eine Diagnose zu stellen.

Da man sich um sichere Wirkungen bemüht, werden die stark wirksamen Drogen lange Zeit besonders geschätzt. Hippokrates ist sich allerdings bewußt, daß viele der empfohlenen Mittel heftig wirken und unter Umständen den Patienten gefährden können. Es findet sich daher in seinen Schriften mehrfach der Hinweis, daß man Abführmittel vorsichtig gebrauchen soll und er betont ausdrücklich, daß Gesunde derartige Kuren nicht durchführen dürfen. In den Aphorismen steht „Diejenigen, welche sich einer ungetrübten Gesundheit erfreuen, zerrütten diese schnell durch Abführmittel, so wie die, welche schlechte Nahrung genießen. Abführmittel bekommen Gesunden nicht gut". Auch im Krankheitsfall hält er den Einsatz dieser Drogen nicht unbedingt für zweckmäßig und empfiehlt, die Ausscheidung krankhafter Stoffe wenn möglich der Natur zu überlassen:
„Sich Abscheidendes oder gehörig Abgeschiedenes soll weder getrieben noch von neuem geschärft werden, weder durch Arzneien noch andere Reize, sondern in Ruhe gelassen werden. Was man ausführen muß, führe man da aus, wohin es am meisten hindrängt durch die zweckmäßigen Orte." Trotz dieser Warnungen schreckt Hippokrates nicht vor drastischen Maßnahmen zurück und läßt in manchen Fällen bis zur Ohnmacht abführen.

Als Indikationsgebiete sind in den hippokratischen Schriften genannt Blutungen der Luftwege, Entzündungen namentlich innerer Organe, Hautkrankheiten verschiedener Art, Eiterfieber, Hydrops, bei dem zusätzlich Brechmittel anzuordnen sind.

Hierzu kommen neue Indikationsstellungen im Laufe der Geschichte, wie die Anwendung bei Geisteskrankheiten und Epilepsie, bei denen über lange Zeit große Dosen verordnet wurden. So beschreibt Oreibasios (4. Jhdt. n. Chr.) eine von Philumenos angegebene Kur, bei der Helleborus, Koloquinten u. a. Purgantien gegeben wurden. Eine ähnliche Verordnung bei der Epilepsie findet sich bei Paulos von Aegina (7. Jhdt. n. Chr.), der mit den gleichen Mitteln energisch purgiert.

Auf der anderen Seite sind immer wieder ernsthafte Stimmen laut geworden, die sich gegen diese therapeutischen Methoden aussprachen. Schon im 4. Jhdt. v. Chr. verwirft Chrysippos von Knidos Aderlass und Abführmittel und stellt sich bewußt in den Gegensatz zur hippokratischen Lehre. Erst in der Neuzeit tauchen jedoch ernsthafte Bedenken auf. Vor allem William Cobbet ist der Nachweis aufgrund seiner statistischen Berechnungen zu danken, daß diese Art der Therapie in vielen Fällen das Krankheitsbild ungünstig beeinflussen und sogar zu tödlichen Zwischenfällen führen kann. In seinem Buch „The Rushlight", erschienen 1800 in New York, erbringt er den Nachweis, daß Benjamin Rush (1745-1813) durch seine als unfehlbar angepriesene Kur gegen das gelbe Fieber, die sich ausschließlich auf eine ausleerende Therapie stützt, viele Patienten schädigte und tötete, statt ihnen Heilung zu bringen.

Für den antiken Menschen ist es schließlich wichtig, daß er seine ausleerende Kur nur an bestimmten Zeitpunkten durchführen darf. Unter dem Einfluß der pythagoraeischen Zahlenlehre nahm man an, daß die Krankheitskrise an bestimmten kritischen Tagen eintritt, insbesondere der 7. und der 9. Tag soll bedeutungsvoll sein. Es findet sich daher bei Hippokrates die Angabe, daß an ungleichen Tagen kein Purgans gegeben werden darf. Außerdem soll nach seiner Lehre jede Krankheit drei Stadien durchlaufen, das der Rohheit, der Kochung und der Ausscheidung. In den Aphorismen verbietet er daher, solange die Säfte noch roh sind, Abführmittel anzuwenden. „Man darf nur die Säfte purgieren, welche gekocht sind. Zu Beginn einer Krankheit muß man es unterlassen, es sei denn, daß die Säfte sich zu einer Geschwulst ansammeln, oder sich auf eine ungewöhnliche Weise bewegen."

Diese Lehre von den kritischen Tagen verbindet Galen mit den Einflüssen, welche der Stand der Sterne und Himmelskörper ausüben. Diese Vorstellung wird von der altbabylonischen Medizin übernommen und gewinnt in den späteren Jahrhunderten an Bedeutung. In Ägypten entwickeln sich daraus merkwürdige Einzelvorschriften, welche besagen, daß bei akuten Krankheiten das Ausleerungsmittel am 1. Tag als sogenanntes Eintagsmittel gereicht werden soll und anschließend eine 4-Tage-dauernde Nachkur mit dem sogenannten Viertage-Mittel durchzuführen ist. In Babylon ist man der Ansicht, daß der Ziegenstern dem After vorstehe und blähungstreibende Mittel beim Aufgang des Ziegensterns wirkungsvoll sind. Im Mittelalter empfiehlt man die Abführmittel zu dem Zeitpunkt anzuwenden, an dem der Mond in einem kalten oder feuchten Zeichen steht, weil die Qualitäten des Kalten und Feuchten die austreibenden Kräfte des Körpers fördern. Man glaubt auch beachten zu müssen, daß unter dem Einfluß der Gestirne ein Abführmittel in ein Brechmittel umgewandelt werden kann, wenn es im Zeichen des Widder, Steinbocks oder Stiers zugeführt wird, da die widerkäuenden Tiere solche Veränderungen bewirken können.

Erst im 19. Jhdt. erfolgt die endgültige Abkehr von den vielen hochwirksamen und toxischen Drogen, die bei ausleerenden Kuren in Gebrauch sind. Die meisten der damals so geschätzten Drogen sind heute verpönt.

Rhabarber (Rheum palmatum)

Die Abführmittel sind zum Teil auf einer frühen Stufe der Menschheitsentwicklung entdeckt und als Heilmittel benutzt worden. So ist der **Rhabarber** den Chinesen lange vor der Zeitwende bekannt gewesen. Erwähnt ist er im Kräuterbuch Pen Ts'ao. Außerdem wird er bei Cho-Chiu-Kei, dem chinesischen Hippokrates, 220 n. Chr. als Allheilmittel gepriesen. Galen ist bekannt, daß der Rhabarber von den Indern geschätzt wird; er gebraucht ihn aber nicht. Erstaunlicherweise ist diese Droge im Bower-Manuskript, einer indischen Handschrift, die 400 n. Chr. verfaßt und 1839 von Bower erworben wurde, nicht erwähnt.

Den Namen pontische Wurzel (Rha ponticum) oder als Barbaren-Wurzel, Rha barbarum, erhielt die Droge auf Grund ihrer Herkunft, die aus dem westlichen China über Land bis an das Schwarze Meer bereirs in der Antike erfolgt. Unter dieser Bezeichnung ist sie bei Dioscurides im 1. Jhdt. n. Chr. zu finden. Er empfiehlt sie bei blutigen Durchfällen, Blutspeien und ähnlichen Zuständen. Celsus kennt sie als Bestandteil eines von Mithridates entwickelten Gegengiftes. Auch Plinius (23-79 n. Chr.) ist der pontische Rhabarber und sein reichlicher Gehalt an Gerbstoff bekannt. Er benutzt ihn für eine Gerbstoff Eisenreaktion bei der Prüfung des Grünspans auf Atrament (eisenhaltiges Kupfervitriol). Mit Sicherheit wissen die arabischen Ärzte Johann Mesue († 857) und Avicenna († 1037), daß der Rhabarber chinesischen Ursprungs ist. Sie haben ihn medicinal in großem Umfang benutzt, wobei Avicenna ihn

Rhabarber-Wurzel – Abbildung aus Chiung-hsiu cheng-ho pen-ts'ao (11. Jahrhundert)

vornehmlich zur Appetitanregung verwendet. Abu Mansur Muwaffak aus der Mitte des 10. Jhdt. empfiehlt seine Verordnung bei Blutstockungen der Leber, Blutspeien, Herzklopfen und blutigen Durchfällen. Weiter wird er gegen Bißwunden giftiger Tiere, gegen körperliche Ermüdung sowie Nerven- und Muskelkrämpfen verabreicht, eine Indikationsliste, die in den folgenden Jahrhunderten kaum praktiziert wird, wahrscheinlich weil die Beschaffung aus dem fernen China schwierig und teuer ist.

Ricinus (Ricinus communis)

Die Verwendung des Ricinussamens ist ebenfalls frühzeitig beliebt. Im Papyrus Ebers (1550 v. Chr.) erscheint er als Abführ- und Haarwuchsmittel, zwei Indikationen für die er heute noch benutzt wird. Ein planmäßiger Anbau der Pflanze wird bereits in Ägypten zur Zeit der 12. Dynastie (2000-1785 v. Chr.) betrieben, wie aus den Tempelinschriften hervorgeht. Gräberfunde aus dem 4. Jtsd. v. Chr. zeigen, daß der Ricinussamen, den man den Toten mitgab, in hohem Ansehen stand. Eine Kenntnis von der in Ägypten geübten Gewinnung des Ricinusöls und der Pflanzenzucht besitzen wir durch Herodot (5. Jhdt. v. Chr.), der dies ausführlich beschreibt. Neben Ägypten ist der Ricinus den alten Indern bekannt. Angeblich soll er 300 Jahre v. Chr. in dem indischen Werk „Kautilyas Arthasastra" als pflanzliches Gift bezeichnet sein. Bei Susruta (im 6. Jhdt. v. Chr.) ist er ausdrücklich als Abführmittel aufgeführt, ebenso frühzeitig ist er wahrscheinlich von den Chinesen verwendet worden.

Eine Erwähnung als Abführdroge findet sich in der Antike bei Dioscurides, er schätzt mehr noch das Ricinusöl zur Bereitung von Salben und als Brennmaterial.

Celsus benutzt das Öl nur als Bestandteil einer Linderungssalbe, nicht als Abführmittel. Bei Abu Mansur dient es, um den Magen und die Abdominalorgane von Feuchtigkeit zu reinigen. Deneben steht die Empfehlung als Haarwuchsmittel bei der Alopecie. Fuchs erwähnt in seinem Kräuterbuch 1543 erneut die Angabe des Dioscurides, daß die Verabreichung von Ricinusöl für den Magen schlecht bekömmlich ist und so dient ihm das Öl entsprechend den Angaben von Dioscurides vornehmlich zur Herstellung von Pflastern oder als Brennmaterial für die Öllampen. Die purgierende Eigenschaft des Samens ist den Kräuterbüchern des Hieronymus Bock (1539) und des Pierandrea Matthiolus (1563) zu entnehmen. Insgesamt wird aber der Ricinus werder im Altertum noch im Mittelalter innerlich viel benutzt. Erst im 18. Jhdt.

wird er als mildes Abführmittel eingeführt. Dies ist insbesondere einer 1765 erschienenen Dissertation von Canvante zu verdanken, der die Droge in Westindien kennenlernt. Bei Hufeland (1762-1836) ist sie bereits ein vielverwendetes Purgans. Den Wirkstoff des Öls, die Ricinolsäure, isoliert Saalmüller und dem Pharmakologen R. Magnus († 1927) gelingt der Nachweis, daß das Ricinusöl die Dünndarmperistaltik steigert; seinen unangenehmen Geschmack versucht man durch Korrigentien vieler Art zu verbessern.

Aloe (Aloe)

Die **Aloe** ist vermutlich 2-3 Jahrtausende v. Chr. im nördlichen Somali-Gebiet verwendet worden. Nach Ägypten gelangt sie durch die Handelsexpeditionen der Königin Hatschepsut. Vermutlich ist sie z. Zt. der 18. Dynastie von den Punt- und Tanuter-Ländern (Somali-Land) regelmäßig nach Ägypten importiert worden. Sie ist fraglicherweise im Papyrus Ebers genannt, ohne daß feststeht, ob die dort erwähnte Droge mit der Aloe identisch ist.

Hippokrates hat die Aloe vermutlich nicht verwendet. Dioscurides (70 n. Chr.) schreibt ihr die Kraft zu, den Bauch zu lösen und den Magen zu reinigen. Mit Harz genossen oder mit Wasser und Harz gekocht, reinigt sie in einer Menge von 3 Drachmen gründlich und mit anderen Abführmitteln gemischt erreicht man, daß diese den Magen weniger angreifen. Auch Celsus (1. Jhdt. n. Chr.), Scribonius Largus (1. Jhdt. n. Chr.), Oreibasius († 403 n. Chr.), Alexander von Tralles (6. Jhdt. n. Chr.) und Rhazes († 925 n. Chr.) gebrauchen sie als Purgans. Abu Mansur (975 n. Chr.) sagt von ihr, die Aloe besitzt mäßig adstringierende und stark purgierende Eigenschaften. Sie reinigt den Magen und den Kopf von Schleim, wie die Gelenke. Sie entfernt alle Faecalmassen aus dem Körper und ist ein nützlichen Arzneimittel. Als Abführmittel ist sie weiterhin geschätzt bei Fuchs († 1566), Matthiolus († 1577), Lonicerus († 1557), Paracelsus († 1541) und sie wird später mit Vorliebe von Haller († 1777), Hecker († 1859) und Carus († 1869) angewandt. Lonicerus schreibt: „Aloe treibt böses Phlegma, Cholera und Melancholei aus“. Besondere Indikationen für diese Droge finden sich bei der Äbtissin Hildegard von Bingen († 1179) und Paracelsus († 1541). Sie verwenden die Aloe äußerlich bei Abszessen in Zugpflastern.

Der hohe Verbrauch regt bereits frühzeitig zur Anpflanzung der Droge an. Mathaeus Platearius, der in der Mitte des 11. Jhdt. wirkt, erwähnt, daß die Aloe in Apulien angebaut wird. Im 17. Jhdt, erfolgt dann ein systematischer

Die Aloe – Abbildung aus Basilius Beslers HORTUS EYSTETTENSIS 1613 (Letzte Ausgabe 1713)

Anbau zunächst auf der Insel Sokotra und später auf der Westindischen Insel Barbados, deren Produktion die Aloe von Sokotra weitgehend aus dem Handel verdrängt.

Mischungen der Aloe mit anderen Pflanzlichen Bestandteilen werden ebenfalls frühzeitig erfunden. In Padua stellt Fabricius de Aquapendente († 1619) beispielsweise eine solche Komposition aus Rosenöl und Aloe, die Aloe rosata her. Auf ihre Wirkung führt er seine lange Lebenszeit von 82 Jahren zurück. Aloe und Veilchen, die Aloe violata, wird zum Hauptbestandteil der Frankfurter Pillen, die der Arzt Johann Hartmann Reiter († 1625) als Spezialität eingeführt hat.

Crotonöl (Croton tiglium)

Das heute nicht mehr verwendete Crotonöl ist ebenfalls eine alte Droge, die ihre erste Erwähnung im chinesischen Kräuterbuch Shen-Nung findet: „Wenn du die Kälte oder Hitze aus dem Körper treiben, den Atem verbessern, die Verdauung erleichtern, Krankheiten heilen willst, gebrauche die Drogen dieser Klasse"; zu diesen zählen neben Rhabarber und einigen Euphorbiaceen der Crotonsamen. Durch die Vermittlung arabischer Ärzte hat die Droge Eingang in die europäische Medizin gefunden. So ist Rhazes († 925) bekannt, daß das Crotonöl äußerst giftig ist. Er schreibt: „Wenn dieses Arzneimittel nicht mit großer Umsicht genommen wird, so hat es tödliche Wirkung." Als die arabische Medizin an Bedeutung verliert, verschwindet es aus dem Arzneischatz und erst vor etwa 100 Jahren taucht es erneut auf.
1825 bringt es der Engländer Short aus Madras mit. Eine gute Beschreibung hat früher Christobal Acosta geliefert. Da selbst eine vorsichtige Applikation zu schweren Darmentzündungen führen kann, ist die Anwendung des Crotonöls in der Humanmedizin mit Recht verlassen. Ursächlich für die schweren Darmwand-Veränderungen ist das von Rudolf Boehm (1915) isolierte Croton-Harz, das den cocarcinogen wirksamen Inhaltstoff Phorbol enthält.

Senna (Cassia angustifolia)

Die Einführung der Sennesblätter in die Medizin erfolgt über die Araber. Die erste Empfehlung zu medizinischen Zwecken geht auf Serapion, d. Älteren, (9.-10. Jhdt.) zurück. Auch Johann Mesue († 857) kennt sie, benutzt sie aber nicht als Purgans, sondern bei Augenleiden. Im Kräuzerbuch von Leonhard Fuchs aus dem Jahr 1543 werden die Sennesblätter wieder unter die Abführmittel eingereiht. Antonius Mezaldus, ein berühmter Arzt in Paris, verherrlicht die Senna 1582 in seinem Opusculum de Senna als eine Pflanze, welche mehr als alle anderen für den Menschen lobenswert und heilkräftig sei. Eine größere Bedeutung gewinnt die Droge seit dem 18. Jhdt. durch die Einführung des Wiener Trankes, dessen Erfinder der kaiserliche Leibmedicus Managetta ist.

Lange Zeit sind die alexandrinischen Sennesblätter besonders beliebt; für ihren Verkauf führt Mechmed Ali ein Monopol ein. Er veräußert die gesamte Jahresernte an einen Triester Kaufmann, so daß Triest bis 1841 der Mittelpunkt des Sennahandels bleibt. Im Konkurrenz beginnt man Anfang des 19. Jhdt. einen Anbau in Tinnevely (Vorderindien) und verdrängt langsam den alexandrinischen Senna aus dem Handel. Schon zuvor hat Luigi Anquillara († 1570), der Vorsteher des Botanischen Gartens in Padua Anbauversuche angestellt; auch in der Nähe von Florenz werden im 16. Jhdt. versuchsweise Pflanzen gezüchtet. Venedig errichtet zwecks Überwachung des Handels 1506 eine spezielle Behörde, die cinque savii alla mercenario, die 5 Weisen. Diese verbieten 1562 den Handel mit Senna, soweit sie nicht in der Toscana gezüchtet ist.

Die besondere Beliebtheit der Sennesblätter als Abführmittel führt neben dem Wiener Trank zu verschiedenen Präparaten wie den Species laxantes, den Syrupus Sennae cum Manna und dem Pulvis pectoralis Kurella, welches E. G. Kurella († 1799) in Berlin erfindet.

Tamarinden (Tamarindus indicae)

Die ersten Nachrichten über die Tamarinde finden sich bei dem persischen Arzt Alhervi (970 n. Chr.) sowie Abu Mansur (um 975) und Mesue († 857). Alexander von Tralles im 5. Jhdt. n. Chr. erwähnt sie nicht. Zur Zeit Mesues ist schon die Fälschung des Tamarindenmuses üblich; er gibt daher eine genaue Anweisung zur Herstellung und Aufbewahrung der Droge. Aus Indien berichtet Rasaratnasamuchchaya (um 1300 n. Chr.), daß die Tamarinden dort als gebräuchlicher Pflanzensaft gelten. Ein anderer persischer Arzt Ben Maswijah spricht geradezu von dem Mus aus Indien. Ebenso kennt sie Abu Mansur unter der Bezeichnung Indische Datteln und Ibn Baitar († 1258) weiß, daß die Tamarinden aus Indien, dem Yemen und aus dem Sudan geliefert werden.

Seit dem 15. Jhdt. sind die Tamarinden in den deutschen Apotheken zu finden. Sie gelangen aber nie zu einer besonderen Wertschätzung. Erst in neuester Zeit werden sie insbesondere in Frankreich benutzt. Erste Versuche, die Inhaltstoffe der Droge zu analysieren, stammen von Hembstädt († 1833), der im Almanach für die Scheidekunst 1787 erste phytochemische Arbeiten über das Tamarindenmus veröffentlicht.

Koloquinten (Citullus colocynthis)

Im tropischen Afrika und in Syrien ist die Koloquinte beheimatet. Die Araber hatten sie an die Küsten des Mittelmeers verbreitet. In der Bibel steht: „Mehl brauchte Elisa, um das bittere Koloquintengemüse genießbar zu machen." Dioscurides weiß um die purgierende Kraft des Fruchtmarks. Gleichzeitig sagt er, daß es dem Magen schädlich sein kann. Abu Mansur (um 975) und Fuchs (1501-1566) machen die gleiche Aussage und betonen die Giftigkeit der Pflanze. Als Allheilmittel benutzen sie Avicenna (980-1037) und Riverius (1674) wegen ihrer drastischen Wirkung, während im Altertum Chrysippos von Knidos (um 336 v. Chr.), ein Schüler des Erasistratos, ihren Genuß verpönt. Unter der Indikation, Ableitung der bösen Säfte auf den Darm, verwenden diese Droge Matthiolus (1500-1577) und J. Fr. K. Hecker (1795-1859). Dies zeigt, daß bis ins 19. Jahrhundert die alten Praktiken der Humoralpathologie benutzt werden. Als Indikationen gelten bemerkenswerter Weise Gemüts- und Nervenkrankheiten sowie Wassersucht.

Als wirksamen Inhaltstoff isoliert Walz 1858 das Colocynthidin, das sich als eine Mischung eines Alkaloids und einer Harzsubstanz herausstellt. Beide Stoffe sind stark drastisch wirksam und verursachen erhebliche Wasserverluste sowie Entzündungen des Darms und blutige Durchfälle.

Johannisbrot (Ceratonia siliqua)

Bei einer längeren Anwendungsdauer sind pflanzliche Produkte, welche organische Säuren enthalten, ebenfalls als Abführmittel geeignet. Dies ist der Antike bekannt. So ist beispielsweise aus den Büchern des Dioscurides (70 n. Chr.) zu entnehmen: „Die frischen Johannisbrotschoten bekommen dem Magen schlecht und öffnen den Leib, getrocknet hemmen sie den Stuhlgang, sind dem Magen zuträglicher, vorzüglich, wenn sie ohne die harten Teile gegessen werden." Bei Scribonius Largus (1. Jhdt. n. Chr.) dient das Decoct aus syrischem Johannisbrot als Bestandteil eines Kolikmittels. Erwähnt wird die Pflanze weiterhin bei Theophrast († 278/88 v. Chr.) und Columella (1. Jhdt. n. Chr.). Abu Mansur (um 975) kennt gleichfalls die abführenden Eigenschaften der Pflanze und sagt, daß sie im trockenen Zustand den Leib anhalte. Hayne (1828) bezeichnet in seinem Pflanzenbuch die Droge als nährend und zugleich abführend. In der Neuzeit wird sie lediglich in Kombinations-Präparaten verwendet.

Feigen (Ficus carica)

Die Feigen werden von Hippokrates (460-377 v. Chr.) unter die abführenden Drogen eingereiht. Nach Dioscurides (70 n. Chr.) bekommen die reifen Feigen, wenn sie weich sind, dem Magen schlecht und lösen den Bauch. Die trockenen Feigen erweichen mit Natron und Safran zusammengestoßen und genossen den Bauch. Dasselbe leistet der wilde Feigenbaum, dessen Saft den Bauch löst. Celsus (1. Jhdt. n. Chr.) und Abu Mansur (um 975) gebrauchen vornehmlich getrocknete oder reife Früchte, die abführend wirken. Nach Celsus sind die grünen Feigen stärker purgierend, als die reifen. Scribonius Largus benutzt dagegen diese Früchte nicht; er wendet lediglich den Feigensaft bei Vereiterungen des Schlundes und bei Vergiftungen an. Nach Fuchs (1501-1566) besitzen reife und frische Feigen eine „durchlauff" bewirkende Eigenschaft. Hayne schreibt ihnen im 19. Jhdt. nährende, erschlaffende, einhüllende und expectorierende Wirkung zu. Als mildes Abführmittel wird der Feigensaft vereinzelt noch gebraucht. Der kalifornische Feigensirup „Califig" mit Senna versetzt, gehört zu den harmlosen Laxanthien der Kinderpraxis.

Frangula (Rhamnus frangula)

Aus den nordischen Ländern stammt die Frangula. Sie ist der Antike unbekannt. Ihre abführende Wirkung beschreibt als erster 1305 Petrus de Crescentiis († 1320). Im 17. und 18. Jhdt. ist sie sehr beliebt, man nennt sie den Rhabarber plebeyorum, weil sie leicht zu beschaffen und billig ist. Trotzdem gerät die Droge in Vergessenheit, so daß der Hamburger Arzt Gumprecht 1844 erneut auf die Pflanze aufmerksam machen kann.

Laxantien aus dem amerikanischen Pflanzenschatz Cascara sagrada (Rhamnus purshiana)

Dieses Arsenal an Abführdrogen wird bereichert durch einige pflanzliche Produkte, welche Amerika liefert. Hierher gehört die **Cascara sagrada**. Sie wird aus der Rinde eines wildwachsenden Baumes gewonnen, dem F. T. Pursh († 1820) diesen Namen gab. Der Baum selbst ist nach ihm Rhamnus Purshiana benannt. Verwendung findet die Droge erst im 19. Jhdt., als der kalifornische Arzt Bundy im Jahre 1877 den Fluidextrakt propagiert und als ein Wunderabführmittel anpreist.

Podophyllum peltatum

Die in Nordamerika heimische Pflanze **Podophyllum peltatum** gehört ebenfalls zu den Abführdrogen und sie ist von den Eingeborenen seir altersher mit dieser Indikation benutzt. In Europa wird das aus der Droge gewonnene Harz, das Podophyllin, 1820 auf den Markt gebracht. Es erscheint 1864 in der englischen Pharmokopoe. In den botanischen Gärten Englands ist die Pflanze seit 1664 kultiviert. Die chemische Struktur des Podophyllins wird 1947 von Sullivan und Blanchard sowie 1950 von Hartwel und Schrecker aufgeklärt.

Jalapen (Exogonium purga)

Von den amerikanischen Eingeborenen übernahmen die Spanier die **Tubera jalapae**. Sie kommen 1509 nach Europa und werden bereits 1530 in Sevilla verwendet sowie von Monardes (1493-1588) ausführlich beschrieben. Nach Caspar Bauhin sind sie seit 1609 in Deutschland bekannt. In der Apothekentaxe von Liegnitz erscheinen sie 1662, in einem Nürnberger Dispensatorium 1666. Durch die Leipziger medizinische Fakultät werden sie um diese Zeit als Abführ- und Wurmmittel empfohlen und verbreitet. 1700 verfaßt der bischöfliche Münsteraner Leibarzt Christian Franz Paulini († 1712) eine viel beachtete Arbeit über die Droge. Der Hofapotheker und Professor am Jardin du Roy in Paris Simon Bouldue († 1720) unterwirft die Wurzeln einer Destillation. Auch das gegenwärtig unter dem Namen Resina jalapae geführte Präparat wird aus den Knollen durch eine Alkoholextraktion gewonnen. Die abführenden Kuren früherer Zeiten sind glücklicherweise nicht mehr üblich. Sie haben meist mehr geschadet, als genutzt. Bei richtiger Indikationsstellung und strenger Beachtung der Anwendungsregeln ist dieses alt bewährte, natürliche Drogenmaterial jedoch bis in die Neuzeit noch von beachtenswertem therapeutischen Nutzen, wenn auch gilt, daß ein chronischer Mißbrauch nahezu regelmäßig schädliche Folgeerscheinungen nach sich zieht.

Aussatz – aus einer Handschrift der Universität in Salern um das Jahr 1000

5. Die großen Seuchen und ihre Arzneien

Der Aussatz

Im Altertum ist bereits bekannt, daß einige Krankheiten von Mensch zu Mensch durch Kontakt und Ansteckung übertragbar sind. Als einzig wirksame Gegenwehr zur Vermeidung der Ausbreitung dieser Krankheiten haben die Ärzte der damaligen Zeit den Ausschluß der Erkrankten und ihre Trennung vom gesunden Volksteil praktiziert. Derartige Isolierungsmethoden hat schon Moses für den Aussatz in aller Ausführlichkeit den Juden verpflichtend vorgeschrieben. Ähnlich empfiehlt in Byzanz Aretaeios von Kapadozien um das Jahrhundert nach Christus die Absonderung von Leprakranken: „Wer möchte nicht vor der Lepra fliehen? Und wen graut nicht vor ihr, selbst wenn sie den Sohn, den Vater oder den eignen Bruder befallen hat, da man Furcht haben muß, daß man sich an der Krankheit ansteckt".

Die Lepra-Reglementierung und die Isolierung der vom Aussatz befallenen wird im 5. und 6. Jhdt. n. Chr., als die Seuche nach Mitteleuropa vordringt, zu einer ständig geübten Verhütungsmaßnahme. Man regelt zugleich fürsorglich in späterer Zeit die Versorgung der Aussätzigen durch Schaffung von Leprösenhäusern, spitalähnlichen Einrichtungen, von denen es in der Mitte des 13. Jhdt. etwa 20.000 in Europa gibt.

Die Einrichtung von Isolierungsplätzen, Quarantänen in den Häfen, die Absonderung der Kranken in besonderen Spitälern und Häusern, zusammen mit der Anzeigepflicht, die Entwicklung einer Pflegepraxis, sowie der Durchführung von Desinfektionsmaßnahmen in Form von Räucherungen mit Schwefeldämpfen, Reinigung der Räume mit Kalk und Vernichtung der Gegenstände aus der unmittelbaren Umgebung der Kranken und Verstorbenen sind ein Bündel von Maßnahmen, die zu den eindrucksvollen Leistungen der mittelalterlichen Medizin zu rechnen sind.

Was aber konnte man therapeutisch gegen den Aussatz tun? Die Behandlung bestand in der Regel in einer Bekämpfung der Hautausschläge mit äußerlichen Mitteln. So empfiehlt Hieronymus Bock 1536 in seinem Kräuterbuch, die Haut der Patienten mit dem Saft von Dost, Andorn und Bilsenöl zu bestreichen. Ebenso sollen Affodill und Erdbeerwasser äußerlich bei Aussatzgeschwüren angewandt, den Fortschritt der Hautveränderungen aufhalten. Besser hilft der Schöllkrautsaft, wenn man zusätzlich morgens und abends einen Erdrauchsirup verwendet. Innerlich in Wasser gekocht und getrunken ist Eisenkraut gut für alle, die mit Aussatz verunreinigt sind.

Chaulmoograoel (Hydnocarpus kurzii)

Ein Spezifikum pflanzlichen Ursprungs gegen die Lepra ist den ostasiatischen Völkern bekannt. Die Kenntnis dieses Mittels gelangt 1854 durch den bengalischen Arzt F. J. Mouat nach Europa. Es handelt sich um das Chaulmoograöl, dessen Inhaltstoffe die Hydnocarpussäure und Chaulmoograsäure eine spezifische Toxizität gegen den Lepraerreger entfalten. Diese Säuren werden von F. B. Power und F. H. Gornall 1904 isoliert; ihre Struktur klären G. A. Perkins und A. O. Cruz 1927 auf. Starke Reizwirkungen auf den Magen und Darm erschweren jedoch eine innerliche Verwendung. Erst durch die Umwandlung der Säuren in die entsprechenden Ester kann man sie injizieren. Trotzdem hat ihr Einsatz keine überzeugenden Erfolge erbracht. F. Engel führt 1909 Antileprol ein, außerdem waren im Handel Moogrol und Hydnestril, die auch innerlich eingesetzt wurden.

Bei den Hindus ist das Chaulmoograöl seit den frühesten Zeiten angewandt worden. Das bezeugt eine alte, märchenhaft ausgeschmückte Nachricht, der zufolge der Lepra kranke König Rama von Benares sich mit den Früchten und Blättern ernährt hat und zugleich mit der ebenfalls erkrankten Prinzessin Pija geheilt wurde. Wahrscheinlich kannte bereits Susruta (5. Jhdt. n. Chr.) den Wert dieses Öls. Bestimmt hat es der persische Arzt Muhammed Hussein (1771) geschätzt. 200 Jahre zuvor bringt Li-Schichen 1597 in seinem medizinischen Werk eine Abbildung des Samens. Vermutlich hat auch Chu-Tan-Chi das Öl im 14. Jhdt. bei der Lepra benutzt. Den Japanern ist es seit 1716 bekannt und die Eingeborenen in Hinterindien und auf den Sunda-Inseln haben es ebenfalls seit langem benutzt.

Heute wird das Chaulmoograöl vornehmlich noch als Lösungs- und Transportmittel für andere Chemotherapeutika zum Zwecke einer Depotbehandlung benutzt. Diese synthetischen Präparate haben einen entscheidenden Fortschritt bei der Erkrankung der Lepra erzielt. Es handelt sich um Sulfone, die 1908 von Fromm und Wittmann hergestellt wurden. Zusammen mit einer guten Pflege in den Leprosorien, Rehabilitationsverfahren und plastisch-operativen Eingriffen sind selbst bei dieser schweren Krankheit therapeutische Erfolge möglich geworden.

Die Pest

Im Laufe der Entwicklung der mittelalterlichen Medizin bleibt der Begriff der ansteckenden Krankheiten nicht auf die Lepra beschränkt. Im Regimen Salernitanum, einem Gesundheitsspiegel in Versen, der im 13. Jhdt. in Salerno gesammelt wurde, ist nachträglich ein Vers eingefügt, den 1303 Bernhard von Gordon in seinem „Lilium medicinae" überliefert hat. Er nennt 8 ansteckende Krankheiten neben der Lepra, die Pest, die Tuberkulose, die Krätze, das Erysipel, den Feitstanz, den Milzbrand und die Augenblennorrhöe.

Die Erkenntnis, daß kleine Lebewesen – animacula – bei der Ansteckungsgefahr eine Rolle spielen, findet ihren ersten Niederschlag in einer Studie über die Pest aus dem jahre 1658 von Athanasius Kirchner. Er meint, falls diese Tierchen im Blute anwesend sind, dann wird sich die Krankheit auf alle Eingeweide ausbreiten.

Dieses Wissen hilft den Ärzten wenig, da sie den Pestkranken nicht zu helfen vermögen. Die Kranken starben mit wenigen Ausnahmen, so kennzeichnet Guy de Chauliac (1300-1368) die therapeutische Situation. Die einzigen Gegenmaßnahmen beschränken sich im 14. Jhdt. auf einige prophylaktische Verhaltensregeln. Daniel de Foe, der Verfasser des Robinson Cruso, schildert in seinem Buch über die Pest in London (1665)), daß der Lordbürgermeister eine Reihe von Anordnungen erlassen hat, wie die Absonderung der Kranken, das Verschließen und Bewachen der Häuser von Erkrankungsfällen sowie die Reinigung der Krankenzimmer. Diese Verordnungen sollen die Ausbreitung der Seuche beschränken. Dazu kommen Empfehlungen der Ärzte, ähnlich wie sie bereits 1348 die medizinische Fakultät in Paris vorgeschlagen hat. Sie betreffen die Regelung der Schlafzeit, der Ernährungsweise und des Geschlechtsverkehrs. Zusätzlich werden zur Reinigung der Luft Weihrauch oder Kamille verbrannt. Teilweise werden diese Räucherungen in einer übertriebenen Weise durchgeführt; es wird berichtet, daß die Kanarienvögel in den Stuben erstickten und die Spatzen von den Dächern fielen. In Helmstedt verordnet ein Professorenkollegium 1597 jeden Tag der Woche ein anderes Räuchermittel anzuwenden. Wacholder, Wermut, Lavendel und Eichenlaub sollen besonders nützlich sein.

Anfang des 17. Jahrhunderts kommt dann in Holland der Glaube auf, daß Tabakverkäufer von der Pest nicht ergriffen werden. Das Tabakrauchen gilt daher bei der großen Pest in London 1665 als die beste Schutzmaßnahme vor jeder Ansteckung. Diese Abwehrmethode hat in Deutschland viele Anhänger gefunden. Peststiche aus dem 18. Jahrhundert aus Mecklenburg zeigen, daß die Leichentransporteure kurze Pfeifen rauchen.

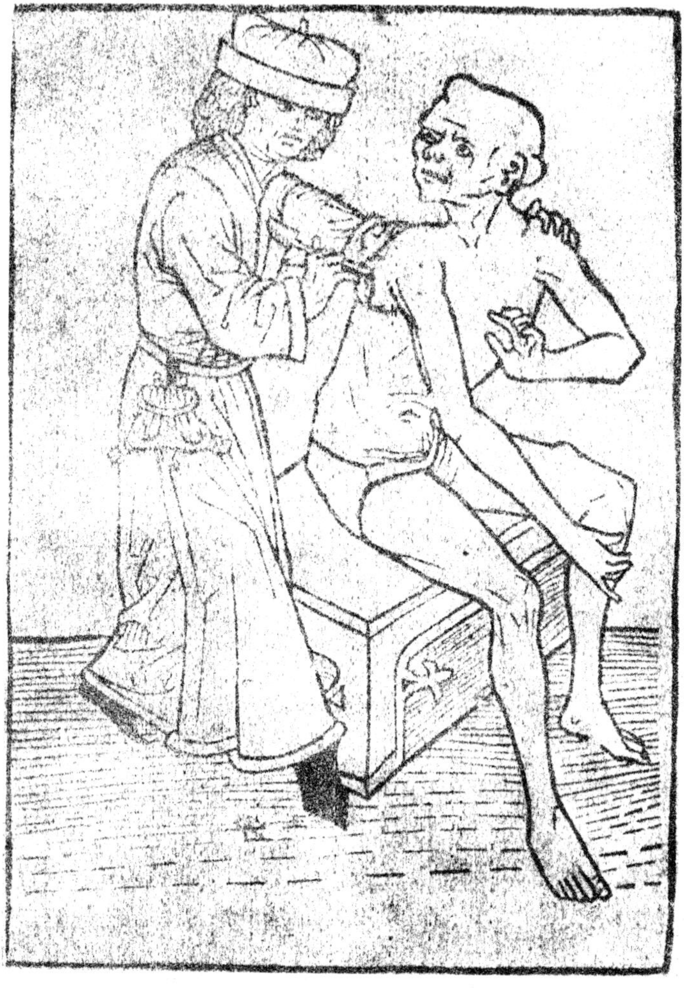

Die Pest

Pestarzt beim Beulenschneiden – Holzschnitt aus Hans Folz „Spruch von der Pestilenz“ Nürnberg 1482

Zur Vorbeugung der Pest verwendet man außerdem Einreibungen mit aromatischen Wässern und Weinessig, dem sogenannten Pestessig. Das Riechen an einem Moschusapfel soll ebenfalls schützen und noch höher wird lange Zeit das Skorpionöl geschätzt, von dem Bökel 1596 in einer Pestordnung der Stadt Hamburg ein hohes Lob singt.

Als Arzneien werden bevorzugt Abführ- und Kräftigungsmittel. Daneben schätzt man den allheilenden Theriak*). Auch eine Mischung aus Aloe, Thymian, Ammoniak, Kampher und verschiedenen Erden (Terra sigilata, Lemnia, Bolus armena), die sogenannten Pillen des Rufus, sind lange im Gebrauch. Im übrigen gibt es kaum eine Arzneipflanze, die nicht als Vorbeugungs- und Heilmittel gegen die Pest eingesetzt wird. Hildegrd von Bingen (1089-1179) hat, um ein ruhiges Ende zu bewirken, die Blätter und Wurzeln des Aron-Stabes besonders geschätzt. Feigen, Raute und Walnüsse zu gleichen Teilen gemischt sollen nach einer Pariser Handschrift aus dem 15. Jahrhundert mit Sicherheit das Gift vertreiben, welches die Beulenpest verursacht. Die immer wieder geübte Methode des Aderlass spielt natürlich bei dieser Erkrankung eine große Rolle. Es gibt allerdings neben den Befürwortern wie Guy de Chauliac erbitterte Gegner wie Jean Fernell (1506-1558).

Relativ nützlich erweist sich die chirurgische Behandlung mit Aufschneiden der Eiterbeulen und Ausbrennen mit dem Glüheisen. Von diesen Brandwunden verspricht man sich eine Ableitung der Pestgifte; deshalb werden die Wunden künstlich durch Senfpflaster oder Kanthariden-Umschläge offen gehalten. Paracelsus legt sogar gedörrte Kröten auf die Wunden, damit sie das Gift der Pestilenz aussaugen. Magie und Quacksalberei sowie den Einsatz der Dreckapotheke spielen zusätzlich bei den Pestepidemien eine Rolle; ebenso sollen Zaubersprüche, Pestsegen und Pestfluch helfen.

Die letzten Pestepidemien erlebt Europa im 2. Jahrzehnt des 18. Jahrhunderts. Seitdem ist eine Infektionsgefahr zurückgedrängt und nahezu beseitigt. Eine durchgreifende Vorbeugung wird insbesondere durch die Entdeckung Glen Liston's seit 1904 ermöglicht. Seitdem weiß man, daß die Seuche von Nagetieren durch Flöhe auf den Menschen übertragen wird. Mit der Unter-

*) Theriak:
Die Einführung dieses Arzneimittels wird dem König Mithridates von Pontus (124-62 v. Chr.) zugeschrieben. Verbessert wird es von Andromachus, dem Leibarzt Nero's. Es besteht in der Regel aus 50-100 verschiedenen Bestandteilen. Im Dispensatorium des Valerius Cordus (1511-1544) enthält es noch 65 Einzelstoffe. Letzte Hiweise auf dieses Medikament finden sich in einem Rezeptbuch der Kugel-Apotheke zu Nürnberg aus dem Jahre 1754. Mit 12 Bestandteilen wird der Theriak 1882 noch in der Pharmakopoea germanica aufgeführt.

Unterweisung von Studenten über die Herstellung des Theriak. Buchmalerei aus dem 14. Jahrhundert.

brechung dieser Infektionskette durch hygienische Maßnahmen und der Bekämpfung der Floh- und Rattenplage ist dem schwarzen Tode des Mittelalters endgültig ein wirksamer Einhalt geboten. Außerdem sind Chemotherapeutica entwickelt worden, welche eine Behandlung der Seuche und eine Vernichtung der Pesterreger erzielen. Dazu eignet sich insbesondere der kombinierte Einsatz von Streptomycin und Chloramphenicol.

Die Malaria

Der Name Malaria stammt aus Italien; er besagt, daß die Krankheit in „mal aria", d. h. in schlechter Luft gedeiht. Dies ist schon im Altertum erkannt worden. Columella (1. Jhdt. n. Chr.) hat bereits in seiner Schrift „De re rustica" beschrieben, daß die Sümpfe schädliche Gifte auswerfen und Tiere erzeugen, die mit bedrohlichen Stacheln bewaffnet sind und in dichten Schwärmen gegen die Menschen fliegen. Durch diese zieht man sich oft versteckte Krankheiten zu. Man weiß sich mit Netzen zu schützen, wie bereits Herodot (57 v. Chr.) in Ägypten und später Marco Polo (1254-1323) in Indien beobachteten. Derartige Abschirmvorrichtungen sind ferner in der Römischen Literatur bei Horaz, Properz und Juvenal erwähnt.

Für die Behandlung der Krankheitssymptome stehen keine wirksamen Waffen zur Verfügung. Die ausleerenden Kuren mit Abführmitteln, sowie das dauernde Setzen von Einläufen und Aderlässen sind zwar allzeit beliebt; helfen können sie nicht. Ebensowenig sind Wurzeln und Kräuter, Spinnennetze, Maulwurfsklauen, Hundezähne und Schlangenherzen wirksam; nicht einmal in Verbindung mit magischen Formeln. Der Arzt Masilio Ficino in Florenz (1433-1499) ist überzeugt, daß er ein besonders wirksames Arzneumittel in Form der Blätter des Gänsefingerkrauts besitzt. Entsprechend den verschiedenen Verlaufsformen der Malaria mit einer Abfolge von Schüttelfrösten in täglicher, 3-tägiger oder 4-tägiger Reihenfolge sollen beim Eintagsfieber eines dieser Blätter, bei der Tertiana 3 und bei der Quartana 4 Blätter genommen werden. Ein Erfolg blieb natürlich dieser Behandlungsmethode nicht beschieden.

Ein wirksames Mittel gegen die Malaria gab es erst, als die Europäer in Südamerika den Cinchonabaum kennenlernten, dessen Rinde eine Arznei liefert, welche die Malariaerreger in spezifischer Weise zu bekämpfen vermag.

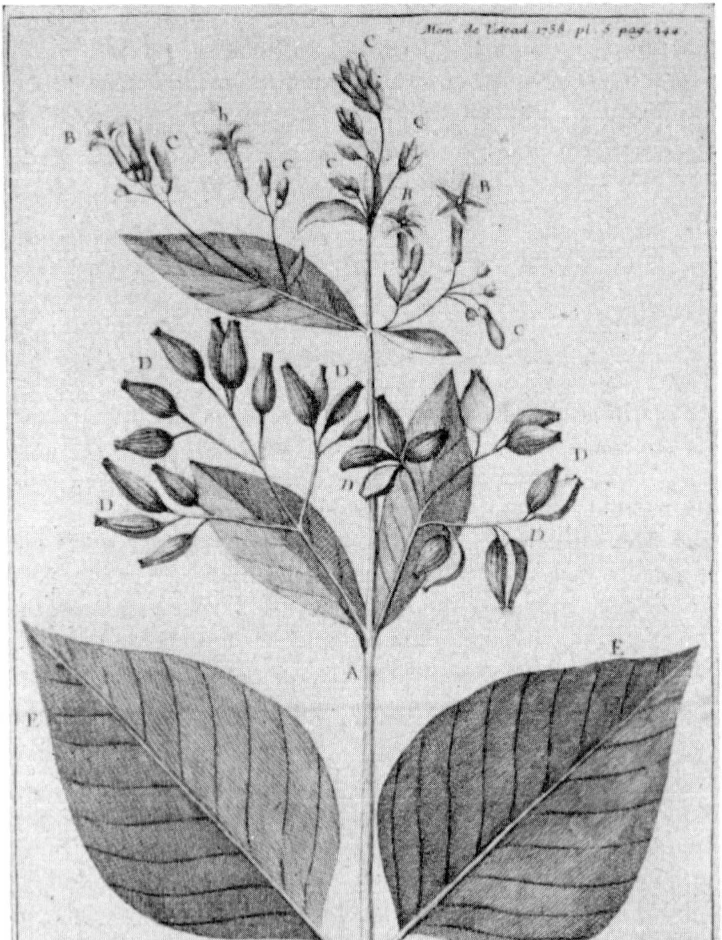

Zweig des Chinchona-Baumes, Kupferstich von Charles-Marie de la Condamine (1701-1774)
Mém. Acad. roy. Sci., Paris 1740

In diesem Einzelfall haben sich die Vorstellungen von Parcelsus (1494-1541) in geradezu idealer Weise verwirklicht, daß der Mensch von der Natur wider eine jegliche Krankheit Arznei hat.

Chinabaum (Cinchona succirubra)

Die Geschichte des Chinabaums beginnt 1630, als ein Jesuit in der Nähe von Loxa von einem Medizinmann erfährt, daß er durch die Rinde dieses Baumes vom Fieber geheilt ist. 3 Jahre später berichtet der Augustiner Mönch Antonio de la Calancha über mehrere wunderbare Resultate, die in Lima bei der Bekämpfung von Fieberanfällen erzielt wurden. Aufsehen erregte die Droge nach der Heilung des Spanischen Corregidor Don Juan Lopez de Canizares sowie der Frau des Vizekönigs von Peru, der Gräfin von Cinchon. Ihr Name veranlaßt Carl von Linée (1707-1778), die Pflanze Cinchona zu nennen. Der Leibarzt des Vizekönigs Juan de Vega nimmt 1640 bei seiner Rückkehr nach Europa die Rinde mit und verkauft sie in Sevilla für 100 Realen das Pfund. Ihm ist 1632 der Jesuit Bernabè de Cobo zuvorgekommen, der die Rinde zunächst nach Spanien und dann nach Rom bringt. Dort macht der Jesuitenkardinal Juan de Lugo für das neue Mittel eine so eifrige Propaganda, daß man es als Polvos de los Jesuitos bezeichnet.

Der Apotheker Pietro Paolo Pucciarini, ebenfalls dem Jesuitenkolleg in Rom angehörig, arbeitet eine Gebrauchsanweisung aus. Sie lautet: Man nimmt zwei Drachmen, zerstößt sie fein und siebt sie durch; ungefähr drei Stunden, bevor das Fieber auftreten soll, setzt man mit der Rinde in einem Glase weißen kräftigen Weines einen Aufguß an und sobald die Kältschauern beginnen, nimmt man die ganze zubereitete Menge ein und legt sich in's Bett. 1650 beginnt das Kloster Maria Novella in Florenz mit der Produktion eines China-Elixiers. In schneller Folge erscheint die Droge in den Europäischen Ländern, 1649 in Frankreich, 1653 in Belgien, 1655 in England. Ab 1669 ist sie in den Apothekentaxen von Leipzig und Frankfurt erwähnt. Die Behörden in Lyon machen die Einfuhr der Droge 1664 zollpflichtig. Ihre Verbreitung wird durch den hohen Preis eingeschränkt. Dies nutzt der englische Apotheker Robert Talbor (1642-1681) aus, indem er ein Geheimmittel, das Arcanum Talbori 1672 in seiner Pyretologia anpreist und damit erfolgreich viele Patienten, unter anderem den König Karl II von England und Ludwig XIV von Frankreich behandelt. Dieser kauft ihm für 2000 Louisdor sein Geheimnis ab, dessen Vorschrift, wie einige Jahre später erkannt wird, dem Römischen Rezept aus dem Jesuitenkolleg absolut gleicht.

Neben vielen Äußerungen der Anerkennung wird die Chinarinde auch schlecht beurteilt. Vor allem wettert Guy Patin (1601-1672) gegen dieses Mittel, weil es allen Lehren der Humopalpathologie widerspricht und er nennt es Pulvis ignotus sine nomine.

Auch Georg Ernst Stahl (1660-1734) hält die Anwendung dere Chinarinde bei Fieberzuständen für kontraindiziert, weil das Fieber ein von der Natur eingeleiteter Prozess zur Überwindung der Krankheit ist und die Droge diese Naturheilkraft lähmt. Friedrich Hoffmann (1660-1742), der gleichzeitig mit Stahl in Halle wirkt, bezeichnet dagegen die Chinarinde als ein spezifisches Mittel, das sich gegen intermittierende Fieber wirksamer als alle anderen Medikamente erweist. Entschiedene Lobredner sind unter den deutschen Ärzten, Johann Konrad Peyer in Schaffhausen (1651-1712) und Michael Bernhard Valentini in Gießen (1657-1720). Auch für Anton de Häen in Wien (1704-1776) und den drei berühmten englischen Klinikern Thomas Sydenham (1624-1689), Thomas Willis (1622-1675) und Richard Morton († 1698) ist die Chinarinde das Lieblingsmittel. Nach Sydenham vermag die Droge die eigentliche Krankheitsmaterie, das Contagium malariae, zu vernichten; diese Einschätzung der Chinarinde ist bei ihm um so höher zu bewerten, als er Quecksilber, Guajak und Sarsaparilla nicht als Spezifika gegen die Syphilis gelten läßt.

1745 beginnt Claude Toussaint Marrot de Legaraye mit einer ersten chemischen Analyse der Chinarinde und gewinnt eine salzartige Substanz. Thomas Percival kommt 1767 mit seinen Extraktionsverfahren unter Anwendung verschiedener Laugen nicht weiter. Eine Substance alcaline, eine Chininbase, gewinnt erst Pierre Joseph Pelletier (1788-1842) über die er im Mai-Heft des Journal de Pharmacie 1820 zusammen mit Joseph Bienaimè Cavontou (1795-1877) berichtet. Im Anschluß an diese Entdeckung gründen sie in Paris eine Chinin-Fabrik, 1826 folgen J. D. Riedel in Berlin und 1859 die Firma Böhringer u. Sohn mit der Produktion.

Der Malaria-Erreger wird von Charles Louis Laveran (1845-1922) entdeckt; er beobachtet zugleich 1880, daß Chinin ihn im Blut zu vernichten vermag. Den Nachweis der Krankheitsübertragung durch die Anopheles-Mücke erbringt 1897 Ronald Ross (1857-1932). Damit ist der Weg aufgezeigt, wirksame Schutzmaßnahmen gegen die Moskitoplage zu ergreifen und durch die Vernichtung der Brutstätten und späterhin durch den Einsatz von Insektenvernichtungsmitteln der Malaria-Ausbreitung entgegen zu wirken.

Dem Chinin erwächst zu Anfang des 20. Jhdt. durch die Entwicklung synthetisch hergestellter Malariamittel Konkurrenz (Plasmochin, Schulemann und Schönhöfer 1927, Atebrin, Mietsch und Mauss 1930). Im letzten Weltkrieg verfügen die Amerikaner bei den Kämpfen in Ostasien und Afrikas nicht über diese Mittel. Sie leiten deshalb eine großangelegte Kampagne ein, bei der insgesamt 12.000 Verbindungen überprüft werden. Gewonnen wird eine einzige brauchbare Substanz, bei der sich nachträglich herausstellt, daß sie 12 Jahre zuvor unter dem Namen Resochin eingeführt ist. Gegenüber diesen synthetischen Substanzen entwickeln inzwischen die Malariaerreger zunehmend Resistenz; ihre Erfolgsquoten sind daher teilweise eingeschränkt. Das altbewährte Chinin kennt dagegen weder Gewöhnung noch Resistenzentwicklung und so scheut sich die Arzneimittelkunde nicht, einen Rückgriff auf den altbewährten Pflanzeninhaltstoff zu vollziehen, selbst in einer Zeit, die vielfach vom pflanzlichen Heilmittel zum synthetischen Wirkstoff hin tendiert.

Die Syphilis – Die Franzosenkrankheit

Ob die Syphilis im Altertum existierte ist umstritten, wenn auch Knochenfunde dies zu bezeugen scheinen. Sicher ist, daß sich die Syphilis in der Armee des Französischen Königs Karl VIII bei seinem italienischen Feldzug in den Jahren 1494-1497 epidemieartig über Europa ausbreitet. Der Annahme, daß die Krankheit aus Amerika stammt und durch die Matrosen des Columbus nach Europa gebracht wurde, widerspricht bereits Karl Friedrich Clossius, Professor in Tübingen von 1768-1797. Nach seiner Ansicht gab es sie schon vor dem Ende des 15. Jahrhunderts. Sein Traktat über die Lustseuche, veröffentlicht 1797, gehört zu den besten, die damals über diese Krankheit in Deutschland erschienen sind.

Smilax Chinae

Die klassischen Syphilismittel des 16. Jhdt. sind neben der Quecksilberkur das Guajakholz, die Sarsaparilla-Wurzel, sowie die Knolle der Smilax Chinae, einer in Ostasien heimischen Pflanze. Sie wurde von den Portugiesen 1525 nach Europa gebracht und wird 1535 im Buch über die Indischen Arzneidrogen von Garcia da Orta (1490-1570) erwähnt. Man hält zunächst die Wirkung

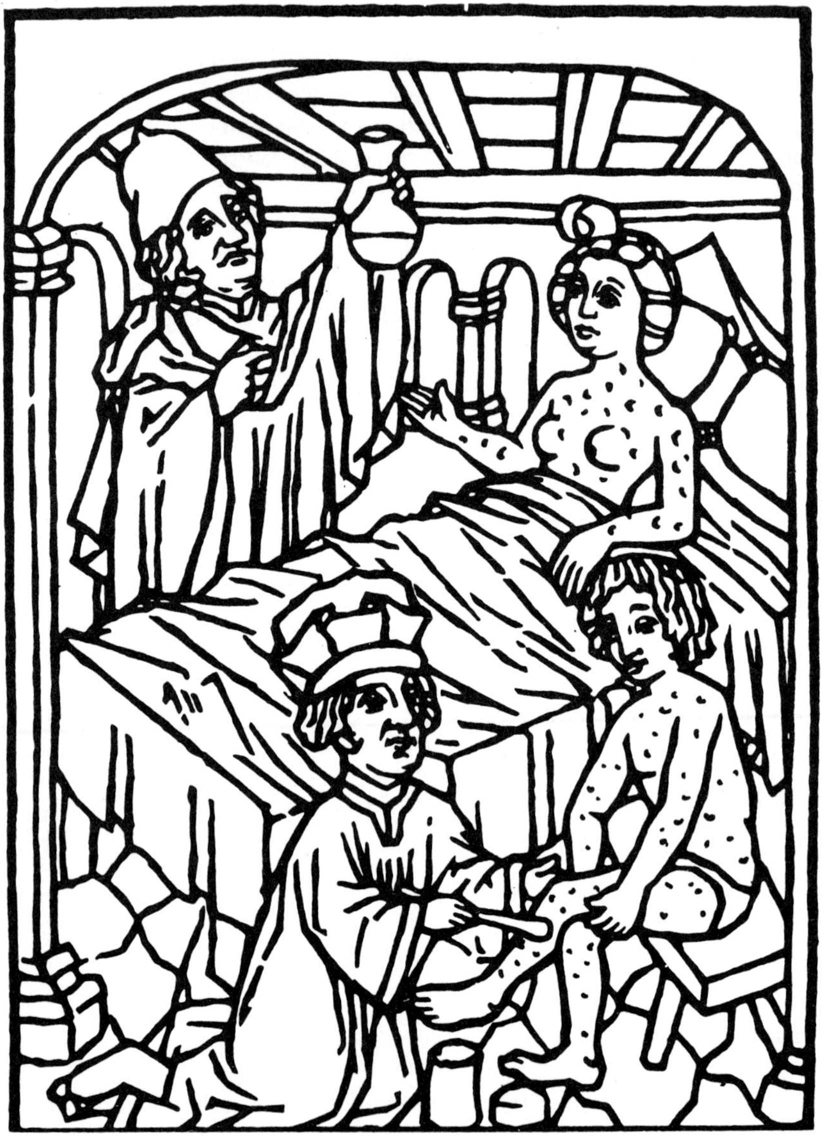

Syphilis – Schmierkur mit Quecksilber 1498

dieser Droge für gering. So äußert sich Gabrielle Fallopio aus Modena in seinem Traktat über den Morbus gallicus. 50 Jahre später wird sie in der Dissertationsarbeit von Johann Keil im Jahre 1611 gleich schlecht beurteilt. Über alle Maßen preist sie dagegen Andreas Vesal in seiner 1546 erschienenen Schrift über die Radix Chynae und durch ihn erlangt die Droge größte Popularität. In rascher Aufeinanderfolge erscheinen weitere lobende Mitteilungen, so 1546 von Hieronymus Cardanus, 1551 von Antonio Musa Brassavola, 1564 von Antonius Fracantianus, 1778 von Julianus Palmaticus nebst der bereits erwähnten Schrift von Fallopio. Die Einführungsquoten dieses Wurzelmaterials nach Europa sind zeitweise beträchtlich. Die holländisch-ostindische Kompagnie weist 1617 ihre Handelsvertretungen an, 30.000 Pfund frische und unbeschädigte Ware zu kaufen und bis in die zweite Hälfte des 19. Jhdt. bleibt die Droge ein beachtlicher Ausfuhrartikel Chinas. Seitdem wird sie in der Literatur nicht mehr beachtet.

Guajac-Holz (Guajacum officinale)

1508 bringt Gonsalvo Ferrand, der selbst an der Syphilis leidet, von der Insel San Domingo das Guajac-Holz nach Spanien und verkauft es dort als Lignum sanctum 1 Pfd. für 7 Goldkronen. Ein Jahr später, 1509, erscheint über diese Droge ein Buch von Delicado mit dem Titel „Legno di India". Ihre Anwendung verbreitet sich rasch. Vielfach wird sie unter dem Namen Franzosenholz gehandelt. So kauft beispielsweise 1525 der Arzt in Nürnberg, der dort seit 1494 speziell für die Behandlung der Malafranzos angestellt ist, einen großen Posten dieser Droge. In der Dresdner Taxe wird sie seit 1552 für den Preis von 4 Groschen pro Pfund geführt.

Aus dem Holz wird ein Decoct hergestellt; diesen preist Ulrich von Hutten 1519 in seiner bei Johann Schöffer in Mainz erschienenen Schrift: „Ulbrichen von Hutten, eines teutschen Ritter's von der wunderbarlichen Artzney des holtz Guaiacum genannt". Ebenso wird es von Gerolamo Fracastoro in Padua (1478-1553) in dem von ihm verfaßten Gedicht über die Syphilis (1530) gerühmt. „Doch reicher vor allem durch einen Baum, in der Muttersprach der Bewohner Guajac geheißen, auf ihm ruht die ganze Hoffnung". Ein weiterer Bewunderer ist Benvenuto Cellini (1500-1574), der in seiner Autobiografie 1532 schreibt: Nachdem ich diese Medizin eine Zeitlang mit großer Sorgfalte und Diät genommen hatte, fühlte ich eine große Linderung, sodaß ich nach Verlauf von 50 Tagen mich geheilt und gesund wie ein Fisch fühlte."

148 Kräuterbuchs Erster Theil/

Natur oder Complexion.

Frantzosenholtz ist warmer und trockner Natur in dem zweyten Grad / wie solches sein Geruch / Geschmack / äuserlicher und innerlicher Gebrauch klärlich außweiset. Hat doch auch ein Feuchte mit vermenget / sonderlich in dem schwartzen innwendigen feisten Theil.

Krafft und Wirckung.

Die Einwohner der Insel Hispaniolæ brauchen dieses Holtz wider Verunreinigung deß Leibs / welche von Unkeuschheit herkommt / und die Frantzosen und Spanische Blattern genennet wird / so an denselbigen Orten gar gemein ist / und durch den Gebrauch dieses Holtzes geheilet wird. Und ist erstlich durch einen Spanier / welcher in derselbigen Insel mit solcher Plag verunreiniget gewesen / und durch die Hülff dieses Holtzes wieder gesund und rein worden / herauß geführt / und weiter bekannt gemacht worden / daß es nunmehr mit grosser Menge herauß gegeführet wird.

Sein Gebrauch ist nun so gar gemein / daß alle Ballbierer darmit wissen umzugehen / und gebens den Leuten für allerhand Unreinigkeit der Haut und deß Leibs zutrincken.

Decoctum, oder gesotten Wasser / von Frantzosenholtz

Man drähet das Holtz zu kleinen Spänen / Nimmt dessen zwey Pfund läst in einem grossen Hafen in 18. Pfund Wassers Tag und Nacht weichen / darnach bey einem Kolfeur / geheb zugedeckt / die Helffte einsieden / und wann es erkaltet / seihet man es ab und thut das Wasser in ein besonder irrden Gefäß: Und dieses nennet man das Starckwasser / oder Schwitztranck. Darnach thut man über diese gesottene Späne widerum so viel Wasser / und lässets auch darüber stehen / und die Helffte einsieden / und thut es auch in ein besonders irrden Gefäß: Solches nennet man das zweyte Wasser oder Trinckwasser.

Frantzosen Cur.

Von dem ersten oder starcken Wasser / gibt man dem Krancken deß Morgens nüchtern einen Becher voll warm / daß er darauf schwitze / von dem Zweyten mag er trincken zu seinem Essen / als viel er will. Was von dem ersten oder starcken Wasser übrig bleibt / mischet man darnach under das zweite Wasser / wann man wiederum ein frisches siedet.

In solcher Cur sollen zu anfang / und mitten in der Cur / und auch nach Vollendung derselbigen allweg dienliche Purgationes gebraucht werden.

Die Rinde dieses Holtz wird gleicher Gestalt wie das Holtz gebraucht / aber in geringerim Gewicht / etliche nehmen zu einem Pfund Holtzes ein Viertheil der Rinden.

Es wird auch dieses Holtz und Rinden zu andern Gebrechen gebraucht / als denen / so ein bösen kalten feuchten Magen haben / mit Flüssen deß Haupts beladen sind. Etliche nehmen auch zu diesem Holtz andere Simplicia oder Kräuter / und lassen sie damit sieden / nach Gelegenheit der Schwachheit / darzu mans gebraucht. Man pflegt auch mit Zusetzung etlicher Kräuter und Wurtzeln einen Wein hiervon zu machen / nach eines jeden Gelegenheit.

Chyna / ein fremde Wurtzel / Chyna. Cap. 101.

Nahmen. CHyna, Cyna, Achyna, Schina, ist ein frembd Gewächs / dessen Wurtzel vor vielen Jahren her in hohem Werth und Gebrauch gewesen / und vielmehr als das Guajacum oder Frantzosenholtz gehalten worden. Und wiewol sie billich unter die Kräuter gehört / so hab ich doch von wegen deß Ruhms und Lobs ihrer Krafft / so sie in den Gebrechen / wie das Guajacum gar gewaltig erzeigt / sie hieher setzen wöllen.

Hat

Das Franzosenholz – Abbildung aus dem Kreüterbuch des Adamus Lonicerus, Franckfurt 1679

Von ärztlicher Seite wird der Gebrauch des Decoctes durch Nicolaus Poll in seiner Schrift: De cura morbi Gallici per lignum Guajacum aus dem Jahre 1517 (gedruckt 1535) propagiert. 1592 folgt der Hof- und Stadtmedicus in Arnstadt Johann Wittich; auch Leonhard Thurneysser (1530-1590) verwendet 1574 in seiner Quinta essentia Guajac, allerdings nur das Öl gegen Lungenleiden. Paracelsus (1493-1541) wettert indes in seiner Lehre von der Franzosenkrankheit mit heftiger Polemik gegen die falschen Behandlungsmethoden, zu denen er den Gebrauch des Guajac-Holzes bei der Syphilis rechnet. Dies zu Recht, denn das Guajacholz ist lediglich reich an Harzen; ein komplexes Gemenge zahlreicher Stoffe, welche gegen die Syphilis keine Wirkung ausüben. Trotzdem spielt der Holztee lange Zeit eine Rolle unter den sogenannten antidyskratischen Mitteln, welche starkes Schwitzen und Speichelfluß verursachen und welche im Rahmen systematischer Kuren bei chronischen Erkrankungen angewandt werden.

Sarsaparille-Wurzel (Smilax utilis)

Den Gebrauch der Sarsaparille-Wurzel lernen die Spanier nach der Eroberung Mittelamerikas von den Eingeborenen kennen. Eingeführt wird sie 1536 in Sevilla, wie Monardes (1493-1578) berichtet. Hieronymus Cardanus ist 1559 der Ansicht, daß sie besser als Guajak wirkt. Gabrielle Fallopio (1532-1562) beurteilt beide Drogen gleichwertig. Eine Handschrift des Vadianus aus dem Kloster St. Gallen, in der sich eine Notiz über Sarsae Parillae usus findet, belegt, daß die Wurzeln 1540 in Europa verbreitet anzutreffen sind. Das gleiche besagt eine Taxe aus Annaberg aus dem jahre 1563, in der der Preis für ein Pfund mit 2 1/2 Florin angegeben ist. Wilhelm IV von Hessen bestellt 1575 bei Fugger in Augsburg einen größeren Posten; dieses Handelshaus besitzt bis in's 17. Jahrhundert ein Verkaufsmonopol für die Droge. In dieser Zeit bereitet der Dresdner Hofarzt Johann Friedrich Zittmann aus der Sarsaparille ein Geheimmittel, mit dem er erfolgreich die Syphilis behandelt. Die Zusammensetzung des Rezeptes deckt Johann Christian Theden 1795 in den „neuen Bemerkungen und Erfahrungen" auf und er entwickelt einen Decoctum Zittmannii fortissimum. Von diesem muß man täglich 1-2 Liter heiß trinken, um mit reichlichen Durchfällen und Schweißausbrüchen zu reagieren. Wie groß der Verbrauch dieser Droge in späterer Zeit ist, läßt sich aus einer Mitteilung von Eduard Rudolf Kobert entnehmen. Er berichtet, daß 1909 diese Wurzel in einem Wert von 26,5 Mill. Mark nach Hamburg eingeführt wurde.

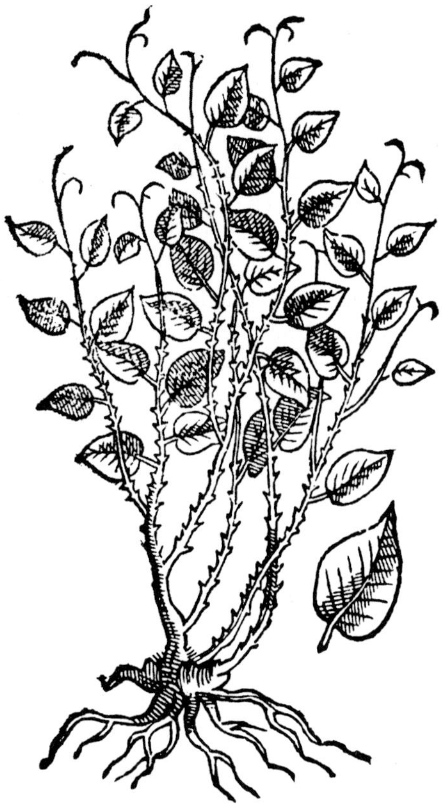

Die Sarsaparilla – Abbildung aus dem Werk des Dr. Franzisco Hernandes (1517?-1587?)

Zur Unterscheidung der verschiedenen Handelssorten unterzieht Mathias Jacob Schleiden (1804-1881) die einzelnen Lieferungen einer mikroskopischen Untersuchung und er entdeckt dabei 1857, daß die Pflanzen aus Zellen aufgebaut sind. Seine Arbeiten über den Bau pflanzlicher Strukturen sind somit von einem therapeutisch minderwertigen Produkt ausgegangen.

Die Suche nach wirksamen Abwehr- und Bekämpfungs-Maßnahmen der großen Seuchen Aussatz, Pest, Malaria und Syphilis findet ihre Lösung im 20. Jhdt. durch die Entdeckung spezifischer Chemotherapeutica und Antibiotika. Damit gelingt es, die Krankheitsursache in Form der schädlichen Krankheitserreger zu vernichten. Trotzdem grassiert die Malaria wie auch die Lepra in weiten Teilen der Welt und selbst die Syphilis und die Pest sind bis heute nicht gänzlich ausgeräumt.

6. Genußmittel – Heilmittel?

Seit urdenklichen Zeiten verdanken wir der einfachen Naturbeobachtung einer Reihe von Genußmitteln, die in den verschiedensten Erdteilen von den Eingeborenen in einer geradezu erstaunlichen Vollzähligkeit entdeckt wurden. Hier war offenbar die Freude an einer angenehm empfundenen Wirkung und die Befriedigung durch einen sinnlichen Genuß der Grund, welcher die Menschheit bewogen hat, sich dieser Drogen zu bedienen. Es spricht jedoch manches dafür, daß die Genußmittel auch wegen ihrer Heilkräfte geschätzt und benutzt worden sind.

Tabak (Nicotina tabacum)

In der aztekischen Medizin wird der Tabak wie andere halluzinogene Drogen benutzt, um einerseits die Ursache einer Krankheit zu entschleiern und zugleich das Böse abzuwehren; andererseits ist der Tabak als Stimulanz geschätzt, um Erschöpfungszustände zu bekämpfen. Francisco Hernandez bezeichnet in seiner Historia natural de Nueva Espagna 1651 den Tabak als eine Droge, welche auf Grund ihrer heißen und trockenen Eigenschaften bevorzugt schleimlösend und narkotisch wirkt. Auf seine Empfehlung wird die Pflanze in der Humoralpathologie als ein ideales Heilmittel zur Beseitigung kalten und feuchten Schleims eingesetzt; als Anwendungsform benutzt man für diesen Zweck die Inhalation des reizerzeugenden Rauches.

Die rasche Verbreitung des Tabaks in der alten Welt nach seiner Einführung in Europa beruht in erster Linie auf seiner medizinischen Verwendung, da ihn unzählige Ärzte als Universalheilmittel angepriesen und als solches angewandt haben. Jean Nicot (1530-1600), nach dem die Pflanze und das ihm enthaltene Alkaloid benannt sind, hat mit Tabakblättern fressende Geschwüre behandelt und über erstaunliche Erfolge berichtet. Er wendet sich in einer Mitteilung an die Königin Katharina von Medici sowie in einer zweiten an den Kardinal Karl von Lothringen, um ihnen die Heilkraft von Tabakextrakten bei schlecht heilenden Geschwüren zu beschreiben. Ein anderer Befürworter des Tabaks zu medizinischen Zwecken ist der Arzt Jean Liébault, der 1570 ein Buch veröffentlicht, in dem der Tabakpflanze Heilkräfte für alte Wunden, Krebsgeschwüre und die Krätze zugeschrieben werden. Ebenso setzt sich der spanische Arzt Nicolas Monardes (1493-1581) für den Tabak als

Del Tabaco, & delle ſue grandi virtù. 3
Cap. I.

QVeſta herba, che communemente ſi chiama Tabaco, è herba molto antica, & conoſciuta
a 2 tra

Der Tabak – Abbildung aus Nikolaus Monardes (1492-1588) Venedig

Heilpflanze ein, da sie nach seinen Beobachtungen in Amerika die Indianer zur Behandlung verschiedener Krankheiten verwendet haben. Seine Publikation aus dem Jahre 1571 enthält eine Indikationsliste von insgesamt 36 Krankheiten, die mit dem Tabak zu bessern sind. Kopfschmerzen, Husten, Asthma u. a. Brustleiden sowie Gicht, Magen-Darm-Beschwerden, Nierensteine, Wurmbefall, Rheuma und Geschwüre zählen dazu. Es folgen in Rom Cstore Durante, der 1585 in seiner Historia nuova, sowie Gilles Everaerts in Antwerpen (De Herba Panacea, quam alii tabacum vocant, 1583), welche die Liste der Krankheiten auf die Syphilis und die Epilepsie erweitern. Für eine breite Verwendung der Droge in England hat insbesondere das 1597 erschienene Werk von John Gerad (1545-1612) beigetragen. Eine Tabacologie des Bremer Arztes Johann Neander (1596-1630) folgt 1622, in der das gesamte Erfahrungswissen zusammengetragen ist und der Verwendung von Tabakblättern als Augenwässer besondere Aufmerksamkeit gewidmet wird. In Regensburg hat Johann Gottlieb Schaeffer (1720-1795) sich insbesondere für die Verwendung von Tabakklistieren zur Behandlung von Koliken und eingeklemmten Brüchen eingesetzt; in Form dieser Klistiere benutzt auch der Anatom Thomas Bartholinus (1616-1680) in Kopenhagen den Tabak und William Kemp empfiehlt ihn 1665 in London als Desinfektionsmittel. Die Indikation Epilepsie mit einer Anwendung selbst im Kindesalter fügt Lazare Rivière (1589-1665) in Montpellier als letzte Anwendungsmöglichkeit hinzu.

Die Bezeichnung des Tabaks als Allheilmittel (Panacea) besagt zur Genüge, welche Bedeutung man der Anwendung dieser Droge im medizinischen Bereich zugemessen hat. Es gab jedoch auch Gegner. König Jacob I. von England hat 1604 bereits die Nützlichkeit des Tabaks als Heilmittel bezweifelt und unter dem Titel „A Counterblaste to Tobacco" selbst das Rauchen verdammt. Ebenso sprach sich gegen die Heilkraft des Tabaks Simon Pauli (1606-1680) in Kopenhagen (Commentarius de abusu tabaci) sowie Thomas Theodor Kerckring (1640-1693) in Amsterdam aus. Francesco Redi (1626-1697) bewies um die gleiche Zeit im Tierexperiment die hohe Giftigkeit von Tabakauszügen. Trotzdem gab es zu Beginn des 18. Jhdt. noch Befürworter von Tabak-Heileffekten so Friedrich Hoffmann (1660-1742) in Halle, Johann Gottlieb Schaeffer (1720-1795) in Regensburg und Thomas Fowler (1736-1801) in London.

Der Streit um die therapeutischen Einsatzmöglichkeiten des Tabaks ist beendet. Er spielt im medizinischen Bereich keine Rolle mehr, da diese über ihn nur ungünstiges zu berichten weiß. Trotzdem geht der Kampf um das Rauchen weiter und dies trotz der unzweifelhaft schädlichen Folgeerscheinungen, die mit dem chronischen Nikotinmißbrauch und der hohen Krebsgefährdungsquote des Menschen verbunden sind.

Lobelienkraut (Lobelia inflata)

Als Tabakentwöhnungsmittel kann der Inhaltstoff des Lobelienkrauts, das Lobelin, genutzt werden. Dieses Alkaloid ähnelt in seinem Wirkungsmechanismus weitgehend dem Nikotin. Wenn man es vor dem Rauchen oral verabreicht, kann es die Nebenwirkungen des Nikotins verstärken und vor allem Brechreiz und Ekelgefühl auslösen. Durch diese unangenehmen Folgeerscheinungen soll eine Phobie gegen den Tabakgenuß erzeugt werden. Der von H. Dreser 1890 festgestellte atemerregende Effekt, der nach der Isolierung des Lobelin durch Heinrich Wieland und nach der synthetischen Herstellung des Alkaloids durch C. Schöpf 1937 eine Zeit lang bei Vergiftungen und Atemstörungen der Neugeborenen benutzt wurde, gilt heute als absolet.

Ihren Namen erhielt die Pflanzengattung von Plumier zu Ehren des Mathias de L'Obel 61538-1616), eines flandrischen Arztes und Botanikers. Von den Eingeborenen wurde sie als Brechmittel verwendet. Eine besondere Art dieser Pflanzengattung, die Lobelia syphilitica, galt seit 1772 – wie ihr Name sagt – als ein vorzügliches Mittel gegen die Lues. man schätzte sie als Behandlungsmittel dieser Krankheit wegen ihrer brecherregenden und drastisch abführenden Eigenschaften, die eine Reinigung der Säfte bewirken sollten. Samuel Thompson hält sie 1807 in seinem Buch: A new Guide to health für eine äußerst wichtige Droge, die insbesondere als Asthmamittel wirksam einzusetzen ist. Diese Indikation wird auch von L. von Cutler 1813 in Massachusets betont. Seit 1829 ist die Droge in Europa bekannt geworden.

Tee (Camellia sinensis, Camellia japonica)

Der Tee wurde dem Abendland durch das Reich der Mitte beschert. Es hat ihn wahrscheinlich seit uralten Zeiten gekannt und geschätzt. Zunächst ist die Teepflanze möglicherweise innerlich und äußerlich als Heilmittel gegen verschiedene Krankheiten benutzt worden; insbesondere schreibt man ihr die Eigenschaft zu, die Sehkraft wieder herzustellen und Körper sowie Willen zu stärken und wachzuhalten. Als Genußmittel ist der Tee sicher erst in den nachchristlichen Jahrhunderten geschätzt worden. In Japan, wo er seit Beginn des 8. Jhdt. nach seiner Einführung aus China zum Nationalgetränk wurde, hat er zusätzlich als Arzneimittel gegen allerlei Gebrechen und als Stärkungsmittel gedient. Um die ihm zugeschriebenen heilenden Eigenschaften nutzbar zu machen, hat der Kaiser Kwammu (782-806) veranlaßt, daß die medizinische Abteilung an seinem Hof eine Teepflanzung anlegt. Das Lob der Teepflanze verkündet auch der Begründer der japanischen Teekultur, der Priester Eisai (1141-1215), der in seinem 2-bändigen Werk über die lebensverlängernde Wirkung des Tees zu berichten weiß.

Die früheste Nachricht in der europäischen Literatur über den Tee als Getränk findet sich bei dem Venezianer Giovanni Batista Ramusio (1485-1557) in der erst nach seinem Tode 1559 herausgegebenen Schrift: De Navigationi et Viaggi. Eingeführt wird der Tee in größerem Umfange nach Europa im 17. Jhdt. durch die ostindischen Kompanien. Die erste Sendung traf 1610 aus Formosa in Holland ein, wiederum mit der Empfehlung versehen, den Tee als Heilmittel zur Steigerung der Lebenskraft, Stärkung des Gedächtnisses und Verdünnung des Blutes zu nutzen. Auch gegen Fieber soll er wirksam sein. Alexander de Rhodes (1591-1660) gibt in Frankreich in seiner 1634 erschienenen Schrift an, daß der Genuß des Tees ihn vom Kopfschmerz befreit hat. In Paris berichtet Morisset 1648 in der medizinischen Fakultät, daß das neue Getränk neben anderen günstigen Qualitäten den Geist schärft. Mit dieser These erregt er bei seiner Fakultät ein solches Mißfallen, daß Guy Patin (1601-1672) die Verbrennung seiner Schriften durchsetzen kann. George Berkeley (1685-1753) geht in seinem Lobpreis des Tees soweit, daß er ihn als eine Panazee, als Allheilmittel, betrachtet. Er empfiehlt ihn vor allem gegen die Blattern, weil er bei den amerikanischen Eingeborenen günstige Wirkungen bei dieser Erkrankung beobachtet hat. Es ist eine besondere Ironie seines Schicksals, daß seine Familie trotz des häufigen Gebrauchs von Teewasser oft krank ist.

Ab 1650 erscheint der Tee in den deutschen Arzneitaxen; er wird hier als Vorbeugungsmittel gegen allerlei Entzündungen geführt. In der Schweiz verschreibt ihn der Wunderdoktor Michael Schüppach (1707-1781) regelmäßig bei all seinen Patienten und er verfaßt 1771 zu seinem Lob ein Traktat.

Seitdem wird das Teegetränk kaum zu medizinischen Zwecken, höchstenfalls wegen seines Gerbstoffgehalts bei Verdauungsstörungen eingesetzt. Interessant für die Therapie erweist sich einer seiner Inhaltsstoffe, das Theophyllin, das neben dem Coffein im Tee in geringer Menge enthalten ist und 1888 von Kossel (1853-1927) isoliert wird. Synthetisiert haben es E. Fischer und Ach 1895. Gegenwärtig wird es vorwiegend bei chronischen, obstruktiven Atemwegserkrankungen und Bronchialasthma eingesetzt; seine übrigen Eigenschaften, die Förderung der Harnabsonderung und seine Kreislaufwirkungen werden kaum noch genutzt.

Kaffee (Coffea arabica)

Die Heimat des Kaffeestrauches sind weite Teile Afrikas, besonders Abessinien. Dort soll er seit Urzeiten als Getränk geschätzt sein. Trotzdem hat die antike Welt der Griechen und Römer von dieser Sitte keine Kenntnis genommen. Ebenso wenig hat Europa zur Zeit der Kreuzzüge bei der Berührung mit dem Orient von diesem Genußmittel etwas erfahren. Der erste Bericht über den Kaffeegenuß steht in der Reisebeschreibung des Augsburger Arztes Leonhard Rauwolf, der 1473-76 das Morgenland durchforschte. Ab 1555 gibt es Kaffeehäuser in Konstantinopel, ab 1645 in Venedig, ab 1654 in Marseille.

Bei den Ärzten ist der Kaffee lange Zeit umstritten. 1671 findet in Aix eine öffentliche Disputation statt, ob der Kaffee schädlich sei, da er Impotenz verursachen soll. Morus Oelschläger hat angeblich 1637 die Nachricht verbreitet, daß ein Persischer Sultan nach übermäßigem Kaffeegenuß nicht mehr den Frauen zugeneigt war. Daraus entwickelt sich für mehrere Jahrhunderte die Auffassung, daß der Kaffee ein Antaphrodisiacum sei. Daher braucht nach Liselotte von der Pfalz ein protestantischer Pfarrer nicht soviel davon zu trinken, als ein katholischer. 1709 äußert sich der Dekan der medizinischen Fakultät in Paris Philippe Heequet etwa im gleichen Sinne; er meint, daß die Zahl der syphilitischen Erkrankungen zurückgegangen sei, seit das Kaffeetrinken Mode geworden ist. Auch Honoré de Balsac behauptet in seinem Traité des excitants modernes, daß der Tee bei Frauen und der Kaffee bei Männern eine antaphrodisierende Wirkung ausübe. Mit dieser Frage hat sich H. Stieve tierexperimentell beschäftigt und 1938 der Pharmakologischen Gesellschaft in Berlin berichtet, daß bei Kaninchen nach der Zufuhr der Riesendosis von 0,1 g/kg Coffein Blutungen in den Ovarien auftreten. Die normale Tasse Kaffee enthält 0,1 g Coffein. Die am Tier getestete Dosierung entspricht somit beim Menschen zwischen 50-80 Tassen pro Tag.

Aufgenommen in die Apotheken wird der Kaffee beispielsweise in Frankfurt 1687. Die Württembergische Pharmakopoe empfiehlt 1741, ihn als Roborans für den Magen und als schlafverscheuchendes Mittel zu nehmen. Im Handbuch der Pharmacie von Phillip Lorenz Geiger heißt es 1830. daß der Dorpater Professor David Hieronymus Grindel 1809 den Kaffee als Arzneimittel vorgeschlagen hat und zwar als vorzügliches Mittel gegen Wechselfieber, an stelle der Chinarinde. Er gilt damals auch als ein gutes Hilfsmittel gegen berauschende und narkotische Substanzen sowie bei der Opiumvergiftung. Der tägliche Gebrauch oder Mißbrauch wird zugleich als schädlich für nicht wenige Menschen bezeichnet. Samuel Christian Friedrich Hahnemann (1755-1843) hat in einer eigens dem Kaffee gewidmeten Schrift vor dem

Der Tee – Abbildung aus Engelbert Kaempfers „Amoenitatum exoticarum politico-physico medicarum", Lemgo 1712

Genuß dringend gewarnt und ihn als ein giftiges Mittel bezeichnet. Von einer arzneilichen Verwendung des Kaffees als anregendes Mittel kann gegenwärtig kaum noch gesprochen werden.

Die Isolierung der Reinsubstanz Coffein gelingt Friedrich Ferdinand Runge 1819. Seine Synthese wird von Emil Fischer durchgeführt. Die ersten experimentellen Untersuchungen über das Wirkungsspektrum des Coffein stammen von Carl Binz aus dem Jahre 1878, der wenige Jahre später 1884 seine Anwendung beim Halbseitenkopfschmerz propagiert; eine Indikationsstellung, welche gegenwärtig noch für Coffein gilt. Auf Binz geht auch die Feststellung eines diuretischen Effektes zurück, der exakt 1887 von W. von Schröder in Heidelberg nachgewiesen wird.

Die stimulierende Wirkung des Coffeins auf das Zentralnervensystem ist 1896 von A. Hoch und E. Kraepelin eingehend studiert worden. Sie analysierten sämtliche Eigenschaften des Coffeins und fanden, daß es das Lernen erleichtert, die Gedankenassociationen beschleunigt sowie die Speicherfähigkeit und die Fixierung geistigen Inhalts verbessert. Bei Ermüdung und Schläfrigkeit sind diese Effekte stärker ausgeprägt und so gilt die Bekämpfung von Ermüdungszuständen gegenwärtig als vornehmliche Indikation des Coffeins. Einschränkend ist lediglich festzustellen, daß vegetativ labile Personen mit Unruhe und Tachykardie reagieren können.

Kakao (Theobroma cacao)

Der Kakao stammt aus Mittelamerika und ist Columbus 1502 bekannt geworden. Linné gab der Pflanze den Namen Götterspeise, abgeleitet von dem griechischen Wort Theos = Gott und Broma = Speise, daher Theobroma.

Ab 1656 fand die Succolata (Schokolade) Indica praeparata durch die Apotheken Eingang in Europa. Nach der Angabe der Pharmakopoea medico-physica aus dem Jahre 1641 des Frankfurter Stadtarztes Johann Christian Schröder nützt der Kakao dem kalten Magen, der Brust beim Husten und gegen Schwindel. Auch soll er als Lebensbalsam vortrefflich stärken und die Venusbegierde erwecken. In die Pharmakopoe Württemberg 1741 wird die Schokolade als Stärkungsmittel für Schwindsüchtige, Greise und Entkräftete empfohlen. Ähnlich äußert sich Carl Gottfried Hagen (1749-1829) in seinem Lehrbuch der Apothekerkunst. Vom 19. Jhdt. an verschwindet die Schokolade aus den Apotheken und geht in die Hände der Fabrikanten über.

Pharmazeutischen Wert behielt bis in die Gegenwart die Kakaobutter zur Herstellung von Zäpfchen und anderen Arzneiformen, wie Vaginalkugeln und ähnlichem. Sie ist bekannt seit 1688, als Homberg aus erwärmten Kakaobohnen durch Pressen ein Öl gewinnt, das sich zu Kakaobutter verarbeiten läßt. Diese wird, in Württembergs Apotheken im 18. Jhdt. gegen Brust- und Nierenleiden angepriesen. Nach Heine (1829) wirkt sie einhüllend und schmerzstillend, innerlich soll sie günstig bei Steinschmerzen und Harnbeschwerden wirken, äußerlich heilt sie Verletzungen an den Lippen und an den Brustwarzen.

Als Inhaltsstoff der Kakaobohne stellt Woskresensky 1842 das Theobromin dar, das nach den Untersuchungen von Dragendorff (1878) auch in den Kakaoschalen in beträchtlicher Menge enthalten ist. Damit kann es aus den Abfällen der Schokoladenfabriken billig hergestellt werden. In die Therapie eingeführt wird nach einem Vorschlag von Riegel, das Doppelsalz des Theobromin mit Natrium salicylat unter dem namen Diuretin. Ch. Gram setzt es erstmalig 1890 als harnsekretionsförderndes Mittel ein. Seine Bedeutung hat es durch die modernen Diuretika inzwischen verloren.

Cola (Cola acuminata)

Die Colanuß stammt aus Afrika. In Europa ist sie seit 1556 bekannt, wie der Portugiese Leo Afrikanus berichtet. Aufmerksam auf die Colanuß wird man erst 1865, als Attfield Coffein im samen entdeckt. 1895 erscheint von P. Davis „The pharmacology of Cola acuminata“. Er versucht in diesem Werk den Genuß der Colanuß für medizinische Zwecke einzuführen. Als Indikationen gelten Migräne, Neuralgie, Seekrankheit, Diarrhoe. Außerdem soll sie als Herztonikum dienen. Heute ist von diesen Indikationsberichten nichts übrig geblieben und man verwendet Cola nur noch als Getränk.

(Matétee) Ilex paraguariensis

Der Matétee erhielt seinen Namen nach dem Gefäß, einem Kürbis, Maté genannt, in dem das Getränk zubereitet wurde. Es ist Nationalgetränl in vielen Teilen Südamerikas und wird aus den Blättern von Ilex paraguariensis zubereitet. Die Indianer brauchen diesen Tee, der in großen Dosen Erbrechen und

Durchfall verursachen kann, gegen Magenschmerzen, Appetitlosigkeit sowie bei Atembeschwerden.

1578 bringen die Jesuiten die Blätter nach Europa. Sie haben bis ins 18. Jhdt. hinein Monopol für den Export, daher wurde der Tee auch Jesuitentee genannt.

Die Pflanze ist bei Lonicerus in einer Ausgabe von 1679 abgebildet und wird in Form eines Blattauszuges gegen Seitenstechen empfohlen. Als Kräuterbüschel sollte sie Schutz gegen den Blitzschlag gewähren. 1817 macht Lochner erneut auf die Droge aufmerksam und 1830 steht im Handbuch der Pharmazie bei Geier zu lesen, daß die Blätter gegen Wechselfieber helfen und die Beeren bei der Epilepsie wirksam sind. Als eine purinhaltige Droge erkennt sie 1843 Stenhouse, der das Koffein aus der Droge isoliert. Eine medizinische Verwendung findet — außer in der Homöopathie — nicht mehr statt.

Kat (Catha edulis), Kava-Kava (Piper metysticum)

Bevor der Kaffee verbreitet war, hat man in Arabien den Kat zur Teebereitung verwandt. Daneben war es üblich, die frischen Blätter und Blattsprossen zu kauen. Dies ist eine sinnvolle Art des Gebrauchs, da der Hauptwirkstoff des Strauches, das Cathin, labil ist und die Blätter im Frischezustand wirksamer sind. Wissenschaftlich haben sich Ernst v. Bibra (1808-1879) und Georg Schweinfurth (1836-1925) sowie Leloup (1890) für die Droge interessiert und von der eigentümlichen Wirkung berichtet, die sich in Wohlbefinden, leichter Erregtheit, mangelnden Schlafbedürfnis und Nachlassen des Hungergefühls und der Eßlust äußert. Diese Effekte beruhen auf dem von J. B. Wolffe isolierten Inhaltstoff Cathin, das chemisch mit anderen appetithemmenden Substanzen verwandt ist. Kat-Esser zeigen daher die charakteristischen Wirkungen dieser Substanzgruppe mit Steigerung der körperlichen Leistungsfähigkeit und Abnahme des Schlaf- und Hunger-Bedürfnisses.

Die Eingeborenen Polynesiens bereiten ebenfalls durch Kauen der Wurzeln des Rauschpfeffers das Genußmittel Kawa, aus dem D. Baldi 1891 das Kawain gewinnt. Die Sitte des Kawa-Trunkes lernt der Kapitän James Cook (1728-1779) bei seiner Entdeckungsfahrt durch das Inselreich des Pazifischen Ozeans kennen. S. Parkinson beschreibt 1771 in seinem Tagebuch, daß die Eingeborenen den ausgepreßten Saft trinken, um sich zu berauschen. L. Levin weist 1886 auf die eigentliche Wirkung hin. Sie besteht in einem muskelrelaxierenden, beruhigenden, krampfhemmenden und lokalanästetischen Effekt. Als Indikationsgebiete werden für die Droge genannt psychische Labilität, Abgespanntheit und erhöhte Ermüdbarkeit, insbesondere nach einer längeren Verabreichungsdauer wird über positive Auswirkungen berichtet.

7. Von der Vielfalt der Herz- und Kreislaufdrogen

Fingerhut (Digitalis purpurea u. lanata)

Es gibt kaum eine Pflanze, welche von Ärzten, Pharmazeuten, Chemikern und Botanikern gründlicher bearbeitet wurde als die Digitalis. Sie ist im Altertum unbekannt, da sie im nördlichen Europa heimisch ist und sich erst im Mittelalter nach Südosten ausgebreitet hat. In Irland soll sie bereits im 11. Jhdt. zur Behandlung von epileptischen Anfällen benutzt worden sein. Unter dem englischen Namen Foxglove läßt sie sich in dieser Zeit nachweisen. Meddyson Myddfai, die Ärzte von Myddfai, ist der Titel eines Arzneibuches aus Wales (13. Jhdt.). Es schreibt vor, daß jeder Arzt für seine eigene Dispensation die Digitalis anbauen soll.
Die Namen Digitalis purpurea (roter Fingerhut) wurden von Leonhard Fuchs, dem Frankfurter Stadtphysikus, 1542 in seiner Historia stirpium bezw. 1543 in seinem New Kreuterbuch geprägt. Als Wirkung gibt er an: „zerteylen die grobe feuchtigkeit, säubern und reynigen, nehmen hinweg die verstopfung der Leber." Eine gebräuchliche Heilpflanze ist sie damals nicht. Das ändert sich nicht, als sie 1578 in einem Herbarium des Ungarn Pèter Juhàsz Melius erwähnt wird, der der Pflanze wiederum reinigende, verdeuende und erweichende Wirkung zuschreibt. 1640 wird sie erneut in England von Parkinson gegen die Epilepsie empfohlen und 1650 ist sie in London in die Pharmakopoe aufgenommen. 1732 erscheint sie in der Pariser Arzneitaxe. Wenn man aber ihre Verwendung in der Therapie bei Dodonaeus († 1585) sowie Boerhaave (1668-1738), beide in Leyden, sowie bei Haller (1708-1777) in Göttingen studiert, so ergibt sich, daß diese Droge lediglich als Brech- und Abführmittel gewertet wird. Für Boerhaave ist sie sogar lediglich ein schreckliches Gift.

Objektives Interesse gewinnt die Droge 1775, als der schottische Arzt und Botaniker William Withering (1741-1799) durch Mrs. Hutton aus Shropshire von einer Kräuterabkochung Kenntnis erhält, die gegen die Wassersucht wirksam ist. Er untersucht das aus 20 verschiedenen Drogen zusammengesetzte Rezept und ermittelt als wirksamen Inhaltsbestandteil nach 10-jährigen, sorgfältigen Studien die Digitalis. 1785 veröffentlicht er seine Beobachtungen in

Der Fingerhut – Abbildung aus Leonhart Fuchsens New Kreüterbuch, Basel 1543

der klassischen Monographie: An account of the Foxglove and some of its medical uses with practical remarks on dropsy and other diseases.

Dieses Buch enthält neben Angaben über eine zweckmäßige Verwendung von Digitalispulvern und Infusen genaue Vorschriften über die Dosierung mit Begrenzung der Höchstgaben auf 3 grain (0,19 g). Dazu kommen Empfehlungen über günstige Erntezeiten zum Einsammeln der Pflanze, ihre Trockungsmethoden und ihre Arzneizubereitungen unter Beachtung der Zersetzlichkeit der Droge. Die Kumalationsfähigkeit des Digitaleffektes ist Withering ebenso nicht entgangen und er rät daher, nur solange die Medikation fortzusetzen, bis sich Effekte an Nieren, Puls, Leber und Darm bemerkbar machen. Die Verabreichung erfolgt in der Regel alle 2 Stunden. Es gibt allerdings einen Fall, wo die Anwendung ausdrücklich in Form des 3 x täglich vorgenommen wird.

5 Jahre vor der Veröffentlichung von Withering hat bereits Erasmus Darwin (1731-1802) über die Wirkung des roten Fingerhut's bei der Wassersucht berichtet. Es spricht jedoch vieles dafür, daß Darwin von den therapeutischen Versuchen Withering's die sich über 10 Jahre erstreckten, gewußt hat. Die Ärzteschaft nahm jedenfalls von der neuen Behandlungsmöglichkeit erst nach der Veröffentlichung der Schrift von Withering Kenntnis. Sein Buch fand rasche Verbreitung und wurde schon in den nächsten Jahren nach seinem Erscheinen in französischer und deutscher Sprache übersetzt. Die Digitalistherapie durchlief jedoch eine Phase widersprüchlicher Beurteilung; den Gegnern und Befürwortern blieb Jahre verborgen daß ihre unterschiedliche Bewertung durch eine unterschwellige Dosierung bedingt war, da durch die Anwendung von Extrakten und Decocten keine wirksamen Dosierungen erreicht werden. Außerdem wurde immer wieder die Herzwirksamkeit keineswegs als die hervorstechende Eigenschaft dieser Droge angesehen. So bezeichnet beispielsweise Samuel Hahnemann (1755-1843) die Droge als „Purgierfingerhut", obwohl er beschreibt, daß er zuweilen eine Verminderung des Pulses bis zur Hälfte der Schläge beobachtet habe. Außerdem erwähnt er die Nützlichkeit der Digitalisanwendung bei Wassersucht und selbst bei Brustwassersucht. Auch Christoph Wilhelm Hufeland (1762-1836) gibt in seinem Journal immer wieder Berichten über die Digitalis Raum und sieht dieses Mittel als eine wichtige Bereicherung des Arzneischatzes an. Die Bedeutung für die Herztherapie ist ihm aber nicht klar. Erst Friedrich Ludwig Kreysig (1770-1839) räumt in seiner Publikation „Die Krankheiten des Herzens" den Blättern des roten Fingerhuts ein eigenes Kapitel ein. In diesem stellt er fest, daß der rote Fingerhut ein „höchst wohltätiges Heilmittel bei vielen organischen Herzkrankheiten ist und ein ganz ausgezeichnetes Vermögen besitzt, bei

organischen Krankheiten des Herzens große Erleichterung zu geben. Als dann J. G. Schönlein (1793-1864) und L. Traube (1818-1876) den kardialen Hydrops als Hauptindikationsgebiet der Digitalis erkennen, erfährt die Droge ihre Rehabilitation und seitdem ist sie eine Arznei, auf die der Arzt nicht verzichten kann.

Die erste Phase der Digitalistherapie ist durch die Verwendung der Nativdroge gekennzeichnet. Ihre unsichere Wirkung veranlaßt zu der Suche nach ihren Inhaltsstoffen. Ab 1835 veranstaltet die Pariser Société de Pharmacie wiederholt einen Wettbewerb, den E. Homolle und E. Quèvenne 1845 mit der Darstellung des Digitalins gewinnen. Sie führen es 1854 unter diesem Namen als Handelspräparat ein. Den ersten nahezu reinen Inhaltsstoff isoliert C. E. Nativelle 1869. Er wird in Frankreich rasch zu einem vielgebrauchten Arzneimittel. Das Glykosid Digitoxin wird 1883 von O. Schmiedberg aufgefunden, aber wegen seiner starken Wirksamkeit therapeutisch zunächst nicht genutzt. Weiterhin findet Schmiedberg Digitonin und Digitalin in amorpher Form als Pulver vor. Den Nachweis der Glykosid-Struktur d. h. der Anwesenheit von Zuckern und Nichtzuckern in den Digitalisinhaltsstoffen erbringt H. Kiliani im Laufe einer langen Forschertätigkeit in den Jahren von 1892-1930 und er stellt den Zucker Digitoxose und kristallines Digitonin her. Die Aufklärung der Konstitution gelingt schließlich den Forschern A. Windaus 1928, M. Cloetta 1926 und A. Stoll 1930-1939. Seitdem hat die praktische Medizin sich immer mehr von der Verwendung der Nativdrogen abgewandt und der Verordnung der Reinglykoside den Vorzug gegeben, da nur für diese die Resorptionsgröße, die Eliminationsgeschwindigkeit und die Persistenzquoten exakt zu bestimmen sind und nur unter diesen Bedingungen eine optimale und rationelle Dosierung zu garantieren ist. Die wichtigen Erkenntnisse über den Wirkungsmechanismus der Digitalis-Glykoside verdanken wir den Tierversuchen. Sie werden bereits 1776 in England von James Johnstone sowie in Göttingen 1786 von Karl Christian Schiemann und 1818 in Paris von Matheo José Orfila aufgenommen. Die Forscher machen bereits auf die Verlangsamung des Pulses und das Auftreten von Erbrechen bei der Anwendung hoher Dosen aufmerksam. Die Beschreibung des systolischen Herzstillstandes als spezifischer Effekt der Digitalispräparate ist jedoch an die Untersuchungsergebnisse von H. F. Stannius im Jahr 1851 sowie von A. Vulpian 1855 und H. Fagge und T. Stevenson 1869 geknüpft. Diese Befunde werden 1872 durch die Arbeiten von Rudolf Böhm in Leipzig abgesichert.

Die vorherrschende Rolle des roten Fingerhutes ist ausschließlich historisch bedingt, da bei dieser Digitalisart zuerst ihr therapeutischer Wert erkannt ist. 1772 beschrieb der Berner Apotheker und Botaniker Friedrich Ehrhardt den wolligen Fingerhut, die Digitalis lanata. Von dieser kann F. Wokes 1929 nachweisen, daß sie 3-5 mal mehr Wirkstoffe als die Digitalis purpurea enthält. Sie ist zudem leichter anzubauen und ihre Inhaltsstoffe lassen sich besser in reiner Form gewinnen. Mit der Analyse dieser Glykoside befassen sich 1930 S. Smith sowie 1933 E. Mannich und seit 1933-1937 A. Stoll und seine Mitarbeiter.

Die letzte Entwicklungsphase der Digitalisglykoside ist durch die Einführung halbsynthetisch abgewandelter herzwirksamer Glykoside gekennzeichnet, die neben den beiden Reinglykosiden Digitoxin und Digoxin hauptsächlich therapeutisch verwendet werden.

Bevor die Isolierung der reinen Wirkstoffe gelingt, muß man sich mit den Nativdrogen begnügen, welche die Natur je nach Standort, Ernteperiode und Aufarbeitungsmethoden mit ungleichen Gehaltsmengen und Mischungsverhältnissen an wirksamen Inhaltsstoffen liefert. Eine gleichmäßige Dosierung ist daher nicht möglich und deshalb bemüht man sich, die Drogen zu standardisieren. Da dies mit chemischen Methoden nicht möglich ist, muß man Tierexperimente heranziehen und mit ihrer Hilfe eine Wertbestimmungstechnik entwickeln. Dies gelingt zunächst an Kaltblütlern, vornehmlich an Fröschen; derartige biologische Titrationen werden zuerst 1862 von W. Dybkowski und E. Pelikan versucht. Es folgen 1893 J. L. Prevost und 1898 E. M. Houghten sowie 1902 H. Ziegenbein. Weiterhin bemühen sich A. Fraenkel 1902 und C. Focke 1903 um eine Verfeinerung dieser Wertbestimmungsmethoden, bei denen immer wieder der Stillstand des Froschherzens als Maßstab zu Grunde gelegt wird. R. A. Hatcher stellt dann 1907 die Auswertung der Digitalis auf Katzenversuche um und C. de Lind van Wyngaarden adaptiert diese Standardisierung 1926 auf das Meerschweinchen. 1928 wird schließlich ein Übereinkommen getroffen bei dem diese Tiermethoden auf einen internationalen Standard eingestellt werden, über den E. van Knaffel-Lenz berichtet. All diese Standardmethoden reichen nicht aus, um bei der Anwesenheit der vielen Digitalisinhaltsstoffe und ihrer unterschiedlichen Verteilungsverhältnisse absolut gleiche Dosierungen einzuhalten. Die Reindarstellung der Herzglykoside und ihrer Verwendung in der Therapie stellt daher den entscheidenden Fortschritt dar, durch den alle Standardisierungsverfahren ihre elementare Bedeutung verloren haben.

Die Behandlung schwerer Digitalisvergiftungen, wie sie in suizidaler Absicht oder durch versehentliche Überdosierungen immer wieder vorkommen, war bis vor kurzem ein ernstes Problem. Trotz intensiv-medizinischer Maßnahmen, erliegen etwa 20 % der Patienten den Vergiftungssymptomen, die sich insbesondere in nicht beherrschbaren Herz-Rhythmus-Störungen äußern.

Seit 1983 steht für die Behandlung dieser Fälle ein wirksames Antidot zur Verfügung, welches aus dem Serum von Digoxin immunisierten Schafen gewonnen wird und durch eine feste Bindung des Herzglykosids und seine rasche Ausscheidung über die Nieren die toxischen Situationen wirksam beseitigt.

Meerzwiebel (Scilla maritima)

Unter den Arzneipflanzen mit herzwirksamen Glykosiden läßt sich die Verwendung der Meerzwiebel am weitesten zurückverfolgen. Nach der Lehre der alten Medizin ist sie ein Mittel, welches entleerend und zerteilend und damit Ödem beseitigend wirkt. Die erste Erwähnung findet sich im Papyrus Ebers (etwa 1550 v. Chr.). Die Droge wird dort bereits gegen Wassersucht eingesetzt. In Griechenland benutzt sie Pythagoras gerne (etwa 580-500 v. Chr.) und führt mit ihr erfolgreiche Heilkuren durch. Theophras (372-288/87 v. Chr.) nennt sie Scilla. In der Hippokratischen Medizin (4. Jhdt. v. Chr.) wird sie erstaunlicherweise als Expectorans benutzt. Ihre diuretische Wirkung wird dann erneut von Dioscurides (um 70. n. Chr.) beschrieben;; er verwendet die Zwiebel in Form eines Extraktes, dem er Honig, Wein und Öl zusetzt. Plinius (23-79 n. Chr.) kennt zwei Arten, die rote und die weiße, von denen er der weißen eine größere Wirksamkeit zuschreibt. Verwendet wird sie in Form des Acetum scillae. Auch in der weiteren Literatur wird immer wieder auf ihre diuretische Wirkung hingewiesen; dies gilt für Scribonius Largus im 1. Jhdt. n. Chr., für Serapion (9. Jhdt. n. Chr.) und Konstantinus Africanus († 1087). Ihren Anbau hat bereits Karl der Große 812 im Capitulare de villis et curtis empfohlen. Ebenso erscheint sie in der arabischen Literatur bei Ibn Baitar (1197-1248). Den deutschen Namen Mauszwivel gibt ihr Konrad von Meggenberg (1309-1374). Die Verwendung bei der Wassersucht gibt wiederum Hieronymus Bock in seinem Kräuterbuch (1539 bzw. 1546) als wichtigste Indikation an. Nach seiner Ansicht bewegt sie sowohl den Stuhlgang, den Harn und macht Kotzen, während Konstantin Africanus in seinem Büchlein De gradibus bereits die Angabe macht, daß sie „bekommt wohl den Wassersüchtigen, den Engbrüstigen, so sie nicht gut Atem haben können."

Man gab in der Regel große Dosen, um die entleerende Kur zu forcieren. Francis Home in Edinburgh steigert 1780 sogar seine Verordnungen soweit, daß mit Sicherheir Erbrechen auftritt, da nach seiner Überzeugung die Wassersucht nur so zu heilen ist. Zu seinem Schrecken muß er feststellen, daß diese Art der Scilla-Verordnung regelmäßig von einer erheblichen, zum Teil sogar bedrohlichen Verlangsamung der Pulstätigkeit begleitet ist. So entdeckt

Die Meerzwiebel – Abbildung aus Leonhart Fuchsens New Kreüterbuch, Basel 1543

er 5 Jahre vor der Veröffentlichung von Withering über die Digitalis im Jahre 1785, daß die Scilla das Herz beeinflußt. Da sich Withering auf kleine Digitalisdosen beschränkt und toxische Nebenwirkungen vermeiden lehrt, dauert es nicht lange, da lief der Fingerhut allen anderen Herz- und Wassersuchtmitteln den Rang ab.

Auch als C. von Schroff (1864) ihre Wirkung ausführlich beschrieb, benutzt man sie nicht an Stelle der Digitalis. Im gleichen Jahr können Ch. Fagge und T. Stevenson im Tierexperiment am Frosch erstmalig die Herzwirksamkeit der Scilla nachweisen. Diese Untersuchungen erfolgen etwa gleichzeitig mit der tierexperimentellen Bearbeitung der Digitalis. Sie bleiben jedoch für die Scilla weitgehend unbeachtet. Selbst die 1918 von F. Mendel veröffentlichte Arbeit trägt nicht zur Anwendung der Meerzwiebel bei, weil dieser Droge ein schlechter Geschmack und eine unsichere Wirkung anhaftet. Es kommt noch hinzu, daß Mendel der Scilla durch seine Forderung: „Versagt die Systole, dann Digitalis, versagt die Diastole, dann Scilla" unnötigerweise eine starke Beschränkung ihres Indikationsbereiches auferlegt, die unberechtigt ist.

Die Schwierigkeiten welche eine Einführung der Scilla-Glykoside in die moderne Therapie im Wege standen, kamen nicht nur von der Medizin her. Auch die Chemie blieb mit der Bearbeitung der Inhaltstoffe lange Zeit erfolglos, weil ein spezifisches Enzym, die Scillarenase, die Darstellung reiner unveränderter Glykoside verhindert. Ernst A. Stoll gelingt es 1933, den enzymmatischen Abbau sinnvoll zu lenken und haltbare Präparate mit reinen von Ballaststoffen befreiten Glykosiden herzustellen.

Diese werden in Form von Glykosidgemischen der Klinik übergeben und können mit Erfolg therapeutisch eingesetzt werden, wenn auch das komplexe Gemisch in seiner Zusammensetzung nie praktisch absolut konstant zu halten ist. Erst durch die Reindarstellung des Proscillaridin durch W. Steidle 1945 ist, ebenso wie bei den Digitalisglykosiden, der Einsatz eines Reinglykosids aus der Meerzwiebel möglich.

Andere herzstärkende Drogen

Über das Maiglöckchen (Convallaria majalis), das Adonisröschen (Adonis vernalis und den Oleander (Nerium Oleander) finden sich weder im Altertum noch im Mittelalter zuverlässig Angaben. Als Herzmittel wird das Adonisröschen 1883 von N. H. Bubnoff im deutschen Archiv für klinische Medizin empfohlen, nachdem 1882 V. Cervello im Tierexperiment einen schwachen digitalisähnlichen Effekt beobachtet hat. Angewandt wird die Droge besonders in Rußland, wo es nach den Angaben von O. Stepphuhn und G. Pewsner (1925) eine Zeitlsng die gleiche Rolle wie die Digitalis spielt. Außerdem wird es dort von Wladimir Bechterew in Form einer Mixtur zur Behandlung der Epilepsie genutzt.

Das Maiglöckchen erscheint erstmalig im Kräuterbuch von Bock 1537 und erneut bei Lonicerus 1679, jeweils mit der Angabe, daß es gut für den Schlag, die fallende Sucht sei und Herz und Hirn stärke. Paracelsus (1493-1541) benutzt es ebenfalls beim Schlaganfall. Johann Christian Schröder 1600-1664 macht aus dieser Droge eine Panacee, ein Allheilmittel. Seine Empfehlungen werden jedoch in der Folgezeit nicht befolgt. Die Anwendung beim Schlaganfall erfolgt vielfach in Form eines Schnupfpulvers, da nach der Ansicht von Galen das Nießen das Hirn frei macht. Für die Humoralpathologie ist das Gehirn ein drüsiges Organ, dessen Sekret durch die Nase entleert wird. Diese Anwendungsform hat sich Jahrhunderte lang unter dem Namen des Schneeberger Schnupfpulvers erhalten, das in den Apotheken unter dem Namen Pulvis sternutatorius offiziell geführt wurde.

Der Oleander gilt über lange Zeit als ein giftiges Kraut. Das berichten übereinstimmend Dioscurides, Galen, Bock und Lonicerus. 1866 gewinnt M. E. Pelikan aus dem Strauch eine harzartige Substanz, welche eine charakteristische Herzwirkung zeigt. 1882 erfolgt die Isolierung des Oleandrin durch O. Schmiedeberg und 1935 gewinnen O. Flury und R. O. Neumann das natürlich vorkommende Glykosid Folinerin in reiner Form, das eine Zeit lang im Handel erhältlich ist.

Im Maiglöckchen findet G. F. Walz bereits 1844 zwei amorphe Glykoside, deren Herzwirkung W. Marmè 1867 nachweist. In der Folge gelingt W. Karrer 1929 die Isolierung des kristallinen Convallatoxin.

Aus dem Adonisröschen können Y. Tahara 1891 in Japan zunächst nur amorphe Glykoside gewinnen. Die Darstellung der Reinglykoside gelingt nachfolgend 1932 F. Mercier und J. Balansard.

Verwendung finden diese drei Drogen vornehmlich ihn Kombinationspräparaten und zwar zur Bekämpfung einer leicht eingeschränkten Herzleistung mit geringem Glykosidbedarf.

Weißdorn (Crataegus oxyacantha)

Für den keltischen Kulturraum ist überliefert, daß der Weißdorn als mystische Pflanze galt, der magische Kräfte innewohnen und die deshalb besondere Heilkräfte besitzt. Umstritten ist, ob die Pflanze als Arznei im Altertum benutzt wird, da ihr Name bei verschiedenen Drogen erscheint. Erst in den Kräuterbüchern finden sich eindeutige Beschreibungen. So hält Bock den Hagedorn aufgrund seiner stopfenden Qualitäten geeignet bei Bauchgrimmen und bei Bauchfluß. Äußerlich angewandt soll er Splitter und Dornen entfernen. Lonicerus empfiehlt die Früchte gegen Seitenstechen, Koliken und Diarrhoen und Matthiolus wendet sie gegen Nierenstein, Ruhr und übermäßige Menstruation an. Weiterhin erscheint der Weißdorn unter der Bezeichnung „Saurauch„ bei Tabernaemontanus. Der „Syrupus Senelorum" des Quercetanus, des Leibarztes Heinrich IV von Frankreich ist möglicherweise ein Weißdornfrüchte-Auszug gewesen. Seit 1771 und in den folgenden Jahren ist der Weißdorn in nahezu allen Pharmakopoen Westeuropas eufgenommen.

Seine Anwendung als Herztherapeutikum beginnt am Ende des 19. Jhdt. Sie läßt sich auf den irischen Arzt Green zurückführen, der Crataegus als Geheimmittel bei verschiedenen Herzkrankheiten erfolgreich verwendet. Die gleichen Ergebnisse erzielen in Deutschland Burwinkel und Assmann. In Amerika erprobt Jennings 1896 Crataegus bei verschiedenen Herzleiden und Clement rühmt ihn 1898 im Kansas-Report als brauchbares Mittel bei der Angina Pectoris. Seitdem wird der Weißdorn für diese beiden Indikationen als bewährtes Mittel eingesetzt. Neue klinische Befunde belegen, daß Crataegus-Präparate beim Menschen mit nachlassender Leistungsfähigkeit des Herzens wirksam sind (W. Schmid 1981, M. Iwamoto 1981). Als wirksame Inhaltsstoffe konnten Flavonoide, monomere Catechine und oligomere Procyanidine isoliert werden.

Meerträubchen (Ephedra vulgaris)

Ephedra-Arten haben von altersher in der asiatischen Medizin eine große Rolle gespielt. Die Chinesen verwenden die Ephedra sinica unter dem Namen Ma Huang = gelbes Adstringens. Im Pen Ts' ao (1552-1578) wird sie zur Behandlung von Fieber, gegen Kreislaufschwäche und zur Linderung von Hustenanfällen empfohlen. In der europäischen Literatur weiß Lonicerus 1555 als Erster vom Meerteuflein zu berichten, daß es den Husten benimmt und gut ist für innerliche Beschwerden, sonderlich bei Lungenkrankheiten. Eine Anwendung findet es aber im Abendland nicht.

1885 gelingt Yamanashi in Japan zunächst eine unvollständige Reinigung eines wirksamen Inhaltstoffes, der 1887 von N. Nagai in Form des reinen Ephedrins dargestellt wird. Dieses wird auf Empfehlung von D. Takahashi und K. Miura (1888) zur Erweiterung der Pupille in der Augenheilkunde angewandt. Unabhängig von den japanischen Autoren stellt E. Merck ein Jahr später das Ephedrin und Pseudo-Ephedrin in reiner Form her und weist zugleich nach, daß dieses Alkaloid in einer europäischen Art, der Ephedra helvetica vorkommt. Selbst als Eberhard 1904 und gleichzeitig E. Fourneau in verbesserter Form die Synthese des Alkaloids gelingt, bleibt die Droge unbeachtet. Erst als K. K. Chen und C. F. Schmidt 1924 in Amerika, die schon 1917 von H. Amatsu und Kuboda beschriebenen wichtigen therapeutischen Eigenschaften von neuem und unabhängig entdecken, wird das Ephedrin zu einer therapeutisch begehrenswerten Substanz. Seine Einsatzmöglichkeiten in der Medizin der Gegenwart sind im Prinzip die gleichen, wie die der alten chinesischen Heilkundigen, d. h. für den Erkrankungsbereich der Atemwege, Asthma, chronische Bronchitis und Heufieber. Neu dazugekommen ist die Allergie.

Nach der Einführung in die Therapie wird von chemischer Seite nachgewiesen, daß Ephedrin in der Pflanze in zwei verschiedenen Formen enthalten ist, die sich in ihrer Wirkstärke deutlich unterscheiden. Mit Hilfe der Hefe gelingt es R. Hildebrandt und W. Klavehn die besonders wirksame Form des Ephedrins synthetisch herzustellen. Damit hat sich erstmalig die Einbeziehung biologischer Verfahren zwecks einer Vollsynthese eines Naturproduktes bewährt. Das Ephedrin wird seit 1927 in großem Umfange therapeutisch benutzt und zugleich zum Ausgangspunkt für zahlreiche synthetisch hergestellte verwandte Verbindungen, die sich zwischen 1927 und bis 1941 in rascher Reihenfolge entwickeln und in der Folgezeit schließlich zur Entdeckung der Beta-Blocker, einer heute unentbehrlichen Arzneistoffgruppe, führen.

Rauwolfia (Rauwolfia serpentina)

Die indischen Heilkundigen haben mit einer erstaunlichen Sicherheit aus 155 Gattungen und 1000 Rauwolfia-Arten, die im ganzen subtropischen Gürtel der Erde vorkommen, die Rauwolfia serpentina und canescens als Arzneipflanze ausgesucht und geschätzt. Als Name für die Droge findet sich in dem

Das Meerträubchen – Abbildung aus dem Pen-ts'ao hua-t'u, 1159

Lehrbuch der altindischen Medizin, der Charaka Samhita (um 100-200 n. Chr.) Sanskrit-Ausdruck Sarpagandha. Er bedeutet: Schlangen zurückschlagend. Damit wird auf eine der volkstümlichen Indikationsgebiete, der Anwendung gegen Schlangenbisse, hingewiesen. Eine andere Bezeichnung für die Pflanze lautet im indischen Kulturkreis: Chandra, zu deutsch „Mond"; da im Altindischen Mondkrankheiten Geistesstörungen bedeuteten, ist die Droge wahrscheinlich frühzeitig bei Psychosen verwendet worden. Sie heißt volkstümlich Pagla-ka-dawa, d. h. Kraut gegen Wahnsinn. Arznei des traurigen Menschen wurde sie schließlich noch genannt. Damit kamen die altindischen Ärzte dem heutigen Wissen um ihre zentraldämpfenden Eigenschaften recht nah.

R. Prince hat 1960 zudem berichtet, daß die eingeborenen Medizinmänner in Nigeria gegenwärtig noch Psychosen neben Fieberzuständen Cholera, Wurmbefall und Unfruchtbarkeit mit Extrakten aus der Rauwolfia vomitoria behandeln.

Die früheste Erwähnung im europäischen Schrifttum verdanken wir Garcia da Orta in seinem Buch Colloquios dos simples e droges ha cousas medicinaes da India, erschienen in Goa 1563. Carolus Clusius, der die Pflanze bereits 1564 in Salamanka gesehen hat, übersetzt dieses Werk 1567 und macht aus dem portugiesischen Ausdruck pao da cobra = Schlangenbrot Lignum Colubrinum. Unter dieser Bezeichnung findet die Pflanze Eingang in viele andere botanische Werke.

Die erste einwandfreie Abbildung steht im Hortus Malabaricus Indicus von Johann Commenis, Curator des Botanischen Gartens in Amsterdam (1678-1703). Jakob Bondt, der mehrere Jahre auf Java lebt, weist der Rauwolfia in seinem Werk De medicina Indorum 1718 als Indikationsgebiete Fieber, Wurmkrankheiten, Schlangenbisse und delirante Zustände zu.

Der Name Rauwolfia wird ihr 1703 von dem französischen Minoriten-Pater Charles Plumier (1646-1704) gegeben. Als Botanikkenner der Karibischen Flora will er mit dieser Namensgebung in seinem 1703 erschienenen Buch Nova plantarum americanum genera dem Augsburger Stadtarzt Leonhard Rauwolf (um 1540-1596) ehren, der 1573-1575 eine Weltreise durchgeführt und ein berühmtes Kräuterbuch geschrieben hat. Ein Exemplar der nach ihm benannten Pflanzengattung hat Rauwolf mit höchster Wahrscheinlichkeit nie gesehen.

Obwohl die Erfahrungen der Eingeborenen in Nigeria und ihre Beobachtungen über das Auftreten von typischen Vergiftungserscheinungen beim Einsatz hoher Dosen in Europa nicht unbekannt bleiben, sind diese Kenntnisse lange

Zeit nicht beachtet worden. Ebenso sind die aus den anderen Stammländern mitgeteilten Heilwirkungen der Rauwolfia nie akzeptiert worden, so daß in Europa eine Erforschung und Verwendung der Droge nicht stattfindet. Dem steht zudem im Wege, daß ein größeres Pflanzenmaterial schwer zu beschaffen ist und die Zusammensetzung der Inhaltstoffe, deren Zahl inzwischen auf etwa 50 angestiegen ist, sich als äußerst kompliziert erwies.

M. Greshoff kann zwar 1890 Alkaloide isolieren, dies blieb allerdings unbeachtet, so daß erst 1931 S. Siddiqui und R. H. Siddiqui in Dehli sich auf Empfehlung des indischen Arztes Ajmal Kan eingehender mit der Erforschung der Droge beschäftigen. Sie finden 5 Alkaloide, von denen sie eins zu Ehren von Ajmal Kan Ajmalin nannten. Dieses wird zur Normalisierung von Herz-Rhythmus-Störungen aufgrund einer starken Abnahme der Erregungsleitung eingesetzt. Es ist zu diesen Zwecken verwendbar, weil es im Gegensatz zu anderen Rauwolfia-Alkaloiden erst in übertherapeutisch hohen Dosen zentralberuhigende Effekte verursacht.

Neben den beiden indischen Forschern haben sich nahezu gleichzeitig in Leyden L. van Itallie und A. J. Steenhauer um die Analyse der Alkaloide bemüht und dabei das Hauptwirkprinzip der Rauwolfia serpentina, das Reserpin aufgefunden. Zu einem Bestandteil des modernen Arzneischatzes wird dieses Alkaloid, nachdem G. Sen und K. G. Bose 1931 sowie R. N. Chopra, J. C. Gupta und B. Mukerjee 1933 über seine auffallend starken blutdrucksenkenden sowie eigenartigen beruhigenden Wirkungen berichtet haben. Aus diesen Ergebnissen zieht zunächst nur in Indien R. J. Vakil eine therapeutische Konsequenz. In den westlichen Ländern kommt es erst nach Beendigung des letzten Krieges zum Einsatz der Gesamtextrakte in der Hochdrucktherapie. Der therapeutische Durchbruch erfolgt 1950, als E. Schlittler und H. Schwarz ein industriell verwertbares Verfahren für die Gewinnung großer Mengen des Hauptinhaltstoffes Reserpin entwickelt haben. Seit diesem Zeitpunkt ist der Gebrauch von Rauwolfia-Präparaten geradezu sprunghaft angestiegen. Das Wirkungsprinzip, insbesondere des Hauptalkaloids Reserpin, beruht auf einem partiellen Verlust der Noradrenalin-Speicher in den Nervenendigungen des Sympathicus und der adrenergen Neuronen des Gehirns, die sich nach längerer Anwendung dieser Pflanzenstoffe langsam entleeren. Damit wird die Funktion des Sympathicus im Gehirn und an den peripheren Nervenendigungen herabgesetzt und es nehmen der Gefäßwiderstand in der Peripherie sowie die Frequenz der Herzschlagfolge und das Herz-Zeit-Volumen ab. Am blutdrucksenkenden Effekt ist maßgeblich die Senkung des Herz-Zeit-Volumens beteiligt.

Die Rauwolfia – Abbildung aus Georg Eberhard Rumpf „Herbarii Amboinensis Auctuarium", Amsterdam 1755

Zur Therapie akuter und chronischer endogener bzw. exogener Psychosen wird Reserpin in relativ hoher Dosierung gegenwärtig nur noch in einem Kombinationspräparat eingesetzt.

Gingko biloba

Der Gingkobaum ist ein lebendes Fossil. Seine Ursprünge reichen etwa 350 Millionen Jahre zurück. Er verdankt sein Überleben seiner außerordentlichen Widerstandsfähigkeit gegenüber Schädlingen, Pilzen, Bakterien und Viren. In den Werken der chinesischen Flora aus dem 13. Jahrhundert, wie dem Pents'ao von Li Tungouan und dem Pents'ao von Wou Jui, ist er erwähnt, wobei Wou empfiehlt, daß Kinder nicht zu viel Nüsse essen sollen. Diese können schädlich sein, weil das frische Fruchtfleisch Reizstoffe enthält. Gebrannte Nüsse gelten dagegen im ganzen Fernen Osten als eine gefragte Delikatesse. Nach den Angaben von C. K. Lin und Y. S. Tsai (1949) wirkt die Flüssigkeit der Nüsse tuberkulostatisch. Die erste Beschreinung des Baumes gelangt 1712 durch Engelbert Kaempfer nach Europa. In seinem Amoenitatum exoticarum erwähnt er die Pflanze, die 1730 im Botanischen Garten von Utrecht gepflanzt wird und sich von dort aus rasch über ganz Europa verbreitet.

In der Therapie benutzt die chinesische Medizin seit altersher vorzugsweise die Blätter, die als Wundpflaster und Heiltee bei Erkrankungen der Lunge und zur Förderung der Spermatogenese eingesetzt werden. An diese Indikationen hat sich der englische Übersetzer des Handbuches der Barfuß-Medizin (Barefoot Docter's manual, Philadelphia 1977) gehalten. In Frankreich veröffentlicht Leclerc 1943 eine Übersichtsarbeit über den Gingko-Baum und 1965 erscheint erneut von Leclerc im Formulaire pharmaceutique eine Erwähnung der Pflanze. Empfehlungen für eine medizinische Verwendung bei Gefäßstörungen und Venenerkrankungen geben erstmalig 1971 C. Boely und 1977 R. Anton. Dieser Effekt auf periphere arterielle Gefäßstörungen ist inzwischen klinisch erhärtet worden. Außerdem gilt der Gingko-Extrakt – wie durch neuere intensive Forschungsergebnisse belegt ist – als ein wirksames Mittel, um Störungen der Hirndurchblutung zu verbessern und eine Beeinträchtigung des Hirnstoffwechsels bei der Alzheimer Krankheit und der Multiinfarkt Demenz zu bekämpfen.

Auch bei der Therapie der chronischen Verschlußkrankheit peripherer Gefäße hat sich die Anwendung von Gingko bewährt.

Der Gingko – Abbildung aus dem Buch Engelbert Kaempfers „Amoenitatem exoticarum", Lemgo 1712

Kleines Immergrün (Vinca minor)

„Welcher diß krut by yme draget, ober den hait der tufel kein gewalt" meint der Gart der Gesundheit 1485. Die Abwehrkräfte gegen bösen Geister sollen ein Vorteil der Pflanze sein und die medizinischen Verwendungsmöglichkeiten bei Wassersucht, Durchfällen und Geschwüren sind eine andere geschätzte Eigenschaft, von der bereits Plinius (23-79 n. Chr.) berichtet. Leonhard Fuchs 1543, Bock 1539, Brunfels 1532 und Lonicerus 1539 loben die Droge übereinstimmend als Mittel gegen Blutfluß und Wassersucht. Matthiolus empfiehlt 1563 zusätzlich, das Kraut bei der Scham an beide Schenkel zu binden, um den Blutfluß zu heilen und eine vorzeitige Geburt zu verhindern. In der Pharmakopoe Württemberg aus dem Jahre 1741 werden dem Immergrün noch adstringierende, wundheilende und blutflußhemmende Wirkungen zugeschrieben. Seit Anfang des 19. Jhdt. gilt die Anwendung nach den Angaben von Geiger 1830 als obsolet.

Mit der Isolierung des Alkaloids Vincamin durch Schlittler 1953 hat die Pflanze als Mittel zur Förderung der peripheren und cerebralen Durchblutung erneut Interesse gefunden. Verwendungsfähig ist nur die isolierte Reinsubstanz, da die Anwendung des Krautes wegen seiner schädlichen Auswirkungen auf das Blutbild nicht mehr vertretbar ist.

Pflanzliche Venenmittel
Rosskastanie (Aesculus hippocastanum)

Die erste Abbildung und Beschreibung der Rosskastanie findet sich bei Matthiolus 1566, der aus Konstantinopel eine Fruchtzweig erhalten hat. Die einzige Verwendunug, über die er zu berichten weiß, ist die Verfütterung des Samens an Pferde, die an Husten und Dämpfigsein leiden. 1576 pflanzt Clusius den Samen in Wien an, doch erst 100 Jahre später findet der Baum in Deutschland eine größere Verbreitung. Die Württembergische Pharmakopoe weiß 1741 zu berichten, daß der Saft der Kastanie in die Nase eingebracht, Kopfschmerzen lindere. Die heutige Verwendung in der Humanmedizin geht auf eine Anregung von Artauld de Vewey zurück, der 1896 über bemerkenswerte Erfolge bei der Behandlung von Haemorrhoiden und Krampfadern berichtet. Extrakte aus dem Samen sowie das daraus isolierte Aescin sind heute als Venenmittel beliebt. Sie können die Durchlässigkeit der kleinen Gefäße und ihren Flüssigkeitsaustausch in entzündeten Gewebspartien berabsetzen, die lokalen Ödemschwellungen verringern und gleichzeitig den Rückfluß in den Venen verbessern.

Mäusedorn (Ruscus aculeatus)

Als weiteres Venenmittel wird der Mäusedorn empfohlen. Dioscurides benutzt ihn, um den Harnfluß zu fördern, die Menses zu beschleunigen, Blasensteine zu zertrümmern und Kopfschmerzen zu lindern. Auch Lonicerus gibt ihn bei Steinleiden, Kopfschmerzen und Gelbsucht, eine Indikation die sich ebenfalls bei Dioscurides findet. Bock fügt hinzu, daß die Zweige zur Abwehr von Mäusen und Ratten und zur Herstellung von Besen dienlich sind. Bei C. W. Hufeland (1762-1836) tauchen als weitere Anwendungsgebiete Blutfluß und Schleimhautschwindsucht auf. F. G. Hayne (1829-1848) weist in seinem Arzneibuch darauf hin, daß die Aussage von Zanichelli aus dem Jahre 1733 nicht zutrifft, die Rinde als Ersatz für die Chinarinde zu gebrauchen. Trotzdem meint er, daß der Mäusedorn bei Wechselfieber etwa leisten könne. Auszüge der Droge werden oral in Kombination mit anderen Venenmitteln eingesetzt, daneben sind Salben und Zäpfchen mit Inhaltstoffen des Mäusedorns bevorzugt zur Behandlung von Haemorrhoiden.

Steinklee (Melilotus officinalis)

Steinklee-Arten, darunter der im Deutschen Arzneibuch aufgeführte echte Stein- oder Honigklee, finden sich bei Hippokrates, Theophrast, Dioscurides und Plinius. Sie gelten in dieser Zeit als zusammenziehende und erweichende Mittel bei hitzigen Geschwülsten und werden bei diesen äußerlich angewandt. Daneben wird die Droge innerlich bei Magenschmerzen und Gebärmutter- und Leberleiden gegeben. Den Arzt-Botanikern des 16. Jhdt. gilt der Steinklee als ein schmerzstillendes, schweißtreibendes, auswurf- und harnförderndes sowie wundheilendes und Geschwülste erweichendes Mittel. In dieser letzteren Eigenschaft bildet der Steinklee in Verbindung mit Eibisch und Malvenblättern sowie Kamille und Leinsamen einen Bestandteil der erweichenden Kräutermischung, der „Species emollientes". Ähnliche Zubereitun-

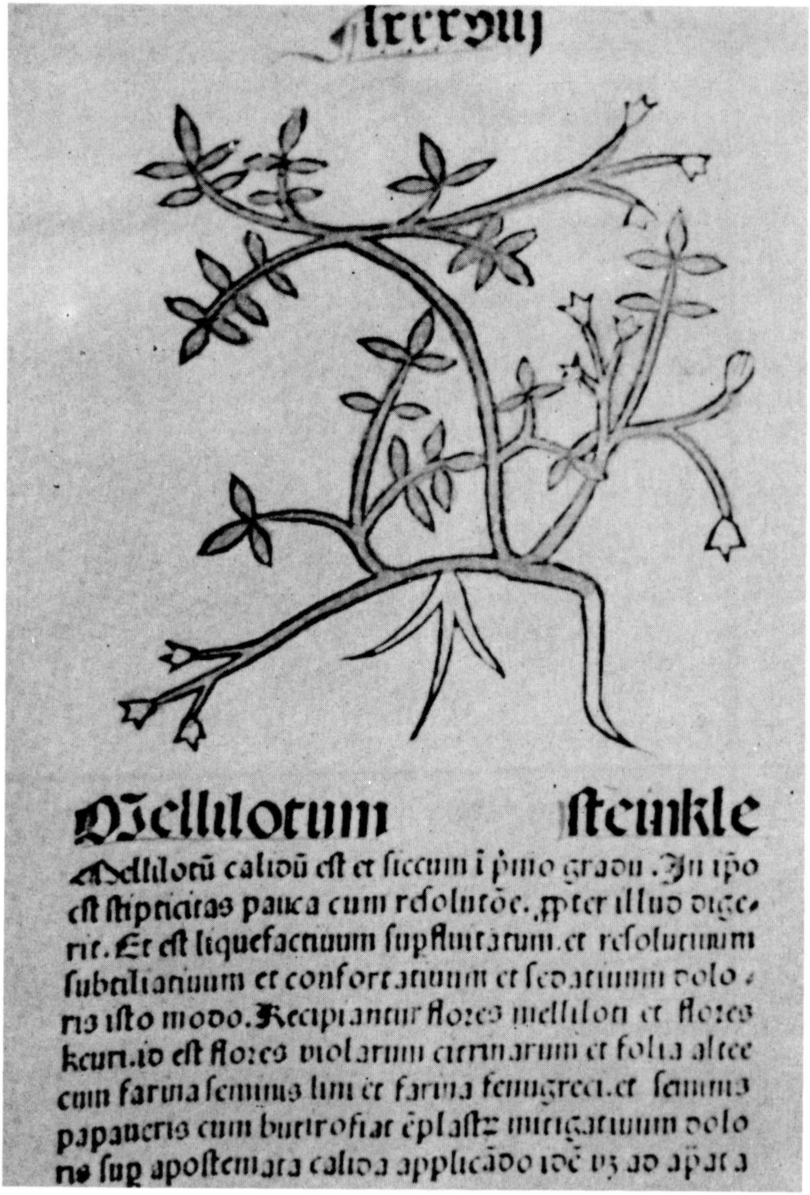

Mellilotum steinkle

Mellilotū calidū est et siccum i pmo gradu. In ipo est stipticitas pauca cum resolutōe. ꝓpter illud digerit. Et est liquefactiuum superfluitatum. et resolutiuum subtiliatiuum et confortatiuum et sedatiuum doloris isto modo. Recipiantur flores melliloti et flores keiri. id est flores violarum citrinarum et folia altee cum farina seminis lini et farina fenugreci. et seminis papaueris cum butiro fiat eplastr̄ mitigatiuum doloris sup apostemata calida applicādo idē vz ad apata

Der Steinklee – Abbildung aus dem HERBARIUS LATINUS, Passau 1485

gen tauchen im 17. Jhdt. in der Braunschweiger Apotheke, sowie in der Pharmakopöe Württemberg 1741 auf. Geiger weist 1830 darauf hin, daß der Steinklee zu dieser Zeit nur äußerlich zu Umschlägen gebraucht wird. Sein Inhaltstoff Cumarin sowie standardisierte Extrakte werden nach günstigen Ergebnissen von N. B. Piller (1977) innerlich gegen Beschwerden einer chronisch venösen Insuffizienz und zur unterstützenden Behandlung entzündlicher Venenprozesse eingesetzt.

8. Die Drogenpraxis bei Nerven- und Hirnleiden

Es ist ein alter Wunsch der Menschheit, mit Drogen heilend in somatisch bedingte, nervöse Störungen und krankhaft abgewandelte psychische Zustände eingreifen zu können. Der einfachen Naturbeobachtung primitiver Völker ist es nicht entgangen, daß es Pflanzen gibt, welche die Psyche des Menschen in ungewohnter Weise zu wandeln vermögen und welche über ihre halluzinogenen und stimmungsbeeinflussenden Eigenschaften psychopathologische Erlebnisinhalte hervorrufen, welche den Ausdrucksformen einer echten Psychose oder Neurose ähneln.

Opium

Derartige Drogen, wie das Opium, werden seit altersher bewußt für die Therapie neurotischer und psychotischer Krankheitsbilder verwandt. Hier gibt es mindest auf dem Gebiet der Schmerzbekämpfung durch Opium eine Kontinuität der Überlieferung, die bis heute geübt wird. Die Erklärung der Wirkungsweise des Opiums hat sich allerdings grundlegend geändert. Fr. Bacon von Verulam (1561-1626) glaubt beispielsweise, daß das Opium die Lebensgeister fessele. Sylvius de la Boe (1614-1672) schreibt ihm ein eigenes Wirkungsprinzip zu, das Principium sulphuro-volatile. J. B. van Helmont (1577-1644) läßt das Opium auf den sogenannten Archäus einwirken und Fr. Hoffmann (1660-1742) vertritt die Meinung, daß Opium eine Ausdehnunug des Blutes bewirke und mechanisch zu einer Verstopfung der feinsten Gefäße führe. J. Brown (1735-1788) sieht schließlich im Opium den stärksten Reiz für das Nervensystem. Seine narkotische Wirkung, die wir heute über die Opiatrezeptoren deuten, erklärt er als Folgeerscheinung der Überreizung.

Neben der Verwendung des Opiums als Betäubungs- und Schmerzmittel wird es mit der Indikation Epilepsie, Apoplexie, Wahnsinn sowie Hirnentzündungen und Chorea empfohlen. Diese Anwendungsgebiete erscheinen über die Jahrhunderte hinweg bei Paulus von Aegina (7. Jhdt. n. Chr.), Valerius Cordus (1511-1544), Paracelsus (1494-1541) wie auch bei Hufeland (1762-1834). Hildegard von Bingen (1098-1179) schlägt außerdem eine Anwendung bei juckenden Hautausschlägen vor.

Tollkirsche (Atropa belladonna)

Hildegard von Bingen (1098-1179) weiß auch, daß die Tollkirsche tollmachende Wirkungen besitzt und nennt sie deshalb „Dolo". Ebenso erwähnt Matthiolus (1536), daß der Genuß der Beeren unsinnig macht. In der Behandlung von Geisteskrankheiten werden sie von Hecker (1814) gegen Melancholie und von Hufeland (1842) sowie Hayne (1829) gegen Epilepsie und Chorea eingesetzt.

Bilsenkraut (Hyoscyamus niger), Stechapfel (Datura Stramonium)

Weiterhin gilt das Bilsenkraut in der antiken Medizin als eine Droge, die Geisteskrankheiten auslösen kann; dies bezeugen Dioscurides und Plinius im 1. Jhdt. n. Chr. sowie Paulus von Aegina im 7. Jhdt. n. Chr. Ebenso geben Abu Mansur (975) und Lonicerus (1564) an, daß sein Genuß Wahnsinn und Lethargie verursacht. Zur Schmerzstillung wird es in Form der frischen Blätter von Dioscurides angewandt und im Mittelalter den Schlafschwämmen zugesetzt. Noch im 16. Jhdt. erwähnt G. B. Della Porta, daß man die Säfte des Bilsenkrautes gegen Zahnschmerzen benutzen kann. H. von Gerssdorf fügt in seinem 1517 erschienenen Feldbuch der Wundarznei hinzu, daß sie den Tod bringen können. Paracelsus weist in dem Kapitel von den Schlafschwämmen ebenfalls auf ihre vergiftenden Eigenschaften hin. Ein Einsatz zur Behandlung der Epilepsie wird von Hufeland (1842) empfohlen. Der gleiche Autor setzt den Stechapfel gegen epileptische Anfälle und Wahnsinn ein. Dies geht zurück auf den Wiener Kliniker Anton Stoerck, der 1762 im Liber de Stramonio über Selbstversuche mit Stechapfelauszügen berichtet und günstige Effekte bei Epilepsien und Wahnsinn feststellt. Im medizinischen Parnass von D. J. Becker wird von dieser Pflanze 1662 dagegen ausdrücklich behauptet, daß sie in der Apotheke nicht zu gebrauchen sei.

Alrauna (Mandragora officinarum):

In weit größerem Umfange wird die Mandragora als betäubende und schmerzstillende Kraft benutzt. Sie findet Erwähnung in der gesamten Literatur bei Hippokrates im 4. Jhdt. v. Chr., bei Celsus im 1. Jhdt. n. Chr., Paulus

Die Tollkirsche – Abbildung aus dem Kreüterbuch des J. Th. Tabernaemontanus 1731

von Aegina im 7. Jhdt. n. Chr. sowie bei Paracelsus im 15. Jhdt. n. Chr., Lonicerus im 16. Jhdt. n. Chr., von Haller im 18. Jhdt. n. Chr. und Hecker im 19. Jhdt. n. Chr. Ein spezifischer Einsatz zur Behandlung von Paresen und Melancholie wird von Paulus von Aegina angegeben. Bei Tabernaemontanus findet sich 1687 die Indikation Melancholie und Wahnsinn und bei Hayne 1829 Manie.

Bulgarische Kur

All diese Indikationsgebiete sind inzwischen verlassen. Ein Rückgriff auf die Belladonna-Droge erfolgt zu Anfang dieses Jahrhunderts als bekannt wird, daß ein Bulgarischer Hirte Iwan Raeff aus Schipka gute Resultate bei Parkinson Patienten erzielt. Die Königin Elena von Italien, deren Tochter Bulgarische Königin war, regt eine Untersuchung bei Prof. G. Panegrossi an, der 1938 ebenso wie H. D. von Witzleben feststellt, daß die sogenannte Bulgarische Kur ein mit Wein angesetzter Extrakt aus Belladonna-Wurzeln ist. Zunächst nimmt man an, daß nur Bulgarische Wurzeln wirksam sind; dies stellt sich jedoch als Irrtum heraus, da die Inhaltstoffe der in Bulgarien wachsenden Pflanzen völlig mit denen anderer Tollkirschenwurzeln identisch sind. Heute haben diese Behandlungsmethoden beim Parkinson an Wertschätzung verloren, da auf synthetischem Wege günstiger wirksame Stoffe gewonnen sind, die zugleich weniger Nebenwirkungen aufweisen (Akineton, H. Haas 1955, Artane, R. W. Cunningham 1949, Dopamin, H. Ehringer 1960, O. Hornykiewicz 1960, 1963).

Baldrian (Valeriana officinalis)

Der Baldrian ist eine Pflanze, welche sich durch alle Jahrhunderte als Heilmittel behauptet hat. In der älteren Literatur wird er vornehmlich als harntreibendes Mittel bezeichnet. Diese Angaben finden sich bei Dioscurides und Plinius sowie Celsus im 1. Jhdt. n. Chr. und ebenso in der frühmittelalterlichen Literatur, wie z.B. in der Physika der Äbtissin Hildegard von Bingen (1098-1179) und in den Kräuterbüchern von Bock (1563), Fuchs (1543) und Lonicerus (1564). Außerdem gilt der Baldrian als ein gutes Frauenheilmittel, wie Dioscurides und die Hippokratische Medizin lehren. Bock übernimmt diese Indikationen und schreibt „er lockt auch hierfür die Blumen der Frauen“ und er fügt als weitere Anwendungen Pest, Husten, Atembeschwerden und Seitenstechen hinzu. Äußerlich soll der Baldrian Kopfschmerzen und Entzündungen bekämpfen. Abu Mansur († 975 n. Chr.) hält diese Verwendung gegen Kopfweh und Migräne ebenfalls für gegeben. Einen Einsatz bei der Epilepsie empfehlen Hahnemann in seiner Dissertation aus dem Jahre 1779 und Moench in seiner Arzneimittellehre aus dem Jahre 1806. Der Hinweis, den Baldrian als Nervinum und beruhigendes und schlafFördernd wirkendes Mittel zu benutzen, taucht zuerst bei C. W. Hufeland 1843 auf. „Es ist eines der besten Nervenmittel“, so schreibt er, „daß ich kenne, zur Stärkung und Regulierung des Nervensystems. Ich habe durch seinen langen Gebrauch langwierige Nervenschwäche, Hysterie, Krämpfe aller Art verschwinden sehen.“ Zuvor findet sich 1829 bei Friedrich Gottlieb Hayne eine Andeutung dieses Indikationsgebietes. Nach seiner Ansicht gehört der Baldrian zu den Aethereis nervinis und wirkt reizend und belebend auf das Nervensystem, erhitzend auf das Gefäßsystem, diaphoretisch, antiseptisch und anthelmintisch. Da er vom Magen gut vertragen wird, ist er mit Recht im allgemeinen Gebrauch, namentlich bei nervösen Fiebern, schleichenden Nervenfiebern sowie bei chronischen Nervenkrankheiten, Hypochondrie, Hysterie, Hemikranie, Katalepsie. Gute Erfahrungen bei Nervenschwäche macht auch I. G. Rademacher (1772-1849). Hager bezeichnet 1874 die Baldrianwurzel als krampfstillendes, antiepileptisches und wurmwidriges Mittel mit der besonderen Wirksamkeit bei hysterischen Leiden. In einer späteren Ausgabe des gleichen Handbuches aus dem Jahre 1930 wird die Baldrianwurzel erneut als vorzügliches krampfstillendes und anregendes Mittel erwähnt, das besonders von hysterischen und neurasthenischen Menschen gebraucht wird. Wegen der Unschädlichkeit ist er geeignet zu längerem Gebrauch bei Nervenleiden, Migräne, Herzneurosen und Fallsucht. Damit nähern sich die Indikationsansprüche des Baldrian den jetzt geltenden Vorstellungen, die einen Einsatz von Baldrianpräparaten bei psychischer Labilität, Nervosität und Einschlafstörungen für möglich halten.

Intensive Forschungsarbeit wird für den Nachweis der sedativ wirksamen Inhaltstoffe der Droge aufgewendet. O. Schmiedeberg führt zu Ende des vorigen Jahrhunderts die beruhigende Wirkung des Baldrians auf seinen unangenehmen Geruch zurück und nimmt eine reflektorische Wirkung an. Nachdem geklärt ist, daß der Geruch durch Isovaleriansäure und andere Fettsäuren verursacht ist und daß die ätherischen Öle nicht maßgeblich für die Wirksamkeit sind, wird neben dem Methylpyrylketon die Valerensäure verantwortlich gemacht. 1966 glaubt P. W. Thiess mit der Entdeckung der Valopotriate das Wirkprinzip gefunden zu haben. Da aber Baldrianextrakte, welche keine

Der Baldrian – Abbildung aus Leonhart Fuchsens New Kreüterbuch, Basel 1543

Valopotriate enthalten, sedierende Effekte ausüben, muß nach einer weiteren Deutung gesucht werden; diese ergibt sich nach neueren Untersuchungen von D. Grusla und J. Krieglstein aus den Jahren 1986/87 mit dem Nachweis der Valerensäure als wirksamen Inhaltstoff.

Hopfen (Humulus lupulus)

Der Hopfen ist den Alten bekannt; er wird jedoch weder arzneilich noch als Bittermittel angewendet. Die Hopfendohlen werden in den Kräuterbüchern des 16. Jhdt. mit einer ganzen Liste von Anwendungsmöglichkeiten belehnt. Sie sollen bei Verstopfung, Störungen des Gallen- und Harnflusses helfen, die Gebärmutter reinigen, sowie Leber- und Milzschwellungen wie auch Blasensteine beseitigen. Derartige Angaben finden sich bei Bock und Matthiolus. Lonicerus fügt Verbreiterungen der Ohren, Katarrhe der Lungen sowie Husten- und Fieberanfälle hinzu. Tabernaemontanus hält den Hopfen zudem nützlich bei Wurmbefall. Eine Andeutung daß der Hopfen beruhigend wirkt, ist in diesen Werken nicht zu finden. In der Pharmacopée universelle von A. J. L. Jourdan in Paris (1828 und 1840 erschienen) steht, daß der Hopfen tonisch und etwas narkotisch wirke und insbesondere bei Skrofulose, Rachitis und Drüsenentzündung als beruhigenden Mittel zu empfehlen sei. Nach Hayne (1829) wirken Hopfenkätzchen reizend auf das Nervensystem und nur in großen Gaben beruhigend. Im übrigen zählt er die gleiche lange Indikationsliste wie die alten Autoren auf. Die arzneiliche Anwendung der Hopfendrüsen ist nicht älter als 100 Jahre. Zu Beginn des 19. Jhdt. werden erste Versuche zur Isolierung der Hopfenbitterstoffe unternommen. Ihre Anwendung beschränkt sich auf Befindungsstörungen, Unruhe und Angstzuständen sowie Schlafmangel, wobei in der Regel Kombinationen mit Baldrian üblich sind.

Johanniskraut (Hypericum perforatum)

Der Umstand, daß die Blütenköpfchen des Johanniskrautes beim Zerreiben einen rotbrauenen Saft austreten lassen und seine Blätter im durchfallenden Licht durchlöchert erscheinen, bedeutet für die Signaturenlehre, daß die Pflanze als Wundkraut und zur Behandlung von Stichverletzungen geeignet

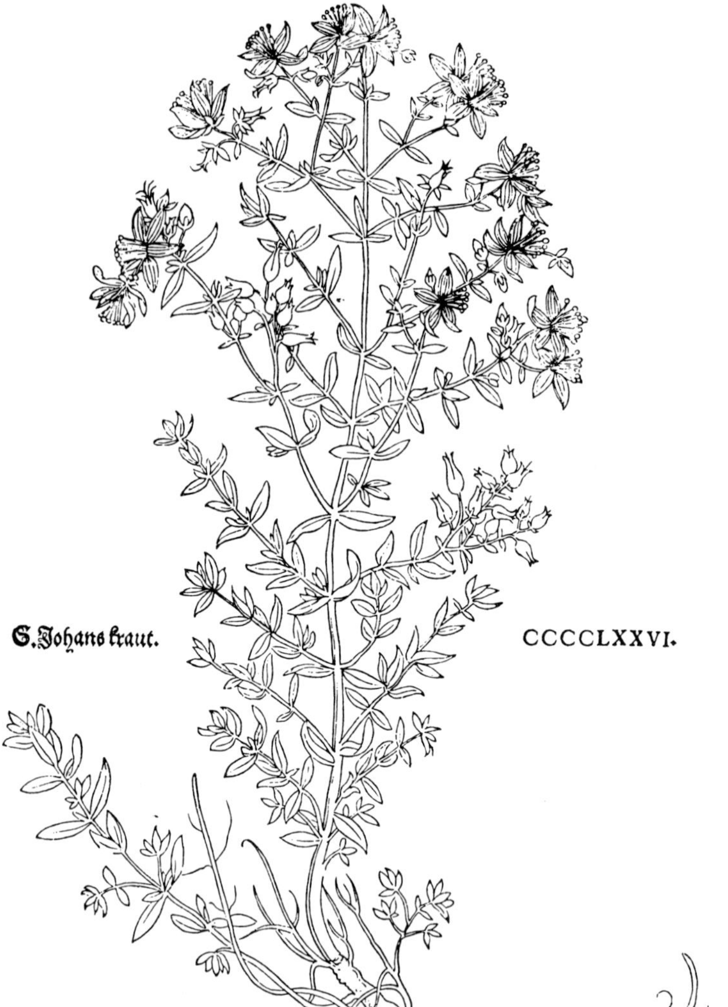

Das Johanniskraut – Abbildung aus Leonhart Fuchsens New Kreüterbuch, Basel 1543

ist. Bei Dioscurides hilft das Kraut in Wein genossen zudem gegen Gicht und als Diuretikum; es heilt die Malaria, blutigen Auswurf, Ischias und innere Verletzungen und kann als Breiumschlag bei Entzündungen und Brandwunden heilend wirken. Lonicerus übernimmt in seinem Kräuterbuch diese Angaben. Brunschwigk und Bock fügen als Anwendungsgebiete den Schlagfluß und die Epilepsie hinzu und empfehlen das Kraut als Zaubermittel gegen Gespenster und Unwetter.

In der Württembergischen Pharmakopöe aus dem Jahre 1741 sind die Anwendungsgebiete genauso umfangreich. In der Folgezeit wird die Pflanze weitgehend vergessen. Geiger schreibt 1830, daß der Saft der Pflanze lange Zeit als Wundermittel berühmt und nicht ohne Kräfte zu sein scheint. Auch Hayne gibt 1829 an, daß die Droge wenig gebraucht, aber bei Wunden und Geschwüren nützlich sei. 1935 taucht die Droge erneut auf und wird von W. Bohn als ein ausgesprochenes Nervenmittel zur Behandlung von Nachtwandeln und Somnambulimus angepriesen. Ein echtes Interesse für das Johanniskraut wird 1939 bzw. 1940 durch V. Daniel geweckt, der nachweist, daß es bei Gemütsverstimmungen Besserungen erzielt. Inzwischen liegen eine Reihe von ärztlichen Erfahrungsberichten vor, die für eine milde, antideppressive Wirkung sprechen und einen Einsatz bei depressiven Erkrankungen für nützlich erweisen.

Der Giftlattich (Lactuca virosa)

Der Milchsaft des Lattichs, der im getrockneten Zustand als sogenanntes Lactucarium im Aussehen an den Milchsaft des Mohns, an das Opium erinnert, wird lange Zeit als Opiumersatz benutzt. Schon Galen (130-201 n. Chr.) schätzt die beruhigende Wirkung des Salates. Daneben werden im 1. Jhdt. n. Chr. in Rom der Lactuca abführende Eigenschaften zugeschrieben. Abu Mansur († 975) hält sie wirksam gegen giftige Stiche und Hornhautflecken. Die schlaffördernden Auswirkungen werden besonders in den alten Kräuterbüchern betont; so schreibt Bock (1539), daß der Lattich den Schlaf fördert, die Geilheit und schambare Träume vertreibt, so daß alle, die Keuschheit zu halten gelobt haben, Lattich essen sollen. Ebenso empfiehlt Lonicerus (1555). daß alle, welche nicht schlafen, noch ruhen können, durch den Genuß des Lattichs Schlaf und Ruhe finden. 1773 findet sich bei Brooke im Handbuch der gesamten praktischen Arzneigelehrtheit der Hinweis, daß Kraut und Samen des Lattichs eine schmerzlindernde Kraft besitzen und etwa um die gleiche Zeit benutzt Durande (1777) in Paris den Lattichsaft wegen seiner narkotischen Wirkung. 1799 hat dann Coxe in Philadelphia auf Grund von Selbstversuchen und Tierexperimenten die Analogie zum Opium beschworen. In der ersten Hälfte des 19. Jhdt. zählt der Lattich in Deutschland, Frankreich und England zu den wichtigen Medikamenten und er wird in allen einschlägigen Arzneibüchern von J. Pereira (1839), F. Magendie (1831) und E. von Bibra (1855) angeführt. Der Indikationsbereich ist bei Friedrich Gottlob Hayne 1829 außerordentlich breit angelegt, da er ihn bei der Hypochondrie sowie als stärkende Nachkur bei gastritischen Fiebern und Wechselfieber wie auch bei Brustbeschwerden, Hautkrankheiten, Wassersucht und Gelbsucht angewendet sehen will. Besonders geschätzt wird eine Kombination mit Digitalis, die Hufeland 1828 und G. A. Richter 1827 befürworten. A. W. Forst hat 1937 diese alten Erfahrungen wieder aufleben lassen und den Lattich als mildes Sedativum in die praktische Therapie eingeführt. Unter der Bezeichnung Lactucyl in den Handel gebracht, verschwindet dieses Präparat nach wenigen Jahren, da sein sedierender Einfluß sich nicht einwandfrei bestätigen läßt.

Melisse (Melissa officinalis)

Vom Nutzen der Melisse bei Kummer und Sorge spricht erstmalig Rhazes (850-923). Ähnlich meint Serapion (um 850-900 n. Chr.), daß sie Trübsinn und Kümmernis nach einer Manie verscheuche, weil sie die spastischen Erscheinungen im Gehirn zu lösen vermag. Nach Avicenna (980-1037) bringt sie bei allen Erkrankungen Hilfe, die einer plegmatischen und melancholischen Säftedisposition entspringen. Es ist seiner Meinung nach der Melisse eigen, daß die das Gemüt erheitert, Verstopfungen im Gehirn löst, den ermatteten Geist wieder belebt, Kummer und Angstvorstellungen verscheucht, welche aus der schwarzen Galle und vertrocknetem Schleim entstehen. Die gleiche Indikationsliste zählt Matthiolus 1586 in seinem Pflanzenbuch als Wirkungen der Melisse auf. Ähnlich werden ihr psychiatrische Indikationen im Dispensatorium des Valerius Cordus (1592) zugeschrieben. Unter Berufung auf den arabischen Arzt Mesue empfiehlt er die Anwendung der Melisse bei Raserei und Melancholie. Da sie allenthalben Haupt und Hirn stärkt und wärmt, soll sie nach Tabernaemontanus (1520-1590) bei Melancholie, Apoplexie, Epilepsie, Kopfschmerz und Schwindel brauchbar sein. Christopher Wirsung (1605) und Johann Joachim Becher (1635-1682) sind ebenfalls der

Meinung, daß diese Droge schwere Träume und die Melancholey beseitigt. Hayne meint 1829, daß sie hysterischen und hypochondrischen Kranken vorzüglich bekommt.

Heute wird der Melissengeist bei psycho-vegetativen Störungen, innerer Unruhe, Nervosität, Einschlafstörungen, nervösen Kopfschmerzen und Wetterfühligkeit empfohlen. Es handelt sich allerdings um Kombinationspräparate, bei denen neben der Melisse andere pflanzliche Arzneimittel angewandt werden.

Mistel (Viscum album)

Die feste Haftung der Mistelzweige an den Bäumen und die Unmöglichkeit des Herabfallens dient zur Begründung der Anwendung der Mistel bei der Epilepsie. Diese Indikation wird ihr bereits von Plinius und Dioscurides im 1. Jhdt. n. Chr. und vor Oreibasios im 4. Jhdt. n. Chr. zugeschrieben. Ebenso kennen die arabischen Ärzte Serapion im 9. Jhdt. n. Chr. und Ibn Baithar im 13. Jhdt. n. Chr. ihre Anwendung bei dieser Krankheit. Das gleiche gilt für die heilige Hildegard von Bingen sowie für die Kräuterbücher des Hieronymus Bock, Leonhard Fuchs, Lonicerus, Matthiolus und Tabernaemontanus. Bock meint wörtlich: „Etliche Empirici und Künstler, wann Eichenmistel-Häsele oder Birnenbäume-Mistel die Erde nicht berührt, sollen sie gut sein für die fallende Sucht, gepulvert und mit Wein getrunken." Im 18. und 19. Jhdt. wird sie von Carl von Linné, Samuel Friedrich Christian Hahnemann 1779, Justus Friedrich Karl Hecker 1814, Christoph Wilhelm Hufeland 1825, Johann Friedrich Ossiander 1829, Hans Wilhelm Meyer und Friedrich Oesterden 1856 als Heilmittel gegen Fallsucht erwähnt.

In der Volksheilkunde greift man bis in die Neuzeit bei Epilepsie, Krämpfen sowie Hysterie und Schwindel noch immer zur Mistel. Sebastian Kneipp benutzt sie zudem zur Stillung von Blutflüssen und sonstigen Störungen im Blutkreislauf. Heute stehen im Vordergrund als Anwendungsgebiete die sogenannte Neuraltherapie, mit der funktionelle Krankheitszustände und Leiden bekämpft werden sollen, sowie die Segmenttherapie, welche Störfelder und dadurch bedingt Beschwerden auszuschalten versucht. Außerdem wird die Mistel als Krebsmittel eingesetzt, eine Indikation die umstritten ist.

Indianiſch Miſpel. Viſcum Indicum.

Die Mistel – Abbildung aus dem Kreüterbuch des J. Th. Tabernaemontanus 1731

Andere pflanzliche Nervenheilmittel

Andere Heilpflanzen, die im Altertum und Mittelalter als Heilmittel gegen Nerven- und Geisteskrankheiten empfohlen werden, genügen den modernen therapeutischen Praktiken und Forderungen nicht, da ihre Wirkungsweise das Krankheitsgeschehen nicht zu beeinflußen vermag und sie außerdem vielfach mit unerwünschten Neben- und Giftwirkungen behaftet sind.

Die früher übliche breite Anwendung pflanzlicher Drogen in der Nervenheilkunde erklärt sich aus der herrschenden Krankheitslehre, der Humoralpathologie, welche reinigende Kuren mit Brech- und Abführmitteln sowie harntreibenden Substanzen bevorzugt, um fehlerhafte Säftemischungen durch die Ausscheidung der „materia pecans", der Krankheitsursache, zu beseitigen. Außerdem sieht ein anders gearteter Anwendungsmodus vor, Heilmittel in großer Zahl zu verabreichen, um sie im Wechsel mehrfach im Laufe des Tages einzunehmen. Man schreckt sogar bei langwierig chronisch verlaufenden Krankheitsbildern vor drastischen Kuren nicht zurück und nimmt selbst auf eine geschwächte Allgemeinverfassung der Kranken wenig Rücksicht.

Im Arsenal der empfohlenen Pflanzen finden sich bei den Nervenheilmitteln viele Drogen, welche herzwirksame Inhaltstoffe enthalten. Sie werden in der Neuzeit höchstens bei zentral-nervösen Ausfallerscheinungen angewandt, soweit diese mit Kreislaufstörungen einhergehen.

Selbst der rote Fingerhut gilt im Bericht von William Withering aus dem Jahre 1785 neben seiner Eignung bei Wassersucht als probates Gegenmittel der Epilepsie. Eine weitere Herzdroge, die Meerzwiebel, taucht bei Dioscurides mit der Angabe auf, wirksam gegen Epilepsie und Melancholie. Der Einsatz von Oleander bei Geisteskrankheiten geht auf Konrad von Meggenberg (1309-1374) zurück. Bei Epilepsie soll diese Droge nach Samuel Hahnemann anwendbar sein, wie er im Hufeland-Journal des Jahres 1800 schreibt.

Schwarze Nießwurz (Helleborus niger)

Die schwarze Nießwurz, die in allen Organen herzwirksame Glykoside enthält, wird lange Zeit ebenfalls bei der Epilepsie und Melancholie als nützlich bezeichnet. Sie enthält als weiteren Inhaltstoff das Saponin Helleborin, welches stark reizend auf die Schleimhäute einwirkt und zwangsläufig Erbrechen

Der schwarze Nieswurz – Abbildung aus dem „New Kreüterbuch" des Pietro Andrea Mattioli, Prag 1563

und Durchfälle erzeugt. Diese Pflanze ist wahrscheinlich zur Zeit des Hippokrates noch nicht lange benutzt worden. Ktesias, ein Zeitgenosse des großen griechischen Arztes, weist auf die außerordentliche Giftigkeit dieser Droge hin. Er äußert ebenso wie Theophrast, daß ihr Genuß manchen Manschen das Leben gekostet hat. Trotzdem verordnen die antiken und mittelalterlichen Autoren die Droge immer wieder bei Epilepsie. Galen kennt außerdem eine Anwendung bei Irrsinn. Warnend äußern sich Bock und Petrus Aponensis aus Abano 1475 im „De venenorum remediis". Die Nießwurz ist eine der wenigen Heilkräuter, die Paracelsus gegen Fallsucht und Schlaganfälle verwendet. Noch Albrecht von Haller behauptet 1756, daß sie die dicken melancholischen Säfte entleert. Seitdem ist die Nießwurz wegen ihrer Giftigkeit als Therapeutikum verlassen. Ihr herzwirksamer Inhaltstoff, das Hellebrin, wird schlecht resorbiert und kann daher nicht genutzt werden.

Weitere Nervenmittel

Das Gottesgnadenkraut, das ebenfalls herzwirksame Inhaltstoffe enthält, gilt Dioscurides als Heilmittel der Epilepsie. Gegen die Melancholie geben es Matthiolus sowie Kostrzewski (Wien. Diss. 1575) und Hayne 1829, Hufeland 1842 sowie Carus 1856.

Selbstverständlich gehören Abführkuren und entwässernde Mittel zur Therapie der Nervenkrankheiten. Neben der Koloquinte ist die Zaunrübe wegen ihrer harntreibenden und abführenden Effekte besonders geschätzt, so daß sich von Dioscurides an über die Araber und die Väter der Botanik bis zu Hecker (1814) viele Autoren für sie einsetzen.

Wunderheilmittel

Weiterhin sind in der Nervenheilkunde solche Drogen beliebt, die zu den Wunderheilmitteln gezählt werden. Dies trifft für die Pfingstrose zu, welche durch die Jahrhunderte hindurch bis zu Albrecht von Haller (1755) und Hufeland (1842) als Epilepsiemittel bezeichnet wird. Boerhaave (1668-1738) ist allerdings von ihrer Wirksamkeit nicht überzeugt. Auch die Meisterwurz ist hier einzureihen. Lonicerus nennt sie, „eins der fürnehmsten Kräuter". Man soll die Wurzel nach altem Aberglauben, wie Wolff 1690 im Scrutinium Amoletorum medicum angibt, an Daumen oder Zehen gebunden zum

Schutz gegen die Epilepsie tragen. Die außerordentliche Beliebtheit des Safrans und sein breit gefaßter Anwendungsbereich befähigt ihn, bei Nervenkrankheiten einzugreifen. Ebenso wird dem Beifuß eine geheimnisvolle Kraft zugeschrieben, die ihn alle Krankheiten, so auch die Epilepsie heilen läßt. Gegen diesen Aberglauben wenden sich Konrad von Meggenberg (1475) sowie Bock auf das entschiedenste. Das hindert Tabernaemontanus nicht, den Beifuß gegen die von Dämonen erzeugten Krankheiten und damit gegen die Epilepsie zu verwenden. Bei dieser Droge soll man die Wurzel wiederum um den Hals tragen. Noch J. Fr. Osiander (Volksarzneymittellehre 1829) und J. G. Rademacher (Erfahrungsheillehre 1842) sowie C. W. Hufeland (Enchiridion medicum 1842) halten den Beifuß bei Fallsucht für nützlich.

Antiepileptika

Durchforstet man die alte Literatur weiterhin auf Drogen, die als Antiepileptika bezeichnet werden, so ergibt sich, daß eine Fülle von Pflanzen in völlig unsystematischer und irrationaler, vielfach sogar unsinniger Weise gegen dieses Krankheitssymptom versucht und erprobt wird. Da werden genannt die Waldrebe (Clematis) von der Matthiolus behauptet, daß ihr Samen zu Pulver gestoßen den phlegmatischen Schleim vertreibe, die Raute (Ruta), der Harzklee (Psoralea), der Lärchenschwamm (Fungus laricis), der Frauenmantel (Alchemilla), die Osterluzei (Aristolochia) und das Betonienkraut (Stachys) u. a. Beim Gänsefinderkraut (Potentilla) rät Fuchs, daß die Epileptiker den Saft 30 Tage hintereinander trinken sollen und für den Bärenklau (Heracleum) gibt Matthiolus an, daß es „ein köstliches Kraut wider alle kalten Gebresten des Hirns ist, als da ist der Schwindel, gantze un halbe Schlag, der fallende Siechtag, die Schlafsucht, Krampf, Zittern, Contract und Läme". Selbst die Kamille wird von Matthiolus gegen Krämpfe empfohlen. Dieser Ansicht schließen sich Samuel Hahnemann 1779, Moench 1800 (Arzneymittellehre) sowie Hecker 1814 und Hayne 1829 an. Pappelsamen, so schreibt Matthiolus, aus Essig getrunken, hilft ebenfalls „wider die fallend Sucht".

Mittel gegen Schlaganfall

Für die Behandlung von Schlaganfällen sind die Blüten des Lindenbaumes geeignet, so meint Albrecht von Haller. Bei Otto Brunfels wird in seinem Contrafayt Kreuterbuch 1537 die Primel als „herba paralysis“ bezeichnet, weil sie Lähmungen und Schlaganfälle heilen soll. J. J. Becher behauptet im Parnassus medicinalis von dieser Pflanze, daß sie „Schmerzen in dem Schlag stillt“ und Tabernaemontanus meint, sie „wirke gegen Blödhaupt und verstopfte Nerven“. Dem Tausendgüldenkraut wird zugetraut, daß es neben der Epilepsie Schlaganfälle und Lähmungen zu bessern vermag (Paulus von Aegina, Fuchs). Matthiolus fügt Sensibilitätsstörungen hinzu.

Mittel gegen Geisteskrankheiten

Melancholie und Wahnsinn sind zu heilen mit dem Tüpfelfarn (Polypodium), von dem W. H. Ryff (Reformierte Teutsche Apoteck 1573) meint, „sie reinigt das Geblüt von allen groben, unreinen, feuchten und schwarzen Gallen oder Melancholei“. Weiterhin werden empfohlen der Teufelszwirn (Cuscuta), Borretsch (Borrago) und das Basilienkraut (Ocimum). Von der Wegwarte (Cichorium) verwendet Hecker (1840) den Milchsaft gegen Hypochondrie und Melancholie.

Der Thymian (Thymus) wirkt nach Matthiolus, mit Rosenöl vermischt und under die Stirn gelegt gegen die wütende Hauptsucht, Phrenitis genannt“; ebenso soll die Meisterwurz (Peucedanum) nützlich bei Lethargie und Nervenleiden sein. Mit Feigen kann man nach Paulus von Aegina den Wahnsinn heilen. Das Bergwohlverleih (Arnica) taucht im 18. Jhdt. als ein Anregungsmittel des Nervensystems auf und wird auf Grund dieser Eigenschaften von Hufeland und Carus bei Lähmungen eingesetzt.

Kopfschmerzen bekämpft man am besten mit Thymian, Poleyminze sowie Majoran und Baldrian, so meinen viele alte Autoren.

Insgesamt ist in den früheren Jahrhunderten die Behandlung von Geistes- und Nervenkrankheiten, wie die große Zahl der als wirksam bezeichneten Pflanzen verdeutlicht, nie auf eine spezifische Therapie ausgerichtet; sie zielt in der Regel nur auf eine, den einzelnen Krankheitsbildern angepaßte Umstimmungskur hin, in der Hoffnung und Erwartung, daß irgendeins der vielen Mittel ein wenig zur Linderung der Beschwerden beitragen könne.

9. Von den Geschwülsten und ihren Arzneien

Anton von Stoerk (1731-1803), von dem in Wien die Anregung ausgeht, das Gebiet der Heilmittellehre eingehender zu bearbeiten und die Arzneimittel auf ihre Heilkräftigkeit bei bestimmten Krankheiten ernsthaft zu prüfen, hat sich mit der Untersuchung zahlreicher Drogen und Drogenextrakte, wie z. B. Hyoscyamus, Aconitum, Diptam, Clematis und Pulsatilla beschäftigt. Er ist der Meinung: Die Weisheit empfiehlt, die Pflicht gebietet, Heilmittel mit all unseren Kräften zu suchen. Er hat damit nur formuliert, was zu allen Zeiten die Ärzte fasziniert hat und sie überall nach wirksamen Behandlungsmöglichkeiten gerade auf dem Gebiete der Geschwulstkrankheiten suchen ließ.

Wasserschierling (Cicuta virosa)

Stoerk glaubt, dieses Arkanum in der Cicuta virosa, dem **Wasserschierling** gefunden zu haben. Er hat 57 Fälle beschrieben, auf denen seine Angabe beruht, daß der Schierling Krebs heilen kann. Er kann sich neben eigenen Erfahrungen auf Plinius berufen, nach dessen Ansicht diese Droge den Wuchs jeder Geschwulst verhindern soll. Bei Galen, Dioscurides und später bei Walter Ryff (1597) finden sich ähnliche Empfehlungen. Die Indikation Krebs findet sich weiter im Dispensatorium Austriaco-Vienense 1737. Angeregt von Stoerk hat der Chirurg Ferdinand Leber in Wien am Pasmazianischen Zivillazarett eine große Praxis mit Schierling-Präparaten aufgezogen. S. A. D. Tissot hat in Franken mit den Pillen von Stoerk viele Fälle behandelt. Anton de Haen hat jedoch bereits 1765 in seiner kleinen Schrift „De cicuta“ mit aller Schärfe seiner Kritik auf die Täuschungen aufmerksam gemacht, denen sich sein Kollege Stoerk und andere Ärzte in Bezug auf die Heilkräftigkeit des Schierlings bei Krebs und anderen Krankheiten hingegeben haben. Er erklärt, daß die mit diesem Mittel angeblich erzielten Resultate lediglich auf diagnostischen Irrtümern und übereilten Schlüssen beruhen. Ebenso meint der Wiener Pharmakologe Karl Damian von Schroff 1868, daß die Anpreisungen von Stoerk übertrieben sind (Lehrbuch der Pharmakologie 1868).

Herbstzeitlose (Colchicum autumnale)

Der zweite Vorschlag Anton von Stoerk's aus dem Jahre 1763, die Tinctura und den **Vinum Colchici** als Krebsbekämpfungsmittel einzusetzen, erweist sich im Nachhinein nicht so völlig unrichtig, wie die Empfehlung des Schierlings. J. Dustin konnte 1934 und R. J. Ludford 1930 nachweisen, daß das Alkaloid der **Herbstzeitlosen,** das Colchicin auf in Teilung befindliche Zellkerne einen Mitose-hemmenden Effekt ausübt. 1941 folgt die Beobachtung von H. Lettré, der im Tierexperiment bei Ascites-Tumoren eine Verzögerung des Wachstums der Krebsgeschwülste und eine Verlängerung der Überlebenszeit erzielt.

Podophyllum peltatum

Aus Amerika kommt ein altes Arzneimittel der Indianer, das **Podophyllum peltatum,** und aus Indien das Podophyllum emodi, dessen Harz, das Podophyllin, im allgemeinen als Abführmittel benutzt wird. R. Bently hat 1861 in London auf seine wachstumshemmende Wirkung bei Hauttumoren aufmerksam gemacht. Diese Beobachtung findet zunächst keine Beachtung, bis I. W. Kaplan die Heilwirkung dieses Harzes bei Kondylomen beschreibt. Dieser Effekt beruht nach den Befunden von B. J. Sullivan und H. I. Wechsler (1947) wiederum auf einer Hemmung der Zellkernteilung.

Valerian Podwyssocki (1822-1892) isoliert 1880 als Inhaltstoff das Podophyllotoxin. Das halbsynthetisch abgewandelte Podophyllotoxinglykosid, Etoposid ist indiziert beim kleinzelligen Bronchialkarzinom, bei der Leukämie und bei Hodentumoren, es ist relativ gut verträglich.

Immergrün (Vinca rosea)

Die beiden Alkaloide **Vincristin** und **Vinblastin** leiten ihren Namen von ihrem Vorkommen in der Vinca rosea **(Immergrün)** ab. Sie haben seit 1960 klinische Bedeutung erlangt, nachdem G. Palmer, D. Livengood, A. K. Warren, P. J. Simpson und I. S. Johnson ihre mitosehemmende Wirkung nachweisen

Namen vnd Würckung II Theil. 271

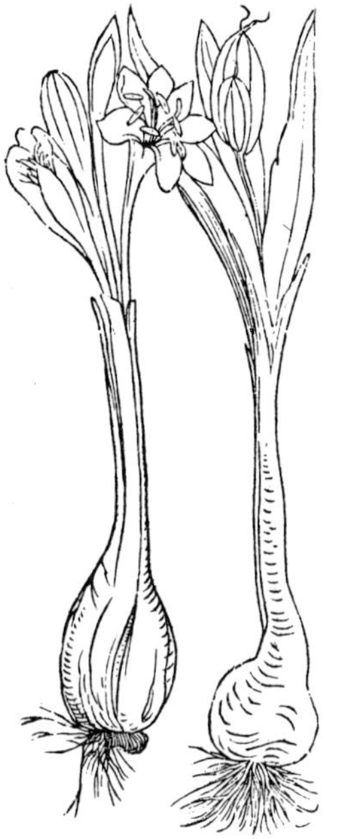

Glentzen wächßt das kraut/ im Soñer die frucht oder samē/ im Herbst die nackete blůmen / im Winter zeittigen die Zwybelechte wurtzel / vnnd stossen järlichs newe Augen wie die Satyriones.

Von den Namen.

Etliche neñen die weisse Milchblůmē Vchtblůmen / vñ etliche nacket Hůrē/ dieweil sie ohn kleider oder ohn kraut erscheinen. Etliche neñen sie Zeitlosen / vñ vermeynen dise blům sey Narcissus Theophr. vnd Vergilij. Dann also schreibet auch Philippus Melancht. in Syntaxi / Narcissus sey die letste blům / werde im September gesehen/ vñ heyßt Zeitlosen/ ꝛc. Dise meinūg halt ich auch doch vnderschiedlich / nemlich dz dise Herbst blůmen oder Zeitlosen seyen Theophrasti Narcissus. Die wurtzel aber mit jrē kraut heißt eygentlich in Diosco. nicht Narcissus/ sonder Colchicon Ephemeron/ vnd Bulbus pratensis oder agrestis. Ziehe mich also auff die abmalung beder Scribenten/ darzů stimpt die beschreibung der Araber/ Fürnemlich inn Serapione vnder dem Capitel Surugen/ dz er Hermodactylum außlegt/ vnd spricht/ es heyß inn Dioscoride Achimeron/ Lilium sylvestre/ nach außlegūg des Albatarich/ ꝛc. Solch wörtlein Achimeron solt sonder zweyffel ἐφήμερον, vnnd nit Achimeron in Serap. gelesen werden. Hie spüret man abermals (mein ich) dē grossen mangel der Simplicium/ das ist der eintzigen gewächß namen vnd erkantnuß. Vnsere Receptmeyster vnnd Apotecker geben dise wurtzel in massas pillularum/ zů den lamē Podagrischen glidern/ onangesehen das Serapio selber bezeuget/ Hermodactylus oder Achimeron sey Gifft/ erwürge die Menschen gleich den gifftigen Schwemmen. Behelffen sich villeicht des Mesue/ welcher drey Hermodactylos zölet/ die weiß/ die schwartz vnnd rot/ die zwo letsten verdampt er selber / vñ lobet allein die weiß. Wa nůn jhemandts augen hette/ der würt ja sehen das vnser Hermodactylus nicht weiß / sonder schwartz ist/ wächßt darzů auff den feyßten feuchtē Wysen/ darumb sie auch zůfliehen / wie etlich lehren. Hie möchtē sie villeicht sprechen/ die breuchlich vñ gemein Vchtzwybel (oder wie sie sagen) Hermodactylus sey jnnwendig auch weiß/ ꝛc. Das wissen wir wol/ das ein Gäler Apffel auch jnwendig weiß ist / vnd das ein schwartze Ků weisse Milch gibt/ wir redē hie von der eusserlichen gestalt der wurtzeln/ wie alle Scribentē thůn/ die zeygen das eusserst zůuor an / ehe das sie vom jnnerlichen reden. So sicht nůn jederman das gemelte wurtzel / außwendig mit schwartzer schölet vberzogen seind / wie solches alle Lehrer mit mir bezeugen. Dieweil nůn solche schwartze wurtzel (Hermodactylus bey den Arabischen geheyssen) Gifft ist / were kein wunder das die geraden vnnd starcke Menschen / so solche gifftige Pillulas oder Artzney brauchen/ stracks lam würden / daher ohn zweyffel dē lamen Podagrischen menschen / die da stäts zů solchen artzneyen lauffen vnnd schicken/ nicht geholffen / sonder von tag zů tag jhe lämer vnnd kräncker werden. Es will aber die

Theoph. lib. 6. cap. 6.
Nec sera comantem Narcissum.
Verg. Georg. 4.
Lib. 4. cap. 28.
Serap. cap. 74.
Philippus Melanchthon.
Colchicon.
Ephemeron.
Mesue.
Hermodactylus nigra.
Vide Mesuen de Hermod cap. 31.
Diocorid. de Colchco.
Serep. de Hermodact.

Z 3

Die Herbstzeitlose – Abbildung aus dem Kräuterbuch des Hieronymus Bock, Straßburg 1577

und Johnson 1961 ihre Tumoraktivität feststellen konnten. Diese Untersuchungen basieren auf den Befunden von I. H. Cutts aus dem Jahre 1958, der fand, daß ein Extrakt aus Immergrün bei Ratten das Knochenmark zu schädigen vermag. Der gleiche Autor isoliert zusammen mit C. T. Beer und R. L. Noble 1970 das Alkaloid Vinblastin und zwei Jahre später findet H. G. Svoboda das Vincristin. Zur gleichen Zeit führen M. E. Hodes, O. J. Rohn und W. H. Bond das Vinblastin zur Behandlung der Hodgkinschen Krankheit ein. Es gilt seitdem als brauchbares Behandlungsmittel bei malignen Lymphomen sowie Hoden- und Mammatumoren, während das Vincristin vornehmlich bei akuten Erkrankungen der weißen Blutkörperchen Anwendung findet.

Mistel (Viscum album)

Schon Plinius schreibt von der Mistel: Nichts hatten die Druiden; die Priester der Gallier, was ihnen heiliger war, als die **Mistel** und der Baum, auf dem sie wächst. Auch in der germanischen und antiken Mythologie spielt sie als dämonenabwehrende Pflanze eine große Rolle. Der berühmte Seid-Trank, dessen Erfindung Odin in der Snorre Yuglinga Saga zugeschrieben wird, ist ein typisches Zaubermittel, das außerdem als Gift gebraucht wird. „Omnia sanans". Als allheilendes Amulett wird die Mistel gern auf dem Körper getragen, wie Tabernaemontanus berichtet. Zu magischen Kuren wird sie noch 1751 von Johann Nikolaus Martius in seiner Magia naturalis mit Vorliebe herangezogen.

Ihre arzneiliche Verwendung geht angeblich auf die Hippokratiker zurück, die sie als Mittel gegen Fettsucht empfehlen. Die gleiche Deklaration findet sich bei Plinius und später bei Bock und Matthiolus. Die Württembergische Pharmakopoe zählt 1741 weitere Anwendungsgebiete auf; so soll sie als Antiepileptikum und als Heilmittel bei Gelenkschmerzen, Katarrhen und Störungen des Monatsflusses dienen. Mit der Anzeige Epilepsie benutzt sie noch Geiger 1830 in Form des Pulvis epilepticus niger.

Im 20. Jahrhundert wird sie erneut als Arzneimittel diskutiert. Eine ihrer als wichtig angesehenen Anwendungegebiete ist die Geschwulst-Therapie. Hier soll sie imstande sein, das Gleichgewicht zwischen den Körperorganen und der gestörten Wachstumstendenz in den erkrankten Zellbezirken wieder herstellen und zugleich die zellulären Abwehrvorgänge stimulieren. Die vorliegenden klinischen Beobachtungsergebnisse können nicht als absolut schlüssig angesehen werden.

Osterluzei (Aristolochia clematitis)

Wenn man die ältere Literatur auf pflanzliche Heilmittel und ihre Eignung zur Krebsbekämpfung befragt, so werden neben **Schierling** die **Osterluzey,** der **Wegerich,** der **Erdrauch** und das **Bilsenkraut** genannt. Unter diesen Drogen mußte die Osterluzey (Aristolochia clematitis) wegen des Verdachts krebserregender Eigenschaften ihres Inhaltstoffes, der Aristolochiasäure, kürzlich aus dem Handel gezogen werden. Als wirksamer Inhaltsbestandteil ist diese Säure 1963 von J. R. Möse erkannt. Sie führt zur Stimulierung der körpereigenen Abwehrkräfte.

Erwähnt ist diese Pflanze namentlich bei Theophrast, der sie als aristos = gut und lochos = Wöchnerin wegen ihren wehenfördernden Eigenschaften benennt. Als Wehenmittel wird sie auch von Dioscurides, Hippokrates, Galen, Plinius und Celsus sowie in den Kräuterbüchern des 16. Jahrhunderts geführt. Daneben wird ihrer heilenden Wirkung bei bösartigen Geschwülsten immer wieder Erwähnung getan, so bei Nikander von Kolophon im 2. Jhdt. n. Chr., der sich mit den Theriaka, den Giften und Gegenmitteln, vor allem bewchäftigt. Weiterhin finden sich gleiche Angaben in der Salernitanischen Alphita des 13. Jhdt. und in dem ersten in deutscher Sprache gedruckten Kräuterbuch, dem Gart der Gesundheit (Mainz 1485) sowie in den Kräuterbüchern von Bock, Matthiolus und Lonicerus.

Wegerich (Plantago lanceolata)

Nach der Überzeugung des Dioscurides, Plinius, Oreibasios sowie bei Tabernaemontanus, Michael Ettmüller (1646-1683) und Walter Ryff ist der **Wegerich** zur Krebsbekämpfung beeignet. Eine frühmittelalterliche Rezeptsammlung preist ihn speziell gegen Mundkrebs. Vielleicht gehen alle diese Empfehlungen auf die früher übliche Anwendung des Wegerichs zur Heilung von Wunden und Geschwüren zurück, ein Effekt, der durch die entzündungshemmenden und epitelisierenden Wirkungen von Wegerich-haltigen Salben zu erklären ist. Seine Bedeutung in der frühen Medizin zeigt sich darin, daß Themison von Laodicea (190-50 v. Chr.) über diese Pflanze ein eigenes Buch verfaßt hat.

Erdrauch (Fumaria officinalis)

Der **Erdrauch** wird im deutschen Sprachbereich im Gart der Gesundheit (Mainz 1485) sowie in den Kräuterbüchern des 16. Jhdt. und später bei Michael Ettmüller und Walter Ryff erwähnt. Betont wird in all diesen Werken, daß die frische Pflanze bei bösartigen, langwierigen Hautausschlägen nützlich sei. Diese Berichte fußen auf Dioscurides, Plinius sowie Serapion (9. Jhdt. n. Chr.) als Gewährsmänner. Eine Bestätigung für diese Beobachtungen bietet sich in der neuren Literatur nicht an. J. Perkin hat 1916 den Inhaltstoff Fumarin = Protopin in seiner Struktur aufgeklärt. Er hat bisher in der Therapie keine Verwendung gefunden.

Bilsenkraut (Hyoscyamus niger)

Die Empfehlung, **Bilsenkraut** gegen Krebs einzusetzen, die sich bei Galen, Paulus von Aegina, Bock u. a. findet, beruht sicherlich auf der betäubenden Wirkung dieser Droge.

Kohl (Brassica oleracea), Hohlzahn (Galeopsis ochroleuca)

Weiter wird zur Geschwulsbehandlung der **Kohl,** das Allheilmittel des Marcus Portius Cato (234-149 v. Chr.) benutzt. Nach Plinius soll zudem der Hohlzahn (Galeopsis ochroleuca) jeden Krebs heilen. Hager schreibt 1874: Vor 70 Jahren wurde dieses Kraut von dem Regierungsrat Lieber in Kamberg als vorzügliches Geheimmittel (Liebersche Auszehrungskräuter) gegen die Auszehrung und die Lungensucht verkauft. Jetzt ist es noch hin und wieder ein Objekt des Handverkaufs, übrigens ohne medizinischen Wert. Dem ist nur hinzuzufügen, daß behördliche Verbote diesem Unfug schon damals eine Ende machten.

10. Der Mütter und Eheleut Beschwerden und ihre Arzneien

Der Pflanzenwelt werden in der alten Literatur wunderliche Kräfte zugeschrieben. Sie sollen nicht nur Krankheiten heilen, sondern auch die Geburt erleichtern oder erschweren, die Empfängnisbereitschaft fördern oder verhüten und die Geschlechtsbegierden anfachen oder dämmen. Derartige Angaben finden sich in überaus großer Zahl für viele Drogen. Unter Umständen genügt die äußere Gestalt und die Ähnlichkeit einzelner Pflanzenteile mit menschlichen Organen, um den eindeutigen Hinweis zu liefern, daß eine Pflanze für derartige Zwecke besondere Inhaltstoffe bereit hält. So lehrt es die Signatura plantarum. Im griechischen Wort „Orchis" = Hoden für die Orchideen und in der deutschen Bezeichnung „Knabenkraut" kommt schon sprachlich zum Ausdruck, daß die Knollen dieser Pflanzengattung sich als sexuelle Erregungsmittel eignen. In einer Wiener Handschrift aus dem 13. Jahrhundert (Codex latinus 93) heißt es vom Knabenkraut: „Wenn jemand einer Frau nicht beischlafen kann: nimm die Wurzel der Pflanze Priapiscus und zwar den rechten Hoden (Knolle), die größer ist, zerreib mit 47 weißen Pfefferkörnern diese Pflanze und 4 Unzen Honig. Löse diese Arznei in heißem Wein und wer drei Tage hindurch neun Skrupel davon zu sich nimmt, wird der Frau beischlafen."

In späterer Zeit (1641) vergleicht Johann Christian Schröder in seiner Pharmacopoea medico-physica die Gestalt der Osterluzei mit der Gebärmutter einer Frau und glaubt, daß diese Pflanze spezielle Heilkräfte gegen die Erkrankungen dieses Organs besitze.

Das eheliche Werk befördern sollen weiterhin der Quendel, rote Rüben, Anis und Disteln. Männertreu in Honig gelöst vermehrt den männlichen Samen und Kalmus, Krause Minze sowie die Seifen- und Meisterwurz helfen dem schwachen Mann. Auch der Senf erweckt die Natur zur Liebe und die Nesseln reizen zum Beischlaf.

Das eheliche Werk verhindern Raute, Spargeln, Pfeffer und Seerosen, da sie die Lust zur Unkeuschheit nehmen. Auch der Lattich vertreibt die Geilheit und schamhafte Träume und der Keuschlamm und Diptam löschen die Begierde zum ehelichen Werk. Knoblauch sollen diejenigen nehmen, welche die Keuschheit gelobt haben und ein Klosterleben führen.

Empfängnisbereit machen Rosmarin, da es die Mutter reinigt; das gleiche gilt

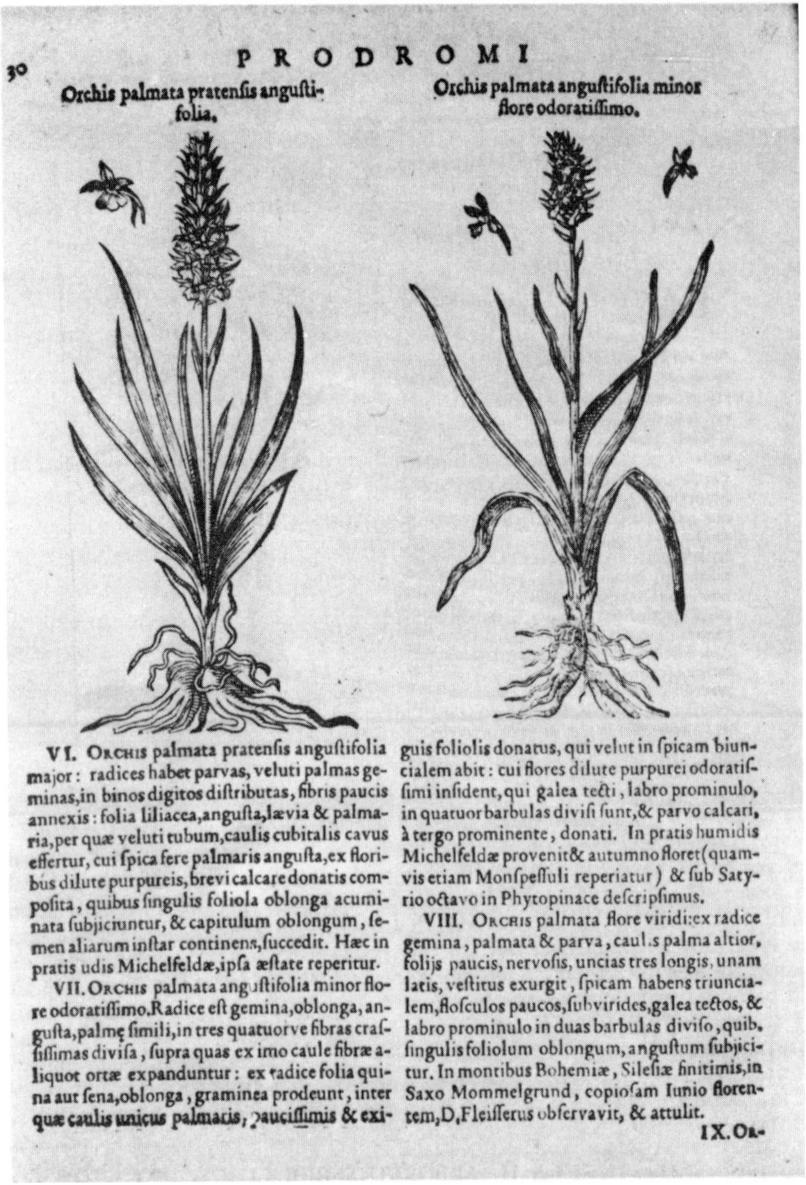

30 PRODROMI

Orchis palmata pratenſis anguſti-folia.

Orchis palmata anguſtifolia minor flore odoratiſſimo.

VI. Orchis palmata pratenſis anguſtifolia major: radices habet parvas, veluti palmas geminas, in binos digitos diſtributas, fibris paucis annexis: folia liliacea, anguſta, lævia & palmaria, per quæ veluti tubum, caulis cubitalis cavus effertur, cui ſpica fere palmaris anguſta, ex floribus dilute purpureis, brevi calcare donatis compoſita, quibus ſingulis foliola oblonga acuminata ſubjiciuntur, & capitulum oblongum, ſemen aliarum inſtar continens, ſuccedit. Hæc in pratis udis Michelfeldæ, ipſa æſtate reperitur.

VII. Orchis palmata anguſtifolia minor flore odoratiſſimo. Radice eſt gemina, oblonga, anguſta, palmę ſimili, in tres quatuorve fibras craſſiſſimas diviſa, ſupra quas ex imo caule fibræ aliquot ortæ expanduntur: ex radice folia quina aut ſena, oblonga, graminea prodeunt, inter quæ caulis unicus palmaris, pauciſſimis & exiguis foliolis donatus, qui velut in ſpicam biuncialem abit: cui flores dilute purpurei odoratiſſimi inſident, qui galea tecti, labro prominulo, in quatuor barbulas diviſi ſunt, & parvo calcari, à tergo prominente, donati. In pratis humidis Michelfeldæ provenit & autumno floret (quamvis etiam Monſpeſſuli reperiatur) & ſub Satyrio octavo in Phytopinace deſcripſimus.

VIII. Orchis palmata flore viridi: ex radice gemina, palmata & parva, caulis palma altior, folijs paucis, nervoſis, uncias tres longis, unam latis, veſtitus exurgit, ſpicam habens triuncialem, floſculos paucos, ſubvirides, galea tectos, & labro prominulo in duas barbulas diviſo, quib. ſingulis foliolum oblongum, anguſtum ſubjicitur. In montibus Bohemiæ, Sileſiæ finitimis, in Saxo Mommelgrund, copioſam Iunio florentem, D. Fleiſſerus obſervavit, & attulit.

IX. Or-

Das Knabenkraut – Abbildung aus Chabraeus Dominik: OMNIUM STIRPIUM SCIAGRAPHIA ET ICONES, Genf 1678 für die Weidenblätter. Farnkraut und Spargel verhindern dagegen die Empfängnis und der Spargel schwächt auch den Geburtsvorgang.

Kampfer (Cinnamomum camphora)

Eine ausgedehnte Literatur gibt es über den Kampfer, der Jahrhundertelang als vorzügliches Mittel gegen die Liebe gilt. Ein Aphorismus der Salerner Schule aus dem 10.-11. Jhdt. n. Chr. lautet: „Camphora per nares, castrat odore mares". Dies besagt, daß der Kampfergeruch allein schon genüge, um die Männer in den Ruhestand zu versetzen. Mönche schleppen ihn daher in Säckchen eingenäht mit sich herum. Simon Seth empfiehlt ihn in dem gleichen Jahrtausend zur Beseitigung der sexuellen Erregung mit der Begründung, daß der Kampfer kalte Eigenschaften besitzt. Seitdem hält sich der Kampfer mit dieser Signatur in der medizinischen Literatur. Nach Lonicerus nimmt er den Blutfluß der Frauen und Männer weg. 1693 weiß Johann Dietrich Hoffstadt zu berichten „Sex sunt in medicis, quae vicunt robore taurum: Bernstein, Bibergeil, Mars, Kampfer, Brechweinstein und Gold sind die sechs, welche die Kraft der Stiere besiegen." 1685 schreibt Johann Christian Schröder vom Kampfer, daß er der Veneri ein Gebiß anlege, die Empfängnis verhindere und eine frühzeitige Geburt bzw. einen Abort verursachen. Selbst gibt Hayne 1829 an, daß der Kampfer auf eine eigentümliche Weise die Geschlechtstäigkeit herabsetzt. Eine Ansicht, die durch die moderne Forschung nicht bestätigt werden kann.

Andere Empfehlungen

Der Geburt förderlich und gur für Frauen, welche bei der Geburt säumen, sind Eichenmistel, Haarstrang, Petersilie, Basilienkraut, Enzian- und Sandelholzzäpfchen, Thymian, Haselnuß, Meisterwurz und Seifenwurz und die Osterluzei. Sie helfen bei der Abstoßung der Nachgeburt und bei Totgeburten. Tote Embrionen werden zudem durch Flohkraut und Beifuß abgetrieben. Das geradezu klassische geburtsbeschleunigende und abortive Mittel ist bei Hippokrates, Dioscurides, Plinius und Galen sowie beim Pseudo Apuleius (4. Jhdt. n. Chr.) der Diptam. Gleiches behaupten Agrippa von Nettersheim

(1486-1535), Konrad von Meggenberg, Hieronymus Bock und Lonicerus. Als Droge ist diese Pflanze heute völlig obsolet.

Schierling (Conium maculatum)

Das gleiche gilt für den Schierling, der trotz seiner außerordentlichen Giftigkeit jahrhundertelang als Heilmittel eingesetzt wird. Bereits Plato (427-348 v. Chr.) ist das Vergiftungsbild genauestens bekannt, wie die Schilderung des Todes von Sokrates in seinem Dialog Phaidon beweist. Alle Autoren des Altertums und des arabischen Kulturkreises stimmen darin überein, daß der Schierling außerordentlich giftig ist. Nach Hippokrates hilft er in Salben und Räucherungen bei Vorfall, Ausfluß und Unfruchtbarkeit. Für Dioscurides ist er ein Mittel, das die nächtlichen Pollutionen dämpft, bei Frauen die Milchproduktion vernichtet, sowie die Geschlechtsreife von Knaben und Mädchen unterdrückt und unter Umständen sogar die Hoden verkümmern läßt. Es ist auch die Meinung von Plinius, der ihn gegen krankhaft gesteigerten Geschlechtstrieb empfiehlt. Rufus von Ephesus und Aretaios von Kapadozien (im 1. und 2. Jhdt. n. Chr.) wenden ihn regelmäßig zu Einreibungen der Sexualorgane an und Celsus benutzt ihn bei Gebärmutterschmerzen. Am Ende des 4. Jhdt. n. Chr. steht für Marcellus Empiricus fest, daß der Schierling den Mann auf unblutige Weise zum Eunuchen macht. Auch in den Kräuterbüchern des 16. Jahrhunderts gilt er als ein spezifisches Mittel für die Beeinflussung der Sexualorgane. Bock schreibt 1577: „Er gehört zu den keuschen Ordensleuten, damit sie ihr Gelübde besser halten können und den Frauen hilft er, daß die Brüste nicht groß werden und die Milchsekretion abnimmt. Als solche Arznei gehört er in die Frauenklöster für die keuschen Leute.“ Lonicerus (1555) läßt ihn auf die Brust der Frauen legen, um die Milch zum Schwinden zu bringen. Noch bei Hager (1874) wird er als Antaphrodisiakum bezeichnet. Die heutige Medizin kennt keine Verwendbarkeit dieser Droge.

Melisse (Melissa officinalis)

Weiterhin gilt die Melisse als ein Mittel bei Frauenkrankheiten. Sie ist nach Plinius gut gegen Zusammenschnürungen der Gebärmutter und reinigt die Frau. Einem Sitzbad zugesetzt, dient sie bei Dioscurides, um den Monatsfluß zu fördern und die schlechten Säfte zur Austreibung zu bringen. Weiterhin preisen sie mit der gleichen Indikation Ibn Beitar († 1248) und der Macer Floridus, ein Lehrgedicht aus dem 11./12.Jhdt. sowie die Circa instans (12. Jhdt.). Sie soll die Empfängnisbereitschaft fördern und morgens und abends genossen werden (Albertus Magnus 1193-1280). Sogar bei der Geburt ist sie eine wahre Hilfe, meint der Hortus sanitatis (1485). In gleicher Weise empfehlen sie Arnald von Villanova (1238-1311) sowie Tabernaemontanus (1520-1590) bei Störungen der Monatsregel und zur Stärkung der Fruchtbarkeit. In Wein gesotten und auf die Gebärmutter gelegt, stillt sie die schlimmsten Krämpfe und kann sogar einen Vorfall des Uterus korrigieren (Caspar Bauhin 1541-1612). Besonders gut soll sie sein, wenn die Gebärmutter wütet (Lonicerus 1528-1586). Ein Jahrhundert später steht bei Johann Joachim Becher im Parnassus medicinalis illustratus (1663), daß diese Droge die Weiberzeit befördert und das Aufsteigen der Mutter verhütet. Derartige Indikationen sind in der späteren Zeit nicht mehr zu finden, Hager kommentiert 1874, von einer medizinischen Wirkung kann nicht die Rede sein.

Diptam (Dictamnus albus)

Im Bruchstück eines Gedichtes über die Kräuter (peri botaton), das aus der Römischen Kaiserzeit auf uns gekommen ist und das Sittich 1832 in Leipzig herausgegeben hat, werden dem Diptam wunderbare Kräfte zugeschrieben. Man glaubt im Altertum, daß diese Pflanze giftige Tiere vertreibt und die Entfernung eines im Körper steckenden Pfeiles erleichtert, wenn man ihren Saft auf die Wundfläche aufträufelt. So steht es bei Vergil in der Aenaeis und ist ebenso bei Conrad von Meggenberg (1309-1374), Agrippa von Nettesheim (1486-1535) sowie bei Hieronymus Bock zu lesen.

Dioscurides, Plinius und Galen im 1. Jhdt. n. Chr. sowie Pseudo Apulejus im 4. Jhdt. n. Chr. beurteilen den Diptam übereinstimmend als das klassische Heilmittel zur Förderung der Geburt, zum Abtreiben einer toten Frucht und zur Steigerung des Ausflusses. Gleiches belegen die hippokratischen Schriften und die Kräuterbücher im ausgehenden Mittelalter. Bei Bock und Lonicerus ist der Diptam gut, um die Frauenzeit zu fördern und die tote Geburt auszutreiben. Die Droge wird erneut von Anton Stoerk (1731-1806) aufgewertet. Bei der Anwendung eines aus Diptamwurzeln bereiteten Tees beobachtet er die Zunahme der Diurese; bei Frauen treten heftige Blutungen und ein starker Ausfluß auf. Das in der Pflanze enthaltene Alkaloid Dictamnin ist giftig und besitzt wahrscheinlich eine Gebärmutter erregende Wirkung. Ein Gebrauch dieser Pflanze in der Therapie ist nicht üblich.

Keuschlamm (Agnus castus), Yohimbebaum (Coryanthe yohimbe)

Auch bei den anderen aufgeführten pflanzlichen Heilmitteln hat sich für die erwähnten Indikationsbereiche keine realle Grundlage ergeben. Benutzt und diskutiert wird in der modernen Medizin von all diesen Drogen der Keuschlamm. Es handelt sich um eine alte Medizinaldroge, die von Dioscurides in einem Trank angewendet wird, um den Liebestrieb zu mäßigen und die Keuschheit zu bewahren. Auch Plinius sagt der Droge eine allen verliebten Frauen vertreibende Wirkung nach. Die Kräuterbücher übernehmen diese Angaben, daß der Keuschlamm die Unkeuschheit dämpft und die Begierde zum ehelichen Werk löscht (Bock, Lonicerus). Bei Konrad von Meggenberg im Buch der Natur 1475 findet sich ein Artikel über Agnus castus, welchen er das keusche Lamm nennt, er spricht ihm beruhigende Eigenschaften; diese sollen die Führung eines keuschen Lebens garantieren. 1755 glaubt Albrecht von Haller, daß manche Frauen sich vor Anfechtungen sicher fühlen, wenn sie Keuschlammzweige in ihrem Schlafzimmer haben. In Frankfurt werden noch im vorigen Jahrhundert aus der Droge Keuschheitssirupe gebraut und in Italien hat man die Wege zum Kloster für die Novizen mit den Blüten bestreut.

Die Anwendung beschränkt sich zur Zeit auf die Behandlung von Zyklusstörungen bei der Frau. Extrakte der Drogen sollen die Blutungsdauer verkürzen und die blutungsfreien Intervalle verlängern. Außerdem wird der Droge eine Steigerung der Stilleistung über eine Beeinflussung des Hormonhaushaltes zugeschrieben.

Das Alkaloid Yohimbin der Rinde des Yohimbebaumes, der von den Eingeborenen seit Urzeiten als Aphrodisiakum benutzt wird, ist 1896 von P. Spiegel isoliert und recht bald mit einer umfangreichen Reklame in den Handel gebracht worden. Anfangs nimmt man an, es handele sich um eine Suggestivwirkung, bis 1903 A. Loewi und E. Müller feststellen, daß es an Versuchstieren das Erektionsvermögen der Genitalien steigert. Bei Versuchen an 30 Patienten mit Erektionsstörungen kann dieser Effekt 1986 bestätigt werden. Er soll auf eine Freisetzung von Nor-Adrenalin im Penisschaft beruhen; dies ist für das Zustandekommen von Erektionen wichtig.

Schaaffmülle/ Vitex, Agnus castus. Cap. 26.

SChaaffmülle heist bey den Griechen ἄγνος, das ist/ Castus, oder Keusch/ dieweil es/ wie Galenus schreibt/ gessen/ getruncken/ oder undergestreuet/ die Keuschheit erhält. Daher auch die Weiber zu Athen/ welche ihre Keuschheit wolten rein behalten/ mit dieses Baums Blättern ihre Bett bestreueten. Bey den Latinis wird es Vitex. *Ital. & Gall. Agno casto. Hisp. Gatillio casto* genennt. Bey den Apoteckern Agnus castus, auß beyder Sprachen Unverstand/ und gleicherweiß auch auf Teutsch Keuschlam. Bey dem Dioscoridi Amerina Salex. Und bey etlichen Piper agreste.

Nahmen.

Es seyn seiner zwey Geschlecht/ nemlich/ das grosse und das kleine. Das grosse wächst hoch auf/ wie die Weiden/ auch mit der Blätter Gestalt ihnen gleich/ allein daß sie lieblicher riechen/ und stäts grünen/ seyn auch zehe. Die Blüt ist weiß Purpurfarb. Der Same in der Gestalt deß Pfeffers/ und wird das weisse Schaaffmülle genannt.

Geschlecht. Gestalt.

Das kleine Geschlecht hat mehr Zweige/ auch weissere und wollechte Blätter/ seine Blumen seyn Purpurfarb. Diß nennet man die schwartze Schaaffmülle. Sie wachsen beyde neben den Wassern.

Die Völcker Cauchi/ wie der wolgelehrte Valerius Cordus schreibt/ kochen mit dieses Bäumlins Zweig und Samen ihre Bier/ weil sie kein Hopffen haben/ und dasselbige Bier macht beydes schlaffen/ und truncken. Dieselbige Völcker nennen dieses Bäumlin Alseim und Borst.

Natur oder Complexion.

Die Natur der Schaaffmülle ist zu erwärmen und zusammen zu ziehen.

Krafft und Wirckung.

Der Same genützt/ benimmt die Wassersucht/ legt die Unkeuschheit. Ist gut wider gifftige Stich und Biß der Thier.

Wassersucht. Unkeuschheit werk. Gifft.

Wer dieser Blätter undersich in sein Bettstatt legt/ dem vertreibt es alle Fleischliche Anfechtung. Ist vielleicht deß Strohes/ darauf die Barfüsser Münch ligen.

Diser Beerlin eins Quintlins schwer mit Wein getruncken/ zuvor gestossen/ treibet den Weibern ihre Kranckheit/ zertheilt die Winde im Leib/ und löschet die Begierde der Ehelichen Wercke auß.

Frauenzeit.

Für gifftiger Thier Biß soll man diese Frucht gebrauchen.

Deßgleichen die Weiber/ so übel säugen/ dann es mehret ihnen die Milch.

Milch bringen.

Es bekompt auch wol denen Miltz- und Lebersüchtigen/ so sich vor der Wassersucht besorgen. Zu viel gebraucht/ schwächet es das Haupt und macht schlaffen.

Miltz. Leber.

Das Laub zerknirscht/ den Safft herauß getruckt/ damit gesalbet/ heilet die Spinnenstich.

Spinnenstich.

Das Laub in Wein gesotten/ mit Honig vermischt/ und den Mund damit gewaschen/ heilet Mund- und Zahngeschwär.

Mundgeschwer.

Mit Wasser gesotten/ und damit gewaschen/ heilet es alle Riß und Schrunden am Hindern/ sonderlich den Weibern/ so etwan an heimlichen Orten entzündet werden/ denen soll man ein Fomentum oder Bähung auß dem Laub machen/ und sie darüber setzen.

Schrunden. Entzündung.

Es schreibt Dioscorides/ daß/ wer dieses Baums Zweige in der Hand habe/ der sey sicher vor den Wölffen.

Die Schaafmülle – Abbildung aus dem Kreüterbuch des Adamus Lonicerus, Franckfurt 1679

Mutterkorn (Secale cornutum)

Nicht absolut gesichert ist, ob das Mutterkorn im Altertum in der Geburtshilfe benutzt worden ist. Für China ist es wahrscheinlich und Kobert glaubt in seinen historischen Studien (1889), daß Hippokrates diese Droge bei Frauenkrankheiten angewandt hat. Offenbar kannten die Griechen bereits die Pilzwucherungen auf dem Roggensamen und ihre verheerenden Wirkungen auf den menschlichen Organismus. Mit der Bezeichnung Phyllomania bei Theophrast und mit der Luxoria bzw. dem Vitium des Siligo bei Plinius ist möglicherweise die Kribbelkrankheit gemeint. Dies ist eine Art der Mutterkorn-Vergiftung, die mit abnormen Gefühlssensationen beginnt und bis zu heftigen Krampfanfällen führen kann. Ein anderer Vergiftungsablauf führt zum Mutterkornbrand, der in der mittelalterlichen Literatur Pestfeuer, heiliges Feuer, Ignis sacer genannt wird und auf starken Durchblutungsstörungen beruht, die bis zum Verlust der Gliedmaßen führen können.

Die erste Erwähnung einer solchen Mutterkornvergiftung findet sich in einer Chronik aus dem jahre 857 in Xanten am Niederrhein. Ibn Baitar schildert im 13. Jhdt. in eindeutiger Weise die Symptome des Mutterkornbrandes. Zuvor seit Mitte des 10. Jhdt. und im 11. Jhdt. hat sich die Vergiftungswelle seuchenartig ausgebreitet, sodaß ein eigener Krankenpflegeorden, die Ordensgemeinschaft des Heiligen Antonius, gegründet wurde. Die Mönche, die Antonius-Herren, haben sich hauptsächlich der Behandlung von Mutterkornkranken gewidmet; der Orden breitete sich über den ganzen Kontinent aus und die Zahl der Klöster betrug um 1500 364. Erst gegen Ende des 17. Jhdt. ließen die Vergiftungswellen langsam nach, selbst im 19. Jhdt. traten im Anschluß an die napoleonischen Kriege vereinzelte Erkrankungsfälle auf.

Den Zusammenhang zwischen dem Auftreten der Kribbelkrankheit und den schwarzen Körnern im Roggen erkennt als erster 1695 J. C. Brunner in Graz; den Beweis erbringt 1771 J. Taube.

Die erste gesicherte Notiz, das Mutterkorn in der Therapie zu verwenden, findet sich bei Adam Lonicerus in seinem Kräuterbuch aus dem Jahre 1557. Sie wird nicht beachtet, sodaß B. C. Cramerarius (1557-1624) als Novum mitteilen kann, daß die deutschen Hebammen sich des Mutterkorns bedienen, um Uteruskontraktionen hervorzurufen. Auf diesen Hinweis hat J. Desgranges 1777 in Frankreich das Mutterkorn bei Gebärenden und Wöchnerinnen genutzt. Er findet jedoch keinen Anklang bei seinen ärztlichen Kollegen und so geht die Kenntnis dieser Droge verloren, bis Stearns und Presscott in Amerika das Mutterkorn 1807 erneut entdecken.

Nach vielfältigen Bemühungen um die Isolierung der Inhaltstoffe hat A. Stoll 1918 im Ergotamin das erste wirksame Mutterkorn-Alkaloid gefunden. Es wird ausschließlich in der Nachgeburtsperiode therapeutisch verwendet, um die Gebärmutter zur vollen Kontraktion zu bringen.

Dieses Alkaloid ist wasserunlöslich. Es war daher überraschend, daß der englische Gynäkologe C. Moir 1932 für wässrige Mutterkornextrakte eine uteruskontrahierende Wirkung bei schwangeren Frauen nachweisen kann. Dies führt zur Auffindung eines neuen wasserlöslichen Alkaloids, dessen Isolierung 1935 in verschiedenen Laboratorien gelingt und von H. W. Dudley und C. Moir in London Ergometrin und von A. Stoll in Basel Ergobasin, von M. S. Kharasch und R. R. Legault in Chicago Ergotocin und von M. R. Thompson in Baltimore Ergostetrin genannt wird. Diese vier Stoffe stellen das gleiche Alkaloid dar, das zur Wehenförderung und Blutstillung benutzt wird. Durch eine halbsynthetische Abwandlung können die Mutterkorn-Inhaltstoffe hydriert werden und eignen sich dann für die Behandlung von Durchblutungsstörungen und als venentonisierende Mittel.

Pflanzliche Steroidhormon-Lieferanten

Außerhalb des Nervensystems kann der menschliche Organismus das innere Milieu der Zellen durch Botenstoffe (Hormone) regulieren. Eine wichtige Rolle spielen dabei die Hormone der Nebennierenrinde und der Sexualorgane, die auf Grund ihrer chemischen Struktur als Steroidhormone bezeichnet werden. Diese entwickelten sich in den 30iger Jahren innerhalb kurzer Zeit zu wichtigen und gesuchten Medikamenten, sodaß sich die Chemiker bemühten, die anfangs teuren Präparate über einfachere Synthesewege zu erträglichen Preisen zu liefern. In der ersten Zeit geht man von den Gallensäuren aus, bis man entdeckt daß in der Pflanzenwelt Steroidsapogenine vorkommen, die als Ausgangsmaterial für die Synthese dieser Hormonpräparate außerordentlich geeignet sind.

Von diesen Steroidsapogeninen läßt sich der Steroidanteil nach dem Verfahren von R. E. Marker und E. Rohrmann (1939/40) abspalten und in die Steroidhormone umwandeln. Zunächst benutzt man eine Strophanthusart (Strophantus sarmentosus) aus Afrika und das aus dieser Pflanze zu gewinnende Sarmentogenin. Dieses ist aber schwer zugängig und teuer. Technisch und preislich realisierbar als pflanzliches Ausgangsmaterial erweisen sich die mexikanischen Yamwurzeln (Dioscorea-Arten). Ihre mächtigen, unterirdisch wachsenden Knollen enthalten bis zu 10% das Dioscorea-Sapotoxin und Dioscin, aus denen Diosgenin hergestellt wird. Aus diesem gewinnen J. M. Chemerda, E. M. Chamberlin, E. H. Wilson und M. Tischler 1951 die Hormongrundstoffe, aus denen man wiederum die verschiedenen Steroidhormone herstellen kann.

Eine andere Möglichkeit bietet eine Agave, aus der Hektogenin extrahiert wird, das sich in besonderer Weise für die Cortison-Fabrikation eignet. Y. Sato, A. Kratz, E. Mosettig (1951) benutzen verschiedene Tomatenarten. Das darin vorkommende Tomatidin läßt sich nach dem Verfahren von R. Kuhn, J. Löw und H. Trischmann (1952) in Steroidhormone umwandeln. Schließlich kann man aus einigen Nachtschattengewächsen und dem darin enthaltenen Solasodin ein Pregnadienol darstellen, das eine Schlüsselsubstanz für eine unschwere Synthese von Hormonen abgibt.

Klinisch verursacht ein Mangel an diesen Hormonen bei Männern und Frauen Krankheitssymptome mit Störungen der Funktion der Geschlechtsdrüsen, sowie Veränderungen in der Ausprägung der sekundären Geschlechtsmerkmale, im Ablauf der Zyklusphasen, der Schwangerschaft u. a., so daß eine künstliche Zufuhr als Ersatz für die Fehlleistungen des Organismus erforderlich ist. Darüberhinaus können Steroidhormone außerhalb der Geschlechtsorgane Wirkungen entfalten und z. B. Stoffwechseleffekte und eine Beeinflussung der Knochenreife oder gar Hemmnis des Tumorwachstums bewirken. Außerdem sind sie, soweit es die Nebennierenrindenhormone betrifft therapeutisch bei allergischen Krankheiten und anderen Krankheitssymptomen bedeutsam.

Es ergibt sich somit ein vielfältiges Wirkungsspektrum, bei dem die Pflanzen die Ausgangsprodukte und Grundlagen liefern. Sie können, wenn nicht unmittelbar, so doch mittelbar zur hormonalen Steuerung von Schwangerschaft, Geburt und Laktation sowie zur Regulation der männlichen Sexualhormone beitragen.

11. Heilsame schleimlösende Tränke und flüchtige Öle

Krankheiten der Atemwege führen in der Regel zu einer vermehrten Schleimproduktion im Bereich der Lungen. Sie können die Atemfunktion erheblich behindern. Therapeutisch zielt man daher seit altersher auf eine Beseitigung dieser Sekretstauung, indem man versucht, den zähen, schwer aushustbaren Schleim zu verflüssigen und ihn damit leichter nach außen zu befördern oder besser abhustbar zu machen. Stoffe, welche diese Eigenschaft besitzen, sind in vielen Pflanzen anzutreffen. Sie sind durch alle Jahrhunderte beliebte Arzneien und sind in der modernen Medizin anerkannt. Zwei dieser Drogen, die Ipecacuanha und die Senegawurzel sind nach der Entdeckung Amerika's in die europäische Medizin eingeführt worden.

Ipecacuanha-Wurzel (Cephaelis acuminata)

Ipecacuanha, eine Bezeichnung aus der brasilianischen Tupi-Sprache, bedeutet etwa, das brecherregende Kraut, das am Wege wächst. Bekannt ist es dem portugisischen Jesuiten Manuel Triston (1546-1617). Seine Heilwirkung bei der Ruhr lernt Guilelmo Piso (1611-1678) auf einer Reise durch Brasilien kennen und beschreibt dies 1648 in "De medicina brasiliensi". Auf seine Empfehlung bringt der französische Arzt Le Gras 1672 sie Droge nach Europa. In großer Mange führt sie der Kaufmann Garnier in Frankreich ein, wo sie Johann Adrian Helvetius (1661-1727) vor allem zur Behandlung der Dysenterie benutzt. Für die Preisgabe seines Geheimmittels erhält er 1690 von König Ludwig XIV den Betrag von 1000 Louisdor. In Deutschland setzt sich Michael Bernhard Valentini 1698 für ihre Anwendung bei der Ruhr und bei Bauchflüssen ein. Für ihre Verbreitung ist insbesondere eine 1696 von Gottfried Wilhelm Leibniz erschienene Veröffentlichung wichtig.

Erst als man die brecherregenden und speichelflußfördernden Eigenschaften der Droge kennenlernt, gewinnt man den Anschluß an die geltende Homorallehre, nach deren Auffassung die Behandlung von Krankheiten durch die Ausscheidung der verdorbenen Säfte unterstützt werden muß. Seit dieser Zeit nennt man die Droge vielfach Brechwurzel. Im Stadium der Übelkeit vor dem Einsetzen des Brechaktes werden reflektorisch über Nervenbahnen vom Magen aus die Lungen- und Speicheldrüsen zu einer vermehrten Sekretion angeregt. Auf diesen Zusammenhang hat 1906 O. Schmiedeberg aufmerksam gemacht. Zuvor hat man seit Anfang des vorigen Jahrhunderts die Ipacacuanha als schleimlösendes Hustenmittel angewandt; das bezeugen Friedrich Gottlieb Hayne 1829, Phillip Phoebus 1842 und Christoph Wilhelm Hufeland 1842.

Das in der Ipecacuanha enthaltene Alkaloid Emetin ist 1817 von L. Pelletier und E. Magendie isoliert worden. Seine Eignung als Bekämpfungsmittel der tropischen Ruhr hat 1829 Bardsley in Manchester ermittelt. Seit 1831 wird dieses Alkaloid handelsmäßig von E. Merck hergestellt. Anerkannt wird seine Verwendbarkeit bei der Dysenterie durch die Veröffentlichungen von J. H. Th. Wash 1891 bzw. von L. Rogers 1912. Beide Autoren erbringen den eindeutigen Nachweis, daß die akute Amoebendysenterie durch sc. und iv. verabreichtes Emetin geheilt werden kann.

Senega (Polygala senega)

Die **Senegawurzel** hat die europäische Medizin ebenfalls aus Amerika übernommen; ihr Name bezieht sich auf einen nordamerikanischen Indianerstamm, der die Wurzeln gegen Schlangenbisse benutzte. 1735 hat der Arzt Tennet in Philadelphia die Droge zur Behandlung von Brustkrankheiten eingeführt. Sie erscheint 1785 in der Württembergischen Pharmakopoe und wird dort bei Brustleiden und Fieberzuständen sowie gegen Schlangenbisse empfohlen. Seitdem werden ihre Abkochungen in Europa als schleimlösendes Mittel bevorzugt. Als Inhaltsstoff stellen 1821 Peschier und 1836 Quévenne aus der Droge die Polygala-Säure her. Außerdem finden P. Bolley 1854 und W. von Schulz 1896 ein Saponin, das sie Senegin benennen. In der Folgezeit zeigt sich, daß die Droge ein Gemisch aus vielen Einzelkomponenten mit einem Gesamtinhalt von 10% Saponinen enthält, die sich lediglich durch die Art und Zahl der Zuckerreste unterscheidet.

Primel (Primula veris)

Als Ersatz für die teure Senega-Wurzel, die nach dem ersten Weltkrieg schwer zu beschaffen ist, wird die **Schlüsselblume** in die Medizin eingeführt, als R. Wasicky sowie R. Joachimowitz 1920 beweisen, daß sie in chemischer und therapeutischer Hinsicht mit der Senega-Wurzel weitgehend übrereinstimmt. Ihre Inhaltstoffe sind wiederum Saponine, deren Gehalt zwischen 5-10% schwankt. Sie sind maßgeblich für die schleimlösende Wirkung.

In der römischen Literatur ist die Schlüsselblume nicht erwähnt, vermutlich weil sie im Mittelmeerraum kaum vorkommt. Sie taucht erst in den Kräuterbüchern des 16. Jhdt. auf und wird hier mit wechselnder Indikation, Ohnmacht, Schlaganfall und Herzbeschwerden sowie Gicht empfohlen. Als Nervinum und Pectorale ist sie in der Württembergischen Pharmakopoe bezeichnet. Man schätzt sie jedoch lange Zeit nicht, bis sie im 20. Jahrhundert als wertvolle Droge erkannt wird.

Anis (Pimpinella anisum), Fenchel (Foeniculum vulgare)

Anis und Fenchel sind uralte Kulturpflanzen, die zu allen Zeiten als Gewürze und Heilmittel geschätzt sind. Anis bezeichnet Dioscurides neben anderen Empfehlungen als ein Atem erleichterndes und Schmerz stillendes Mittel. Vom Fenchel nimmt er an, daß er Harn- und Milchausscheidung fördert, bei Magenleiden hilft und gegen Schlangen- und Hundebisse nützlich ist. In's nördliche Europa sind beide Pflanzen durch die Benediktiner-Mönche gekommen. Sie werden in Capitulare Karl's des Großen angeführt. Nach den Angaben der Kräuterbücher helfen sie bei stinkendem Atem und Husten, sowie bei Störungen im Bereich des Magen-Darmkanals. Beide Drogen und ihre Zubereitungen bleiben bis in die Gegenwart Pharmakopoe üblich. Angewendet werden sie teils als Geschmackskorrigentien. Als Krankheitsindikationen gelten Blähungen und Koliken sowie Katarrhe der Luftwege.

Beide Drogen enthalten flüchtige, stark riechende Stoffgemische – ätherische Öle –, welche bei innerlicher Zufuhr zum Teil über die Atemwege ausgeschieden werden. Dort wirken sie antiseptisch und verflüssigen die Sekrete, so daß sie die Schleimabsonderungen erleichtern.

Diese ätherischen Öle können durch Destillation gewonnen werden. Brunschwigk beschreibt 1500 die Gewinnung des Anisöl. Fenchelöle werden schon 1475 in der Apotheke in Lüneburg vorrätig gehalten. Ihre Zufuhr erfolgt innerlich, beispielsweise in der Kinderpraxis als Fenchelhonig oder Fenchelsirup, sowie in Mischung mit Anis als Anis-Fenchel-Bonbons. Daneben werden die Drogen als Tee verabreicht. Weiterhin sind die Öle geeignet bei der Behandlung von Atemerkrankungen, äußerlich angewandt in Salben und Balsamen oder als Badezusätze. Dabei entwickeln sich Dämpfe, die beim Einatmen zur Verflüssigung der Lungensekrete beitragen.

Nadelhölzer (Oleum Pini, Oleum Terebinthinae rectificatum)

Zu Einreibungen, als Inhalate und Badezusätze werden außerdem Fichten- und Kiefernnadelöl sowie das gereinigte Terpentinöl benutzt. Die Indikation sind wiederum Erkrankungen der oberen und unteren Luftwege. Alle Zubereitungen, einschließlich des Eukalyptusöls enthalten ätherische Öle; sie sind abgesehen vom Eukalyptus seit langer Zeit medizinisch im Gebrauch.

Besonders das Terpentinöl ist im Altertum ein geschätztes Medikament. Die Balsame der Nadelbäume wurden außerdem in Ägypten zu Einbalsamierungszwecken benutzt. Zur Zeit des Plinius werden diese Balsame vornehmlich aus Lärchen gewonnen; man versteht schon damals, die ätherischen Öle daraus zu destillieren. Plinius erwähnt auch die Beobachtung, daß der Aufenthalt in Nadelwäldern für Lungenkranke nützlich sei. Die Destillation der ätherischen Öle wird im Mittelalter durch den Straßburger Arzt H. Brunschwigk (1450-1512) verfeinert, der hochentwickelte Destillierapparate anfertigt. Nach Bock und Lonicerus purgiert das Terpentin, innerlich genommen, die versehrte Brust und die Lungen. Äußerlich angewendet, reinigt es Wunden. Die Früchte der Fichte vertreiben langwierigen Husten und sind bei der Schwindsucht nützlich. In den Kräuterbüchern ist zudem zu lesen, daß das Terpentin „so du es inwendig in die Hand schmierst, so dringt es hindurch auf die äußere Seite“. Man weiß also, daß es gut von der Haut resorbiert wird. Gehandelt werden in den Apotheken, wie die Taxen von Worms 1582 und Frankfurt 1687 belegen, zwei Sorten, das teure venezianische Terpentin und ein vulgäres. Offensichtlich ist die Dogenstadt nicht nur als Handelsmetropole, sondern auch für eine ausgebildete, chemische Industrie bekannt.

Als eifriger Verfechter einfacher pflanzlicher Arzneien, soweit sie das eigene Land liefern kann, bevorzugt Symphorien, Champier Campère 1513, der Leibarzt des Herzogs von Lothringen, nur gallisches Terpentinöl. Größere Aufmerksamkeit wird dem Öl Anfang des 19. Jahrhunderts geschenkt, ab 1820 der berühmte Physiologe Johannes, Evangelista Purkinje veröffentlicht, daß er täglich 3,6 g Öl eingenommen und seine angenehme Wirkung beobachtet hat. C. Binz beweist 1884 tierexperimentell seinen narkotischen und krampfhemmenden Effekt. M. J. Rosbach stellt 1882 fest, daß eine mit Terpentinöl gesättigte Luft die Schleimhaut der Luftröhre austrocknet und seine Sekretion vermindert. Th. Husemann weist ihn in seinem Handbuch der Arzneimittellehre 1875 einen breiten Indikationsbereich vom Typhus, Meteorismus, Kindbettfieber bis zur Bekämpfung von Phosphosevergiftungen zu. Später hat man Terpentinöl nach dem Aufkommen der Reiztherapie in 10% iger Lösung zwecks Erzielung eines Terpentinabzesses und Mobilisierung sowie Steigerung der körperlichen Abwehrkräfte injiziert.

Durch Oxydation werden die im Terpentinöl enthaltenen Terpene in das wasserlösliche Terpinhydrat umgewandelt. Dieses ist laut R. Lépine an Stelle des Terpentinöls als schleimlösende Arznei brauchbar. Über die Anwendung von Terpentinöl und das aus Kiefernnadeln destillierte Öl schreibt O. Schmiedeberg 1906 im Grundriß der Pharmakologie: „Bei Lungenkrankheiten mit putridem Charakter läßt man Dämpfe inhalieren, damit sie einerseits antiseptisch wirken und andererseits auf das erkrankte Gewebe eine heilsamen Reiz ausüben." Mir dieser Intension werden die Präparate seitdem benutzt und sie sind selbst durch die modernen Antibiotika nicht aus dem Arzneischatz verdrängt worden.

Menthol (Mentholum), Eukalyptus (Eucalyptus globulus)

Das Menthol, der Hauptinhaltstoff der Pfefferminze, wird 1833 von J. B. A. Dumas isoliert. Seine chemische Struktur haben R. W. Atkinson und H. Yoshida 1872 aufgeklärt. Zur Linderung von neuralgischen Beschwerden und Kopfschmerzen haben es 1874 Delieux de Savignac sowie A. D. Mac Donald 1880 empfohlen. Seitdem wird es ebenso wie das Minzöl bei Katarrhen der Luftwege innerlich, sowie äußerlich bei Kopf- und Nervenschmerzen angewandt.

Die Minzarten sind seit langem als Gewürz- und Arzneidrogen geschätzt.

Welcher Arten sich die Alten bedienen, ist nicht sicher festzustellen. Auch die Abbildungen im Gart der Gesundheit 1485 lassen nicht erkennen, ob es sich um die echte Pfefferminze handelt.

Plinius schreibt den Minzen schmerzstillende Effekte zu. Nach Dioscurides reinigen sie Lunge und Magen und sind äußerlich bei Entzündungsprozessen der Haut und bei Podagra sowie als Badezusätze gegen Juckreiz brauchbar. Die Kräuterbuchautoren übernehmen diese Angaben.

Die echte Pfefferminze wird mit Sicherheit 1686 von John Ray (1628-1705) in seiner Historia plantarum erwähnt. Er beschreibt sie 1704 als Mentha palustris = Peper-Mint. Von einem in England entstandenen Bastard stammen alle späteren Kulturen ab. Diese existieren 1750 in Mitcham, seit 1770 in Holland und Deutschland und seit 1816 in den Vereinigten Staaten von Amerika.

Labilladière entdeckt 1792 in Tasmanien den Baum **Eucalyptus** globulus. In der Gegend, wo dieser Baum wächst, kommt die Malaria nicht vor. Aufgrund dieser Beobachtung nimmt man an, daß die Ausdünstungen des Baumes dieses bewirke. Tristani sowie R. Gruber haben 1865 bzw. 1871 unabhängig voneinander daher empfohlen, das ätherische Eukalyptusöl anstelle von Chinin zur Behandlung der Malaria zu verwenden. Ein Effekt kann nachträglich nicht festgestellt werden. Erneut wird man auf das Eukalyptusöl 1870 durch F. von Müller aufmerksam, der es arzneilich bei Lungenkatarrhen einsetzt.

Gleichzeitig lernt man, daß die Bäume geeignet sind, sumpfige Gegenden auszutrocknen. So werden sie beispielsweise systematisch in den Sümpfen der Campagna bei Rom angepflanzt, mit dem Erfolg, daß die Mückenplage verschwindet.

Im Deutschen Arzneibuch (Erg. Band) 1895 werden die Blätter und das aus den Blättern durch Wasserdampfdestillation gewonnene Öl geführt. Als Verwendungszweck sind angegeben Erkältungskrankheiten der Luftwege, bei innerlicher und äußerlicher Zufuhr, sowie Einreibungen bei rheumatischen Beschwerden.

Thymian (Thymus vulgaris)

Zu den Drogen, welche ätherische Öle als Wirkungskomponente enthalten, gehört auch der Thymian, der als Extrakt oder mit seinem Hauptinhaltsbestandteil, dem Thymol, vielfach Expectorantien zugesetzt wird. Die ersten

Thymianhaltigen Rezepte sind im Papyrus Ebers zu finden. Dioscurides empfiehlt ihn als harntreibendes Mittel und Plinius wendet ihn gegen Skorpion- und Schlangenbisse an. Im 11. Jahrhundert kommt er über die Alpen nach Nordeuropa, Belege finden sich für die Anwesenheit der Pflanze in Deutschland in der Physika der Hildegard von Bingen und bei Albertus Magnus. Matthiolus und Lonicerus berichten, daß er zähen Schleim beseitigt und gut ist gegen Keuchen, kurzen Atem und Würmer. Bock und Johann Christian Schröder schließen sich mit gleichen Indikationsangaben an. So bleibt die Droge im medizinischen Gebrauch bis zur Gegenwart.

Caspar Neumann scheidet 1719 aus dem Thymianöl das Thymol aus, von dem A. C. Brown behauptet, daß es zuvor als Sal volatile Thymii bekannt sei. Lallemann stellt Thymol 1853 erneut dar. Es wirkt stark antibakteriell und ist bis in die Neuzeit als Wurmmittel angewandt worden. Auf seinen günstigen Einfluß beim Keuchhusten mit Linderung der Hustenanfälle haben 1914 A. Skutetzky und E. Starkenstein hingewiesen. Seine krampflösende Wirkung auf die Bronchien ist neuerdings von M. Reiter (1986) belegt. Eine längere Thymolanwendung in Mundwässern und Zahnpasten kann zur Ausbildung einer Hyperfunktion der Schilddrüse führen.

Süßholz (Radix liquiritiae), Süßholzstrauch (Glycyrrhiza glabra)

Der Süßholzstrauch ist eine Medizinalpflanze, die von den Griechen und Römern bei Erkältungen und Hustenanfällen benutzt wurde. Theophrast gibt sie außerdem bei Asthma und gegen Durst. In den Kräuterbüchern wird sie als Arznei gegen Schleimansammlungen in der Lunge geschätzt. Die Empfehlung als Durst stillendes Medikament findet sich wiederum bei Lonicerus und Bock. Bis in die Neuzeit wird in arabischen Ländern ein mit Süßholz bereiteter Trank zur Durststillung gereicht.

Der Anbau des Süßholzstrauches erfolgt im 11. und 13. Jhdt. in Italien. Nach Petrus de Crecentiis (1235-1320) wird er in Deutschland in der Umgebung von Bamberg angepflanzt. Dort hat die Kaiserin Kunigunde im 11. Jahrhundert seine Kultur befohlen. In der reformierten Teutsch Apothek weiß Walter Herrmann Ryff 1573 zu berichten, daß „die köstlichste Süßwurz, deren wir Teutsche uns rühmen dürfen, genügsamtlich im Bambergischen Acker wachset". Der Handel nimmt in dieser Zeit Ausmaße an, daß 1506 in Venedig

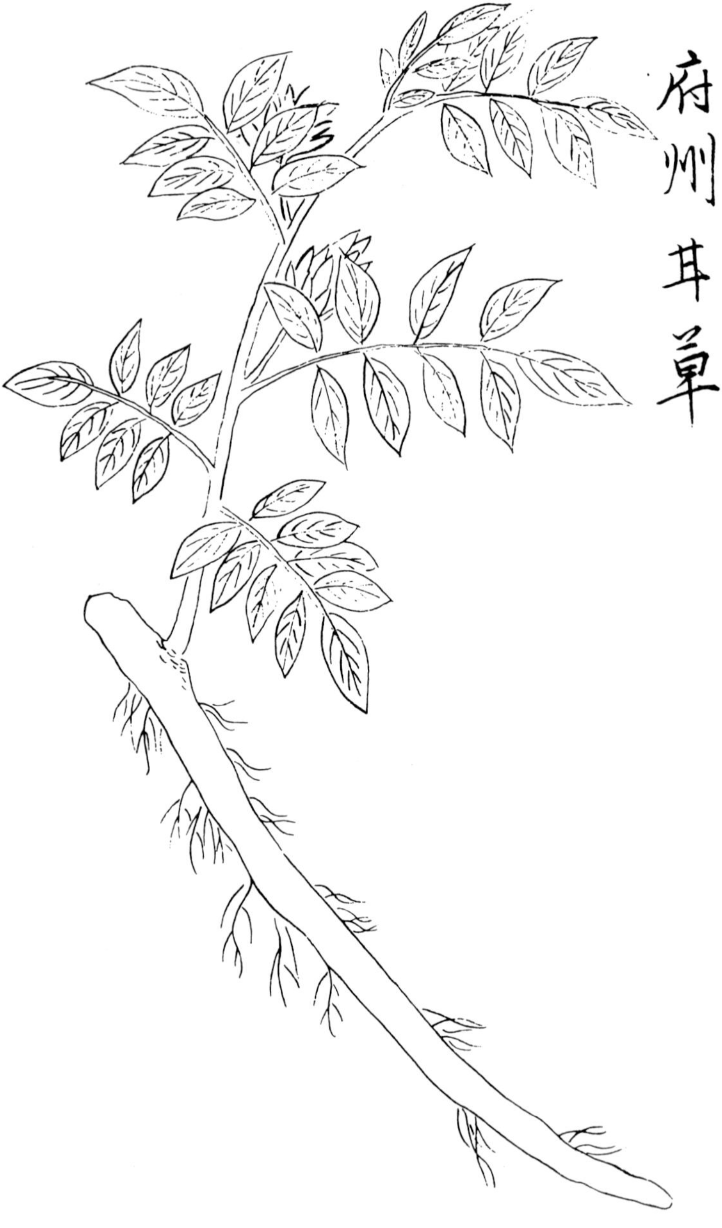

Das Süßholz – Abbildung aus einem chinesischen Kräuterbuch der Periode Shao hsing, 1159

zwecks Überwachung der Einfuhr der Droge aus Kreta eine eigene Behörde geschaffen wird.

Seitdem wird die Droge in allen Apotheken vorrätig gehalten und ist als Süßholzsaft, Lakritze, Bestandteil auswurffördernder und schleimverflüssigender Arzneien zur Behandlung von Katarrhen der Luftwege. Ihre Wirksamkeit verdankt die Lakritze vor allem ihrem Gehalt an Glycyrrhizin.

Huflattich (Tussilago farfara), Wollkraut (Verbascum phlomoides)

Der lateinische Name des Huflattich, Tussilago, weist auf seine uralte Verwendung als Hustenmittel hin (tussis = Husten, ago = ich vertreibe). Seine Empfehlung geht durch die ganze römische Literatur über Hildegard von Bingen, Marcellus Empiricus (Ende des 4. Jhdt.) bis in die Kräuterbücher des 16. Jhdt. immer mit den Indikationsangaben hartnäckiger Husten, Heiserkeit, Verschleimung und Katarrhe der Luftwege. Auch das chinesische Arzneibuch Pen T'sao erwähnt seine Anwendungsmöglichkeiten bei Husten und Engbrüstigkeit. Plinius läßt neben der innerlichen Gabe den Rauch des Huflattichs inhalieren.

Die Huflattichblätter enthalten Schleim- und Gerbstoffe. Deshalb wurden sie bei trockenem Husten angewandt, um den Rachenraum und seine Schleimhäute abzudecken. Zusätzlich enthält der Huflattich Pyrrolizidin-Alkaloide, welche lebertoxisch, mutagen und kanzerogen wirken; eine Verwendung sollte daher unterbleiben.

Das Wollkraut ist eine weitere schleimhaltige Droge. Daneben enthält es Saponine, so daß sich bei ihm reizlindernde Effekte mit schleimlösenden Komponenten verbinden. Die Äbtissin Hildegard von Bingen (1098-1179) nennt die Droge Vulena. Bei chronischen Hustenanfällen ist sie in Griechenland und Rom in Gebrauch, ebenso geben Lonicerus und Bock sie gegen Heiserheit, Hustenanfälle, Kehlkopf- und Lungenleiden.

Verwendet wird das Wollkraut hauptsächlich in Brust- und Hustentees, als reizmilderndes Mittel.

Efeu (Hedera helix)

Das Efeu wird in früheren Jahrhunderten häufiger als in der neueren Zeit benutzt. Erasistratos (304-257 v. Chr.), ein Schüler des Theophrasts gibt es gegen Wassersucht und bei Trunksucht. Bei Hippokrates ist es ein Wundmittel und Dioscurides nennt als Anwendungsgebiete Dysenterie und Bandwurmbefall. Die Kräuterbücher übernehmen im 16. Jhdt. diese Angaben. Beschwerden und Krankheiten der Lunge als Anwendungsgebiet für Efeu nennt erstmalig Phillip Lorenz Geiger (1830). Beobachtungen von Vergiftungserscheinungen bei Haustieren, sowie die lokalreizenden Eigenschaften des frischen Krautes haben zu einer eingeschränkten Verwendung der Droge geführt.

Unter der Bezeichnung Bronchialtee werden in den Apotheken Mischungen aus verschiedenen geschnittenen Drogen geführt, die vielfach schleimlösende Bestandteile und reizlindernde schleimhaltige Drogen enthalten. Sie sind zunehmend durch tassenfertige Pulvertees verdrängt, welche Sprühtrockenextrakte der betreffenden Arzneidrogen enthalten. Die ätherischen Öle gehen bei diesem Herstellungsverfahren verloren und werden nachträglich zugesetzt. Auf diese Weise kann die Menge an ätherischem Öl exakt dosiert werden, während das pflanzliche Ausgangsmaterial in seinem Gehalt an Öl innerhalb weiter Grenzen schwanken kann.

Insgesamt sind alle diese Pflanzenprodukte recht beliebte Arzneimittel, die innerlich in Tees sowie als Inhalate und äußerlich eingebettet in Salben und Emulsionen oder als Badezusätze einen breiten Anwendungsbereich bestreiten.

12. Arzneimittel aus dem Gemüse-, Obst- und Gewürzgarten

Der Küchenzettel

Spinat (Spinaciea oberacea)

Auch der Küchenzettel war und ist heilpflanzenträchtig. Vom Spinat hat L. Maiwald 1983 über Versuche am Menschen berichtet, bei denen er eine beträchtliche Zunahme der Enzymsekretion in den oberen Dünndarmabschnitten mit Anstieg der Fett- und Eiweiß verdauenden Fermente festgestellt; auch die Ausscheidung von Gallenfarbstoffen wird gefördert und in der Kombination mit anderen gallentreibenden Mitteln erfolgt eine Zunahme der Eiweißausscheidung.

Der Spinat taucht erstmalig in der arabischen medizinischen Literatur auf. Ibn Hadray soll im 9. Jhdt. in Spanien eine Abhandlung speziell dem Spinat gewidmet haben.

Nach Abur Mansur (um 975 n. Chr.) und Ibn al Baitar (1197-1248) ist er kalt und feucht und gut für die Leber sowie für die Gelbsucht. Im deutschen Schrifttum findet sich 1543 eine Abbildung bei L. Fuchs. Seitdem ist er eine beliebte Küchenpflanze und wird immer wieder in Kombination mit anderen pflanzlichen, gallentreibenden Mitteln bei Störungen im Bereich der Gallenwege benutzt.

Kohl (Brassica oleracea)

Der **Kohl** gilt bei Cato im alten Rom († 147 v. Chr. als eine Gemüsepanacee, eine allein selig machende Pflanze, die gegen Tafelsünden und den Alkoholkater helfen soll. Man hat in Rom offenbar den Kohl immer von neuem aufgewärmt und so oft gegessen, daß Juvenal in einer seiner Satiren klagen kann „Occidit miseros crambe repetita magistros – er tötet die miserablen Magister mit wiederaufgewärmten Kraut". Als medizinische Indikation nennt Dioscurides den stark gekochten Kohl als Mittel gegen Durchfall, Podagra und Gicht; außerdem gibt er ihn als Zusatz zu Menstruations fördernden Mitteln und äußerlich bei Entzündungsvorgängen. Bock lehnt sich an diese Indikationsliste an. In der späteren offizinellen Medizin erlangt er keine Bedeutung, obwohl er teilweise bis in's 19. Jahrhundert apothekenpflichtig gilt. Das

Sauerkraut, ein zerschnittener Weißkohl, der mit wenig Salz eingemacht und durch Milchsäuregärung haltbar gemacht wird, gilt noch heute als ein verdauungsförderndes und antiskorbutisches Mittel.

Paprika (Capsicum annuum)

Die Stammpflanze der **Paprikaschote** ist im tropischen Amerika beheimatet. Erste Nachrichten stammen aus dem Jahre 1494 und gehen auf den spanischen Arzt Chañca zurück, der Kolumbus auf seiner zweiten Fahrt nach West-Indien begleitet. Die Spanier führen die Pflanze in Europa ein und daher hat sie den Namen spanischer Pfeffer erhalten. Den Hauptinhaltstoff, das im Geschmack scharfe Capsaicin, das heftige Haut- und Schleimhautreizungen bewirkt, hat Thresh 1876 in kristalliner Form isoliert; es wird äußerlich bei Rheuma und Gelenkschmerzen angewandt. Michael Bernhard Valentini (1657-1729) schreibt dem Paprika 1714 eine stärkende Funktion für den Magen zu. Ettmüller (1644-1683) macht eine Essenz für den Magen daraus. Aus der reifen Frucht wird ein flüssiges Einreibungsmittel, ein sogenanntes Liniment, angefertigt, das 1872 in das Deutsche Arzneubuch aufgenommen und vornehmlich äußerlich angewandt wird. Nach der Meinung der Indianer hat Paprika über die genannten Indikationsgebiete hinaus die Wirkung eines Aphrodisiakum und sie essen die Frucht, um ihre Geilheit zu stärken.

Fava Bohne (Vicia faba)

Im Mittelmeerraum weiß man seit dem Altertum, daß die sogenannte **Fava-Bohne** bei bestimmten Menschen giftig wirken kann, weil sie eine Auflösung der roten Blutkörperchen bewirkt. Diese Überlieferung läßt sich bis auf Pythagoras (570-495 v. Chr.) zurückführen, der als erster vor dem Genuß der Bohnen gewarnt hat. Dioscurides verwendet sie innerlich bei Husten, Durchfall und Bauchkneifen; das gleiche steht in den Kräuterbüchern des 16. Jhdt. und später bei Phillip Lorenz Geiger 1830 sowie bei W. Meissner im gleichen Jahre.

Die Ursache für die Auflösung der roten Blutkörperchen bei Menschen bestimmter Rassen ist ein genetisch determinierter Enzymdefekt, da diese Personen in ihren Erythrocythen keine Glukose-6-phosphat-Dehydrogenase enthalten (Carson 1956, Waller 1957).

Rettich (Raphanus sativus)

Herodot (5. Jhdt. v. Chr.) berichtet uns, daß die Frohnarbeiter beim Bau der Cheops-Pyramide um 2900 v. Chr. neben Zwiebeln und Knoblauch große Mengen **Rettich** verzehrt haben, wahrscheinlich um Infektionskrankheiten zu verhüten. Diese uralte Kulturpflanze wird durch die Römer in die nördlichen Länder eingeführt und erscheint im Capitulare Karl's des Großen. Die Verwendung als Arzneimittel erfolgt nach orientalischem Vorbild in einem mit Zucker eingekochten Saft als Hustenmittel bei Dioscurides und Plinius. Nach Bock macht Rettich den Bauch weich und beseitigt Blähungen oder führt zum Aufstoßen. In Wasser gesotten und mit Honig vermischt, gilt er in den Kräuterbüchern als ein gutes Hustenmittel. Lonicerus bemerkt daß er einen stinkenden bewirkt. Mit diesen Indikationen erscheint er bei Phillip Lorenz Geiger sowie bei Karl Gottfried Hagen (1749-1829). Auch Sebastian Kneipp ist ein begeisteter Lobredner des Rettich. Seine gallentreibenden Wirkungen werden von R. Schrader 1930, W. Golder 1938 und F. Müller 1924 sowie neuerdings von L. Maiwald 1983 bestätigt. Als Kneipp-Rettichpflanzensaft wird er in den Arzneibüchern geführt.

Artischocke (Cynara scolymus)

Eine weitere Bereicherung der Speisefolge liefert die **Artischocke.** Bei ihr ist nicht gewährleistet, ob sie bei Dioscurides als Arzneipflanze geführt wird. Wenn es zutrifft, gilt sie ihm als ein harntreibendes Mittel, das außerdem zur Beseitigung üblen Körpergeruchs dienlich ist. Bock übernimmt diese Indikationen und Lonicerus fügt hinzu, daß die Wurzel die Sexualbegierde steigert. Eine Verwendung als Arzneimittel ist ansonsten in den folgenden Jahrhunderten nicht üblich. Daher schreibt Phillip Lorenz Geiger 1830: „Sie wurde ehemals als Mittel vorzüglich bei Wassersucht sowie chronischer Leberentzündung verwendet“. Neuerdings hat sie wieder arzneiliches Interesse gefunden, da ihr gallen- und harntreibender Inhaltstoff Cynarin bei Leberkrankheit einen günstigen Einfluß ausüben soll, weil nachzuweisen ist, daß sie den Leberstoffwechsel sowie die Entgiftung von Amoniak und die Bildung von Harnstoffen aktiviert.

Kürbis (Cucurbita pepo)

Die Heimat des **Kürbis** ist wahrscheinlich Mexiko. Als Neuheit findet er sich bei Fuchs erwähnt, der ihn türkisch Cucumer nennt. Nach einer Bemerkung von Mathias Lobel aus dem Jahre 1576 hat sich der Kürbis rasch in Deutschland eingeführt; Matthiolus findet ihn brauchbar bei Leber- und Nierenschäden, da er mit Wasser und Zucker vermischt den Stuhlgang fördert und bei Zugabe von Essig und Wein die Ruhr heilt. Die Samenkerne des Kürbis gelten in der Volksheilkunde als ein sicheres Mittel für Spul- und Bandwurmkuren. Worauf diese Wirkung zurückzuführen ist, ist fraglich. Für diesen Anwendungsbereich werden in den Apotheken von Braunschweig 1666 und Frankfurt 1687 Kürbissamen vorrätig gehalten. Gebrauch gemacht hat lange Zeit von dieser Anwendungsform die Tierheilkunde. Beim Menschen wird der Samen benutzt, um Harnentleerungsstörungen zu beeinflussen. Auch diese Anwendungsart kann nur als empirisch begründet angesehen werden. Über die Inhaltstoffe Vitamin E und Selen, da die anfallenden Mengen der beiden Substanzen nicht ausreichen, ist eine Wirksamkeit bei Harnentleerungsstörungen nicht belegbar.

Johannisbrot (Fructus Ceratoniae)

Zur Vorbeugung und Behandlung von Durchfallerkrankungen wird insbesondere in der Kinderheilkunde das **Johannisbrot** benutzt und zwar vor allem die getrockneten und gemahlenen Fruchtwände der Brotkerne, das Johannisbrotmehl. Der hohe Zuckergehalt und der angenehme Geschmack lassen die Frucht als Naschwerk und zur Herstellung von Fruchtsäften und vergorenen Getränken verwenden. Seine günstigen Auswirkungen bei Magenschmerzen und Verdauungsstörungen sind schon Dioscurides bekannt. Lonicerus gebraucht das Brot zusätzlich bei Husten und Lungenstörungen. Für diese Indikation verwendet es auch Johann Christian Schröder 1685. Nach Lorenz Phillip Geiger 1830 ist es ein Bestandteil des Augsburger Brusttees; zudem ißt man die Frucht gegen Sodbrennen. Im Orient, wo der Johannisbrotbaum beheimatet ist, hat man ihn weniger als Arznei, denn als Futtermittel geschätzt. Schon die alten Juden gaben die Frucht ihrem Vieh und Geiger erwähnt 1830 ebenfalls, daß das Johannisbrot in südlichen Ländern zum Füttern des Viehs verwendet wird.

Pflaumen (Fructus Prumi), Feigen (Fructus Caricae), Äpfel (Fructus Mali), Heidelbeere (Fructus Myrtilli)

Von den Obstsorten werden **Pflaumen** und **Feigen** als milde Abführmittel benutzt. An der Wirkung sind Fruchtsäuren beteilgt, deren Effect durch Pectine und zelluloseartige Bestandteile unterstützt wird. Umgekehrt gelten roh geriebene **Äpfel** wirksam bei Durchfällen. Günstig zu beurteilen sind getrokknete **Heidelbeeren,** denen wegen ihres hohen Gerbstoffgehaltes eine gute, stopfende Wirkung zukommt. Vorteilhaft wirkt sich aus, daß die Gerbstoffe in der Heidelbeere an Zucker gebunden vorliegen und somit der eigentlich wirksame Bestandteil erst langsam im Darm freigesetzt wird. Getrocknete Heidelbeeren können daher, ohne des Magen zu belästigen, ihre Durchfallhemmende Wirkung bis in die tiefer gelegenen Darmabschnitte ausüben. In den früheren Jahrhunderten finden sich über die medizinische Verwendung der Beeren spärliche Angaben. Bei Bock wird die Frucht bei Magenleiden und gegen langwierigen Husten und Lungenkrankheit eingesetzt. Lonicerus kennt als Anwendungsgebiete Blutspeien, Förderung der Gallenabsonderung und Bauchgrimmen. In den später erscheinenden Pharmakopöen, so beispielsweise in der Württembergischen aus dem Jahre 1741 sind die Heidelbeeren als ein Schleimhaut zusammenziehendes Mittel bezeichnet, das bei Durchfällen und zur Milderung von Fieberhitze anzuwenden ist. Eindeutig gibt Phillip Lorenz Geiger 1830 an, daß die trockenen Beeren bei Durchfällen zu verordnen sind. Den antiken Autoren ist offenbar die Heidelbeere nicht bekannt; erwähnt ist sie in der Physica der Heiligen Hildegard von Bingen.

Bittermittel (Amara)

Die volkswirtschaftliche Bedeutung vieler Pflanzen, welche eine charakteristische bittere Geschmacksempfindung auslösen, beruht auf ihrer Verwendung in der Lebensmittelindustrie wie im Haushalt sowie medizinisch auf ihrer verdauungsfördernden Wirkung.

Durch eine Erregung der Geschmacksnerven im Mund steigern sie reflektorisch die Speichel- und Magensekretion. Diese nimmt zu, wenn die Bitterstoffe in den Magen gelangen und wenn dann — zumal in Verbindung mit der Nahrungsaufnahme — eine zweite Phase der Sekretabsonderung in der Magenwand einsetzt.

Wermut (Artemisia absinthium), Enzian (Gentiana lutea), Tausendgüldenkraut (Erythrea centaurium), Kardobenedikte (Cnicus benedictus), Kondurango (Marsdenia condurango)

Ein charakteristischer Vertreter der Bittermittel ist der **Wermut,** der bereits in der griechisch-römischen Medizin als verdauungsförderndes und magenreinigendes Mittel gegen Bauchschmerzen, Blähungen und Appetitlosigkeit sowie Gelbsucht verordnet ist. Derartige Angaben finden sich übereinstimmend bei Hippokrates, Dioscurides, Plinius und Galen bis in die Kräuterbücher des 16. Jhdt. und dieser Anwendungsmodus hat sich bis in die Neuzeit nicht geändert. Die Indikation Gelbsucht gilt allerdimgs nicht mehr. In Deutschland taucht der Wermut mit Sicherheit im 9. Jhdt. auf. Zu dieser Zeit ist er im Hortulus des Mainauer Abtes Walafrid Strabus erwähnt und Hildegard von Bingen kennt ihn ebenfalls. Seit Ende des 15. Jhdt. bis in die Gegenwart bereitet man aus dem Kraut die Wermutweine und Liköre. Neben den Bitterstoffen enthält der Wermut ätherische Öle, die zur Absonderung der Verdauungssäfte beitragen. Aus dem Wermutöl bereitet man den berühmten Absinthlikör; sein Inhaltstoff Absinthin, seit 1861 durch Kromayer bekannt, kann bei chronischem Mißbrauch zu Ausfallserscheinungen im Zentralnervensystem bis zur Verblödung führen.

Ebenfalls zu alkoholischen Fertigpräparaten wird der **Enzian** verarbeitet. Seine Bitterstoffe regen über die Geschmacksempfindungen im Munde eine Steigerung der Magensekrete an. Die frühen griechischen Autoren, Theophrast und Hippokrates, kennen den Enzian nicht. Erst Dioscurides und Plinius sowie Galen empfehlen ihn als Antidot gegen giftige Tiere und Pest, sowie bei Magen- und Leberleiden. Das ganze Mittelalter werden diese Indikationsbereiche beibehalten, so bei Bock, Fuchs und Matthiolus. Ein besonderer Lobredner des Enzians ist Sebastian Kneipp. Ein jeder soll seiner Meinung nach ein Gärtlein besitzen und Salbei, Wermut und Enzian darin haben, dann hat er seine Apotheke gleich bei der Hand.

Außerordentliche medizinische Wirksamkeit wird zwei anderen Bittermitteln, dem **Tausengüldenkraut** und der **Kardobenedikte** zugeschrieben. Das Tausendgüldenkraut gilt seit Hippokrates durch das ganze Altertum als Panacee und kann sowohl gegen Krämpfe, Atemnot, Husten, Blutarmut, Leibschmerzen und Gebärmuttererkrankungen angewandt werden. Später ist Sebastian Kneipp noch bereit, es als Universalmittel einzusetzen. Übrig geblieben ist, daß es ein Bittermittel ist. Ähnlich wird die Kardobenedikte in den Kräuterbüchern des 16. Jhdt. überschwenglich als Allheilmittel gerühmt.

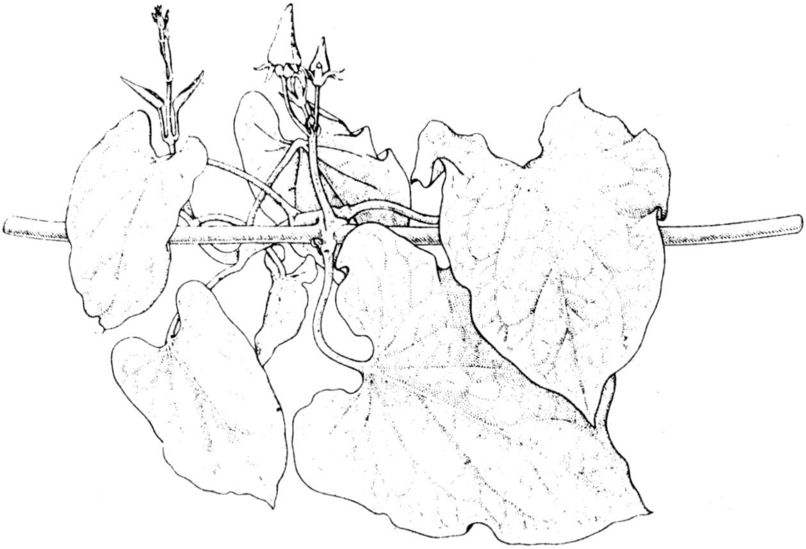

Die Kondurango – gezeichnet von Ruth Kilian aus Mansfeld, R.: Verzeichnis landwirtschaftlicher und gärtnerischer Kulturpflanzen, Band 2. Springer-Verlag, Berlin/Heidelberg/Tokyo 1986.

Johann Jacob Woyts meint in seiner Schatzkammer medizinischer und natürlicher Dinge 1767, daß diese Droge bei Herz- und Brustleiden, Fieber, Wurmbefall, Schwindel, Kopfschmerzen, Seitenstechen, Appetitlosigkeit, Störungen der Monatsblutungen und gegen giftige Tiere nützlich sei.

Noch 1872 berichtet M. Rosenthal in der Pharmazeutischen Zeitung, daß das Benediktenkraut bei Leberleiden, Hypochondrie, Hysterie und Katarrhen Verwendung finden kann. Jetzt wird es selten als Bittermittel benutzt und teilweise Kräuterlikören beigesetzt. Das bittere Prinzip Cnicin ist 1958 von F. und H. Korte isoliert.

Von der **Kondurangorinde** wird als Anekdote überliefert, daß eine Indianerin in Loxa ihren Mann mit der Rinde vergiften wollte und ihn auf diese Weise von seinem Krebsleiden heilte. Die Ärzte in Quito benutzten daher die Droge bei Krebsleiden und empfahlen sie außerdem gegen Syphillis. 1871 hat der Konsul von Äquador mit der Indikation Krebs und Syphilis erneut die Aufmerksamkeit auf die Kondurangerinde gelenkt. Es erwies sich jedoch, daß sie bei diesen Krankheiten wirkungslos ist und sie geriet daher in Mißkredit. Als Magenmittel und Apetitanreger ist der Kondurangowein von mäßiger Bedeutung. Der Bitterstoff – das Condurangin – hat 1885 Vulpius beschrieben. Es kann in hohen Dosen gegeben, beim Menschen Krämpfe und nachfolgende Lähmungserscheinungen auslösen.

Gewürze und andere magenstärkende Drogen
Safran (Crocus sativus)

Unter allen Gewürzen ist in den früheren Jahrhunderten dem **Safran** eine besondere Bedeutung zugemessen. Er wurde nie billig gehandelt und es gab frühzeitig Versuche, ihn zu verfälschen. Das führte 1441 in Nürnberg zur Einstellung eines Prüfers und Kontrolleurs und als man 1499 zwei Safran-Fälscher, Hans Kälble und Lienhard Frey ertappte, wurden sie lebend verbrannt. Einem anderen Safranfälscher ließ man beide Augen ausstechen und 1551 erließ sogar der Reichstag in Augsburg ein eigenes Verbrauchsschutzgesetz gegen die Safranschmierer.

Der Safran ist eine große Droge der Antike, die bis zur Gegenwart Bedeutung erhalten hat. Sie galt vielfach als ein Antidot, das man gegen alle möglichen Gifte in Mischungen mit anderen Pflanzenstoffen einsetzen konnte. Derartige Zubereitungen sind von Zopyros, der um 180 n. Chr. am Hofe der Ptolemäer lebte und der sein Geheimmittel an Verbrechern probieren ließ, so-

Crocus saffran Capitulum cxxj.
Crocus latine et grece / arabice iamfaran. Serapio in dē
bůch aggregatoris in dem capitel iamfaran beschreibet
vns von dem saffran vnnd spricht das das der best seye
der frisch vñ new sei vnd d' hat ein hübsche farb a. so das die her
lin weiß farsind vō farben mit einer rot vermischt vñ sol sich nit
bald lassen brechen vnd wann man den zwischen den hendē reib
et so ferbt er dye hend rot vnnd soll sein eines gütten geroches.

Der Safran – Abbildung aus Schöfferschen „Gart der Gesundheit“ Augsburg 1486 wie Herenius Philo aus Tarsus (gegen 50 n. Chr.) überliefert. Eine weitere Angabe, so berichtet Oreibasios, ist die Vorschrift der Hiera Rufi, eines Geheimmitels, das zum Vorläufer der sogenannten Rufuspillen wurde. Diese wurden noch 1652 gegen den schwarzen Tod als Allheilmittel eingenommen und sie enthielten nichts anderes wie Safran, Aloe und Myrrhe.

Nach Plinius nützt der Safran bei Magengeschwüren sowie bei Leber-, Brust- und Nierenleiden. Außerdem schützt der vor Trunkenheit. Dioscurides und die Kräuterbücher sprechen ihm ähnliche Qualitäten zu. Leonhard Fuchs bemerkt zusätzlich, daß der Safran zur Unkeuschheit reizt. Die medizinische Verwendung nimmt in späteren Jahrhunderten derart zu, daß 1670 ein eigenes Buch, die Crocologia des J. F. Hertodt in Jena, erscheint, in der vielseitige Verwendungszwecke aufgeführt werden. Mit Rosenöl und Opium vermischt gibt man Safran den Frauen bei ihren Wehentagen. Eine ähnliche Mischung taucht 1798 in der Preußischen Pharmakopoe als Tinctura opii crocata auf. Sie wird noch 1872 in der ersten Auflage des Deutschen Arzneubuches und bis zur sechsten Auflage 1926 geführt. Diese Rezeptur ist inzwischen obsolet geworden. Das gleiche gilt für die gesamte arzneiliche Wirkung des Safrans. Übrig bleibt als Verwendungszweck sein Gebrauch als Färbemittel und als Geschmacksverbesserer.

Der Hauptfarbstoff des Safrans, das Crocetin, vermag im Tierexperiment bei prophylaktischer Anwendung einen künstlich erzeugten Anstieg des Cholesterinspiegels zu verhindern; diese Beobachtung hat bisher zu keiner therapeutischen Konsequenz geführt.

Javanische Gelbwurz (Curcuma domestica)

Die Javanische Gelbwurz ist eine zweite Droge, die in sich die Eigenschaften eines Farbstoffs, eines Gewürzes und eines Arzneimittels vereinigt. Alcs Gewürz liefert sie neben anderen Drogen die Inhaltsbestandteile des Curry. Den Malayen gilt sie seit langem als ein Mittel gegen Leberleiden insbesondere solchen, die sich nach einer Malaria-Infektion einstellen können. Im europäischen Bereich ist sie bereits bei Dioscurides und Plinius erwähnt; sie geben an, daß in Indien eine Pflanze existiert, die beim Kauen den Speichel safranähnlich färbt. Nach Ibn Baitar ist sie bei Krätze und Geschwüren nützlich. Nach Lonicerus vertreibt sie die Gelbsucht und die Verstopfung der Leber. Seit 1475 bzw. 1582 ist sie in den Apothekenbüchern in Lüneburg und

Worms als Arzneimittel bei Leberleiden zu finden. Als heutige Indikationen gelten nach wie vor entzündliche Erkrankungen der gallenwege und der Gallenblase, da der Farbstoff Curcumin gallentreibende Eigenschaften besitzt.

Kümmel (Carum carvi)

Der Kümmel ist im Norden beheimatet und im Altertum nicht bekannt. Die Römer brauchten den Kreuzkümmel als Gewürz, dessen Name Cuminum im Mittelalter auf den Kümmel übertragen wurde. Sicher erwähnt ist die Droge 1563 bei Matthiolus und sie wird von ihm als wirksam bei Magenleiden und Blähungen aufgeführt. Diese Indikation kennt auch Bock und sie ist noch heute gültig. Die von Lonicerus geschätzte Einsatzmöglichkeit bei der roten Ruhr und seine Empfehlung, den Kümmel äußerlich bei Erkrankungen der Atem- und Harnwege einzusetzen, ist nicht mehr akzeptabel.

Ingwer (Zingiber officinale)

In China und Indien gehört der **Ingwer** seit jeher zu den geschätzten Gewürzen. Er kommt von dort im Altertum auf dem Seewege durch die Vermittlung der Araber nach Griechenland und Rom und er wird in der Neuzeit durch die Spanier nach Amerika verpflanzt. Wahrscheinlich ist er bei Dioscurides als ein verdauungsförderndes Mittel aufgeführt und dem Theriak des Andromachus beigemischt. Eindeutig erscheint er im 6. Jhdt. in der byzantinischen Literatur bei Aetius und im 9. Jhdt. bei den Arabern, so bei Ishac ben Amran. Bei Lonicerus ist er eine magenstärkende Arznei; äußerlich auf den Magen gelegt, ist er heilsam. Im Museum Museorum oder der vollständigen Schaubühne aller Materialien und Spezereien weiß Micheal Bernhard Valentini 1704 zu berichten, daß der meiste Ingwer damals aus Amerika nach Europa gelangt. Die Empfehlungen sind zu dieser Zeit, heilsam bei Wassersucht, Schwindel und Zusatzmedikament für Abführmittel. Nach Johann Christian Schröder (1685) wirkt er kräftig gegen Blutspeien und Koliken. Seit Ende des 19. Jhdt. wird er häufiger in der Küche als in den Apotheken benutzt und die alten Tinkturen, denen er beigesetzt war, sind kaum noch üblich.

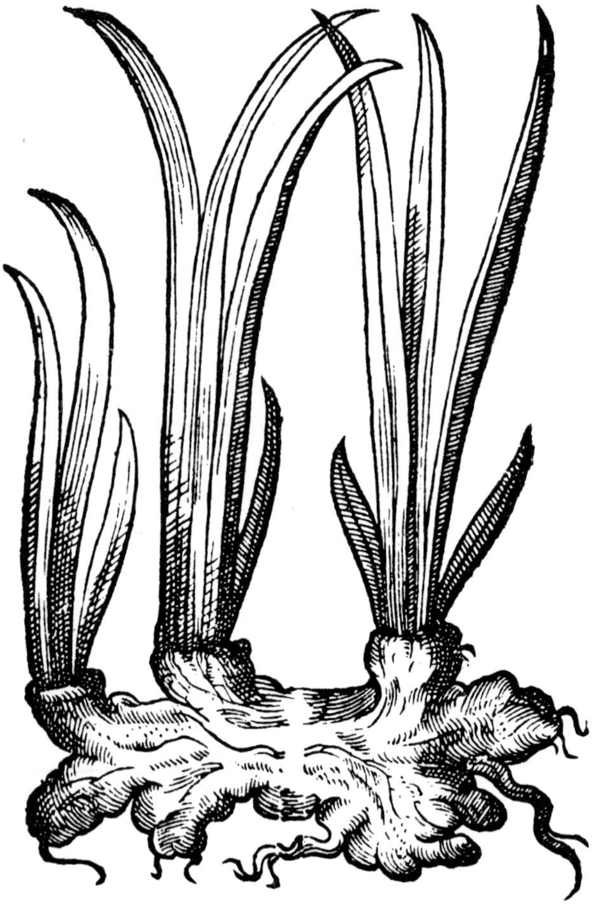

Der Ingwer – Abbildung aus dem Kreüterbuch des Adamus Lonicerus, Franckfurt 1679

Neuerdings hat sich bei einem Versuch an gesunden Probanden nachweisen lassen, daß Ingwerpulver Drehschwindel wirksam zu bekämpfen vermag. Erfahrungen, ob es als Vorbeugungsmittel gegen die Reisekrankheit brauchbar ist liegen bisher nicht vor.

Pfeffer (Piper longum)

Der **Pfeffer,** ein viel verwendetes Gewürz, hat keine nennenswerte arzneiliche Bedeutung mehr. Früher wurde er vielfach als magenstärkendes und auswurfförderndes, sowie fieberbekämpfendes Mittel benutzt. Interessant ist lediglich, daß Strabon (66 v. Chr.-24 n. Chr.) als Stapelplatz für die Lieferung des Pfeffers einen Ort Aualites in der Enge von Aden nennt und daß man in den julianischen Pandekten um 180 n. Chr. die indische Ware für zollpflichtig erklärt. Nach Plinius kostet damals ein Pfund Pfeffer 15 Drachmen.

Senf (Sinapis alba)

Columella im 1. Jhdt. n. Chr. verdanken wir einen Bericht über die Kultur der **Senfpflanze,** sowie eine Anleitung zur Bereitung des Tafelsenfs, den die Römer als Gewürz schätzen. Für Tafelgenüsse ist er in den Klostergärten angepflanzt, wie wir für das Kloster Saint Germain des Près in Paris um 800 und St. Gallen wissen. Eine äußerliche Anwendung in Breiumschlägen und Senfpakkungen hat schon Pythagoras um 580 v. Chr. mit großem Erfolg geübt und in der gleichen Weise benutzen die arabischen Ärzte sowie die Kräuterbücher den Senf äußerlich als Pflaster. Innerlich gilt er als Wurmmittel sowie bei Lepra, Milzschwellung und Ischias wirksam. Als Haarwuchsmittel ist er bei Bock erwähnt. Heute macht man wenig Gebrauch von Senfpflastern. Als Gewürz löst er eine Reihe von Effekten aus; er steigert die Speichelmenge, regt die Magendrüsentätigkeit an und verbessert die Motorik in Darm und Gallenblase.

CXXV

SINAPIS

Sinapis eſt calida & ſicca in quarto gradu. Et ei' duplex
eſt ſpēs. una ē cuius ſemina exterius ſunt ſub nigra: int...
uero alba. Alia cuius ſemina exterius & interius ſunt alba
& habent unam uirtutem ſed prima ſpeties ē acutior ſecū
da. Et ē eligendum illud q̄d non ē nimis ſiccum nec exte
nuatum & ſit granum groſſum & ſi frangitur eſt album.
Virtus foliorum ē ulceratiua propter hoc pungit multū
quando teritur & miſcetur cum radice enule puluerizate
& dimittatur per horaʒ & confert ſciatice ulceroſe. Et quā
do miſcetur cum oleo lauri & ide linitur ſcabies ulceroſa

Der Senf – Abbildung aus Leonardus Achates de Papia, Venedig 1491

Melisse (Melissa officinalis)

Die **Melisse** ist erstmalig bei Theophrast (370-287 v. Chr.) ohne Angaben über ihre medizinische Verwendbarkeit beschrieben. Vorschläge dieser Art erscheinen bei Plinius (23-79 n. Chr.) und Dioscurides (etwa 50-80 n. Chr.) jeweils mit der Indikation Bauchgrimmen und Dysenterie. Als vorzügliches Mittel gegen Verdauungsstörungen bezeichnen sie Serapion (850-900) und Avicenna (980-1037), denn sie hilft dem kalten Magen auf. Ein Lob erteilt Isaac Judaeus insbesondere ihrem Aroma, das den Magen stärkt und den Appetit anregt. Bei Hildegard von Bingen (1098-1179) wärmt sie die inneren Organe und ist gut bei Verdauungsstörungen. Im Lehrgedicht Macer Floridus (11./12. Jhdt.) hilft sie bei Magen- nd Darmschmerzen. Sie beruhigt die Winde, kräftigt den Magen, löst die Verstopfung und die Verkrampfung der Eingeweide. Matthiolus (1500-1577) schreibt: „es ist der Melisse eigen, daß sie die Verdauung unterstützt und bei feuchtem und kaltem Leib hilft." Nach Christoph Wilhelm Hufeland (1762-1830) ist sie besonders bei Magenschmerzen und Bauchkrämpfen nützlich; und so wird sie weiterhin als Stomachicum und Carminativum, besonders in Teegemischen angewandt.

Der von den barfüßigen Karmelitern 1611 in Paris als Geheimmittel eingeführte Karmelitergeist – Spiritus Melissae compositus – wird noch zu Anfang des 19. Jhdt. in diesem Kloster unter Aufsicht des Klosterapothekers Pater Elias Coen zur Behebung von Übelkeit, Magenstörungen und leichten Ohnmachten angefertigt. Im Klosterfrau-Melissen-Geist ist die Melisse eine von vielen Drogen, die insgesamt in der alkoholischen Flüssigkeit enthalten sind.

Fenchel (Foeniculum vulgare)

Der **Fenchel,** im Papyrus Ebers zum Aufweichen verklebter Lider empfohlen und im chinesischen Arzneibuch Pen Ts'ao gegen Kolik angewandt, ist in der griechisch-römischen Literatur ein Mittel bei Magenleiden und Menstruationsstörungen. Durch die Benediktiner wird er über die Alpen gebracht und in allen Kräuterbüchern als Magenstärkungsmittel und zur Vertreibung von Blähungen und Verstopfungen eingesetzt. Daneben soll er nach diesen Autoren gut bei schwerem Atem und bei Asthma sein, eine Indikation, die Sebastian Kneipp bevorzugt. Heute wird er vornehmlich in der Kinderpraxis als Fenchelhonig und Fenchelsirup zur Förderung des Auswurfs gebraucht. Fen-

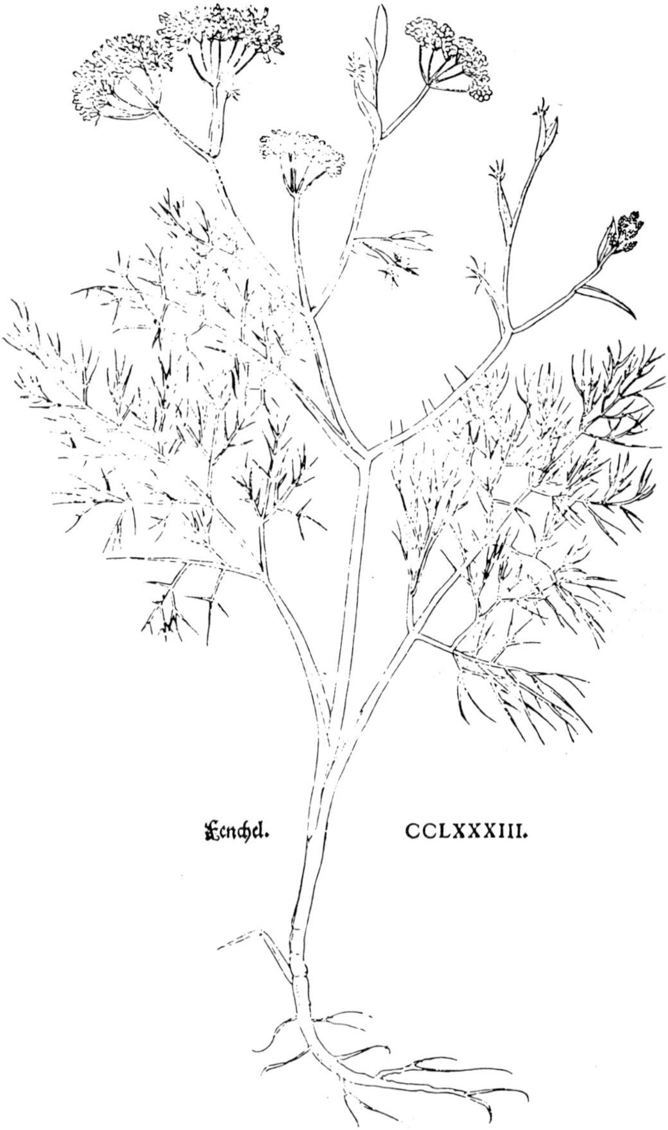

Der Fenchel – Abbildung aus Leonhart Fuchsens New Kreüterbuch, Basel 1543

chelöl bzw. Teezubereitungen sind auch als appetitanregende Mittel dienlich. Als Ausgangsmaterial wird bei allen arzneilich verwendeten Zubereitungen der Fenchelsamen extrahiert.

Knoblauch (Allium sativum)

Knoblauch ist seit Jahrtausenden als Gewürz in Ägypten, Persien, Indien und Phönizien beliebt. Daneben schreibt man ihm seit ältester Zeit heilende Kräfte zu. Dies berichten Susruta in Indien, Abu Mansur in Arabien, Hippokrates in Griechenland, Plinius in Rom und ebenso die Kräuterbücher des Mittelalters. Die Anwendungsgebiete sind Magenstörungen, Flatulenz und Bauchkoliken. Noch heute werden Knoblauchpräparate zur Behandlung von Magen- und Darmerkrankungen gebraucht. Begründet ist dies durch das Vorkommen antibakterieller Wirkstoffe. Die geruchlose Vorstufe Alliin zeigt zwar keine antibakterielle Wirksamkeit. Werden die Zellen des Knoblauchs beim Zerreiben der Droge verletzt, so wird unter der Einwirkung eines Fermentes, der Alliinase, das Alliin zum bakterizid wirksamen Allicin abgebaut. Zu dem Darm desinfizierenden Effekt stellt sich zusätzlich unter der Einwirkung des Knoblauchöls eine Förderung der Gallenabsonderung und eine Entspannung der Darmmuskulatur ein.

Muskatnuß (Myristica fragans)

Die **Muskatnuß** hat in früheren Jahrhunderten mehrfach Vergiftungen verursacht, weil sie in hoher Dosis angewandt, zur Abtreibung der Frucht genutzt wurde. Nimmt man zwei zermahlene Muskatnüsse ein, so führt dies nach einer langen Zwischenzeit von mehreren Stunden zu einem Verlust des Raum-und Zeitgefühls nebst dem Empfinden der Schwerelosigkeit und des Schwebens. Dazu kommen körperliche Symptome mit Pulsbeschleunigung, Durstgefühl, Trockenheit im Mund u. a. Die Inhaltstoffe der Muskatnuß, die diese Vergiftungserscheinungen bewirken werden erst im menschlichen Organismus umgewandelt, um den Rausch zu verursachen. Dies ist der Grund daß es zwischen der Einnahme mehrere Stunden dauert, bis die krankhaften Zustände sich einstellen.

Der Knoblauch – Abbildung aus Hortus Sanitatis de Herbis Cap. XIII, 1511

Die Muskatnuß ist nicht nur ein beliebtes Gewürz, sie galt viele Jahrhunderte lang als ein wichtiges Arzneimittel. Sie unterlag wie viele andere Drogen der Zollpflicht und wurde teuer gehandelt. Eindeutig erwähnt ist sie medikamentös bei Aetius im 6. Jhdt. sowie Ishaac ben Amran im 9. Jhdt. Bei Lonicerus gilt sie als magenstärkendes Mittel und Johann Christian Schröder hält sie 1685 bei Magenstörungen und Erbrechen für dienlich. 1874 meint Hager, daß sie selten als Bestandteil von Arzneimitteln geführt wird; dies gilt noch heute.

Süßholz (Glycyrrhiza glabra)

Der süßschmeckende Saft der **Süßholzwurzel,** die **Lakritze,** wird zur Geschmacksverbesserung von Arzneien sowie für die Likörbereitung und als Schaummittel in Limonaden benutzt. Das süß schmeckende Prinzip ist das Glycyrrhicin, das 50 mal süßer als Rohrzucker ist. Es entfaltet in entsprechender Dosis angewandt arzneiliche Qualitäten. Neben seinen schleimverflüssigenden und auswurffördernden Eigenschaften gilt für das Glycyrrhicin als erwiesen, daß es Magen- und Dünndarmgeschwüre zu beeinflussen und zu heilen vermag. Die günstigen Auswirkungen auf die Schleimhautgeschwüre werden durch den 2. Bestandteil des Süßholzsaftes unterstützt, das Liquiritin, das krampflösende und entspannende Effekte auf die Magen- und Darmmuskulatur ausübt.

Eine Empfehlung des Lakritzensaftes gegen Magenschmerzen findet sich bereits bei Dioscurides. Das gleiche wissen Lonicerus und Bock zu berichten. Auf seine Verwendbarkeit bei Magengeschwüren weist in England Nicholas Culeper (1616-1654) hin. Die Nutzbarkeit des Süßholz gehört offenbar für diese Indikation in der Folgezeit zum allgemeinen Wissensgut. Von Napoleon, der lange Zeit an einer Magenverstimmung leidet, ist bekannt, daß er ständig in einer kleinen Schildpattdose Süßholzstückchen bei sich trug und durch das häufige Kauen des Holzes dunkle Zähne bekam. Erstaunlicherweise gingen diese Erkenntnisse aber im Laufe des 19. Jhdt. verloren. Erst eine Zufallsbeobachtung aus dem Jahre 1946 in Holland macht wieder auf die günstigen Effekte des Süßholzextraktes bei Magenbeschwerden aufmerksam, als der Apotheker Revers beobachtet daß die Magenpatienten seines Bezirkes eine Spezialität besonders loben, welche Süßholz enthät. Nachprüfungen bestätigen, daß die Abheilungszeit von Magengeschwüren durch diese Therapie verkürzt wird. Revers bemerkt zugleich, daß die Ulcuskranken des öfteren ein aufgedunsenes Gesicht bekommen. Es beruht auf einer Wasseransammlung, die zu Ödemen der unteren Gliedmaßen führen kann. Diese ungünstigen Auswirkungen der Süßholz-Medikation sind inzwischen aufgeklärt. Die in der Pflanze enthaltenen Stoffe, insbesondere das Glycyrrhizin können im Körper des Menschen Wirkungen entfalten, die denen der Hormone der Nebennierenrinde entsprechen. Sie verlängern einerseits die Lebensdauer der Magenschleimhautzellen und vermindern ihre Säureproduktion, führen andererseits — zumal bei Überdosierung — zu einer Wasser- und Kochsalz-Retention, welche zur Entstehung von Ödemen führt.

Kamille (Matricaria chamomillae)

Ebenso sind zur Behandlung von Magenschleimhautentzündungen und Magengeschwüren **Kamillenauszüge** geeignet. Im Tierexperiment hat sich eindeutig ergeben, daß sie Magengeschwüre zur Abheilung bringen. Für diesen Effekt ist der Inhaltstoff Bisabolol maßgeblich. Zudem wirkt sich für die Kamille günstig aus, daß ein weiterer Inhaltstoff, das Chamazulen und seine Vorstufe, das Matrizin, entzündungswidrig und krampflösend wirken. Daher eignen sich Kamillenauszüge bei innerlicher Anwendung insgesamt zur Behandlung zahlreicher Krankheitszustände. Sie werden deshalb zusätzlich in Spülungen, Umschlägen und Inhalaten bei Katarrhen und Entzündungen der Schleimhäute für den Bereich des Nasen-Rachenraums, der Nebenhöhlen, der Bronchien und der Genitalien eingesetzt.

Erste verbürgte Nachrichten über diese Droge finden sich bei Dioscurides und Plinius, die sie gegen Blähungen, Darmverschlingungen, Gelbsucht und Leberleiden sowie bei Blasenentzündungen und zur Förderung der Menses benutzen. Außerdem verwenden sie sie zu Umschlägen. Die gleichen Anwendungsarten kennen die Kräuterbücher. Nach Lonicerus reinigt die Kamille mit Honig gegeben, die Gedärme und heilt Geschwüre im Mund und Magen; sie vertreibt den Husten und kann äußerlich bei Magenschmerzen eingesetzt werden. Johann Christian Schröder benutzt sie ebenfalls bei Bauchschmerzen, sowie als harn- und monatsflußförderndes Mittel. A. J. L. Jourdan weist ihr 1828 in seiner Pharmacopée universelle nerven- und krampfstillende Wirkung zu. Als Tee, als Tinktur und Extrakt ist die Kamille ein vielseitig bewährtes Arzneimittel geblieben, wenn ihr auch nicht alle Indikationsgebiete zuzuweisen sind, die die alten Mediziner für angezeigt hielten.

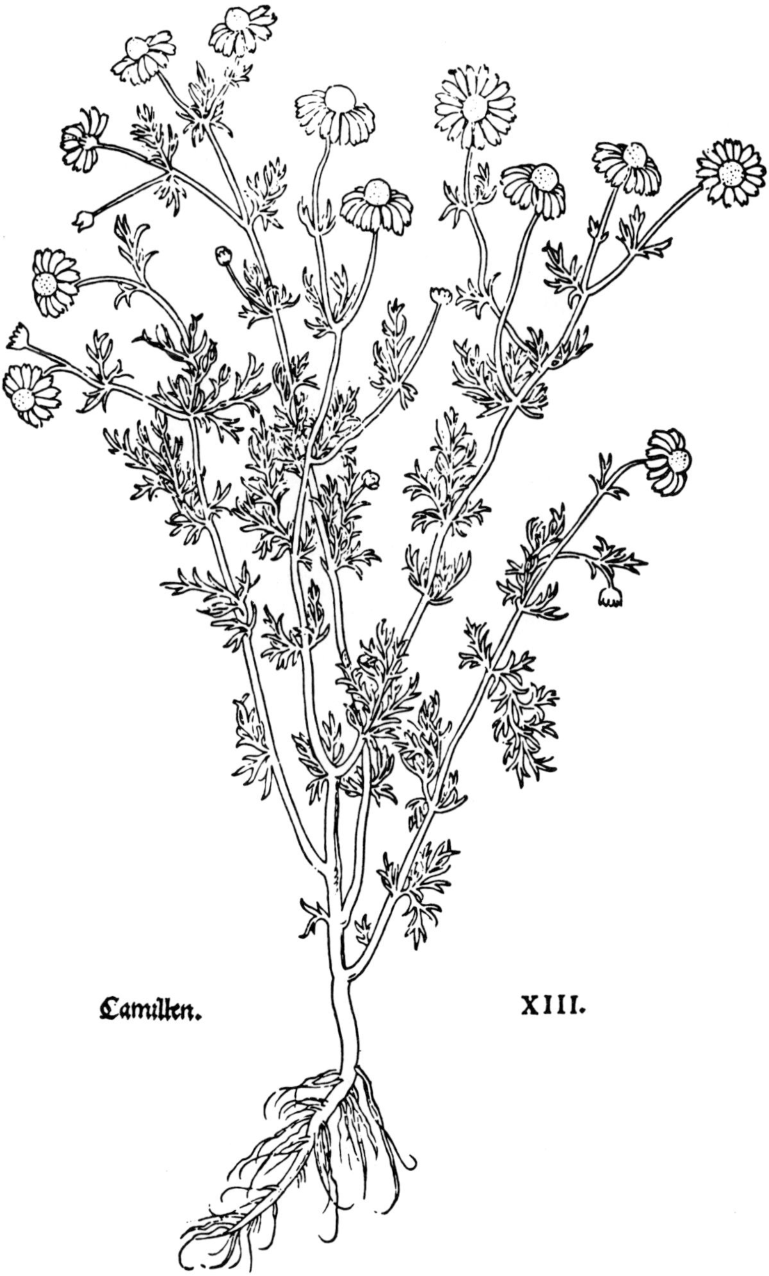

Die Kamille – Abbildung aus Leonhart Fuchsens New Kreüterbuch, Basel 1543

Der Wacholder – Abbildung aus Leonhart Fuchsens New Kreüterbuch, Basel 1543

13. Von etlichen Nieren- und Blasenarzneien

Drogen, welche beim Menschen ohne größere Wasserzufuhr die Menge des ausgeschiedenen Harns vermehren, werden bei Th. Husemann in seinem Handbuch der Arzneimittellehre aus dem jahre 1874 als Nephrica bezeichnet. Sie sollen therapeutisch zur Ableitung ödematöser Wasseransammlungen eingesetzt werden. Hierzu zählt der Autor außer Digitalis und der besonders hoch geschätzten Scilla eine Reihe von Pflanzen, welche als Inhaltstoffe Saponine oder ätherische Öle enthalten. Diese Drogen werden in der modernen Medizin in der Regel als Tee verabreicht, so daß bereits durch die Zufuhr einer größeren Wassermenge die Harnentleerung gesteigert wird. Zusätzlich kann bei einer verstärkten Durchströmung des Nierengewebes durch die verabreichten pflanzlichen Wirkstoffe, soweit sie in den Bereich der Harnwege gelangen, die Nierentätigkeit angeregt werden. Außerdem sind Blasentees nützlich, wenn durch eine vermehrte Harnausscheidung der Abgang von Nierengrieß und die Abnahme der Bakterienkonzentration im Urin erreicht werden soll.

Wacholder (Juniperus communis), Hauhechel (Ononis Spinosa), Ackerschachtelhalm (Equisetum arvense)

Zu den nachweislich ältesten harntreibenden Mitteln gehört der **Wacholder** der schon im Papyrus Ebers etwa 1550 v. Chr. gegen Harnleiden und Wassersucht empfohlen wird. Ebenso kennt ihn Dioscurides, der weiterhin die **Petersilie** und den **Schachtelhalm** als harntreibendes Mittel bezeichnet. Das gleiche weiß Scribonius Largus im 2. Jhdt. n. Chr. über den Wacholder und die Petersilie zu berichten. Die letzt genannte Droge findet auch bei Hippokrates, Galen und Plinius Erwähnung, der zusätzlich noch den Schachtelhalm anführt. Daneben wird bei Dioscurides, Plinius und Galen der **Hauhechel** bei Nierensteinleiden benutzt, eine Indikation, die lange Zeit vergessen ist und der es erst Mathiolus 1586 wieder Beachtung schenkt.

Die Väter der Botanik Bock, Fuchs, Matthiolus und Lonicerus schreiben von all diesen Pflanzen, daß sie den Harn treiben. Für den Wacholder berichten ebenso Paracelsus sowie später Albrecht von Haller (1755) und Friedrich von Hecker (1814). C. W. Hufeland schätzt diese Droge überaus wegen ihrer diuretischen Wirkung (1842), während C. Ch. Carus (1860) sie für wenig wirksam hält. Die **Hauhechel** wird 1546 im Buch der Volksarzneikunde des gebildeten Pfarrers Johann Friedrich Ossiander erwähnt und Joachim Camerarius (1534-1598) schreibt von ihr, daß ihr Name davon rühre, dieweil sie so tief in der Erde wurzelt, muß sie mit der Haue = Hacke ausgereutet werden. Vom Schachtelhalm ist weiter zu berichten, daß seine Anwendung nach Fuchs und Lonicerus bei Steinleiden angezeigt ist. Die Anregung der Harnsekretion bestätigt Geiger 1830 wie auch der Pfarrer Sebastian Kneipp (1821-1897), der seinen Wassersucht-Tee mit dieser Indikation anpreist. Dioscurides sowie Albertus Magnus (1193-1280) wissen zudem, daß der Schachtelhalm blutstillend wirken kann; das gleiche hat Hieronymus Brunschwig (1450-1512) beobachtet.

Petersilie (Petroselinum sativum)

Die **Petersilie** nimmt unter den harnfördernden Drogen eine Sonderstellung ein, da sie früher mißbräuchkich zu Abtreibungen verwendet worden ist. Sie enthält Apiol, das über eine Reizung der Schleimhäute im Magen-Darmtrakt zu starker Blutfüllung im Beckenraum führt. Der Anbau der Pflanze im nördlichen Europa ist von Karl dem Großen gefördert; in seinem Capitulare aus dem Jahre 795 sowie in einem Bauriss des Klosters St. Gallen aus dem Jahr 820 ist ihre Anpflanzung erwähnt.

Liebstöckel (Levisticum officinale)

Zur gleichen Zeit erscheint in den Verordnungen Karls des Großen der **Liebstöckel,** dessen Verwendung als harntreibendes Mittel im Altertum nicht nachweisbar ist. Die Äbtissin Hildegard von Bingen nennt ihn Lubestuckel. Empfehlungen über eine therapeutische Verwendung von Wurzel und Frucht finden sich im Lehrgedicht Macer Floridus aus dem Jahr 1140. Nach Leonhard Fuchs treibt die Wurzel, gesotten und getrunken, den Harn und der Samen zermalmt den Stein. Weitere Angaben über die harntreibenden Eigenschaften finden sich bei Lonicerus sowie 1742 bei Johann Wilhelm Weinmann in seiner Phytanthoza iconographica aus dem jahre 1742. Hufeland behandelt 1842 häufig seine Hydropspatienten mit dieser Droge und man macht vielfach den Liebstöckel sogar zu einem wahren Universalmittel wider jeglichen Gebrechen.

Birke (Betula verucosa)

Hildegard von Bingen kennt weiterhin die **Birke,** verwendet sie aber lediglich zur Behandlung von Wunden und hartnäckigen Geschwüren. Ihr Saft, der durch Anzapfen der Rinde im Frühjahr gewonnen wird, soll nach Bock und Lonicerus „gut wider den Stein“ sein. Die Eignung bei Nieren- und Blasenleiden betont Matthiolus. Später bedient sich Jacob Reinhold Spielmann in Straßburg (1722-1783) des Birkensaftes als Blutreinigungsmittel. Die Gewinnung dieses Saftes ist von Konrad von Meggenberg (1309-1374) beschrieben worden.

Goldrute (Solidago virgaurea)

Tabernaemontanus (1530-1590) fügt den harntreibenden Drogen als weitere Pflanze die **Goldrute** hinzu. Nach Johann Christian Schröder löst sie jeglichen Stein auf, so steht es in seiner Pharmakopoea medico-physica 1669. Rademacher schreibt in seiner Erfahrungslehre 1859, daß sie gut bei Nierenleiden anzuwenden ist.

Katzenbart (Orthosiphon stamineus)

In Java gehören Teezubereitungen aus dem **Katzenbart,** seit langen zum Arzneischatz bei Nierenleiden. Die dort ansässigen Europäer lernen sie im letzten Jahrhundert kennen und führen sie in Holland mit der gleichen Indikation ein. In Deutschland ist die Droge durch eine Veröffentlichung von A. Gürber 1927 bekannt geworden, und sie wird seitdem als Durchspülungsmittel der ableitenden Harnwege benutzt.

Bruchkraut (Herniaria glabra)

Wenig Gebrauch macht man – wie schon Phillip Lorenz Geiger 1830 angibt – vom **Bruchkraut,** dessen Wirksamkeit bis heute nicht ausreichend belegt ist. Als Verwendungsgebiet gelten in früherer Zeit, wie Bock 1539 und Dodonaeus (1517-1585) behaupten, Steinleiden und Wassersucht.

Alle diese harntreibenden Pflanzenmittel spielen in der officinellen Medizin nur eine untergeordnete Rolle zur Durchspülungsbehandlung der ableitenden Harnwege, bei bakteriell entzündlichen Krankheiten und zur Beseitigung von Nierengriess. Bei vielen anderen Heilanzeigen sind sie durch die modernen synthetisch gewonnenen Diuretika verdrängt worden, weil diese mit weit höherer Effektivität eine Harnflut bewirken. Ähnlich gilt bei der Behandlung von Blasen- und Harnröhrenkatarrhen, daß Blasentees mit pflanzlichen Drogen als unterstützende Mittel nützlich sein können; ihr Platz ist durch die Chemo-Therapeutika weitgehend eingeengt worden.

Bärentraube (Arctostaphylos uva ursi)

Keimtötende Eigenschaften im Bereich der Harnwege werden unter den pflanzlichen Mitteln den **Bärentraubenblättern** zugeschrieben. Diese Arzneipflanze ist in Nordeuropa beheimatet; sie wird erstmalig im Meddygon Myddfai, einem Arzneibuch aus Wales, erwähnt das im 13. Jhdt. entstanden sein muß. Sie erscheint erneut in der Rarirorum planratum historia von Carolus Clusius im Jahre 1609. Benutzt wird sie erst im 18. Jhdt. von Quer 1763 in Spanien und von Girardi 1764 in Italien. In Wien hat sich besonders A. de Haen für sie 1758 auf der Basis von Selbstversuchen eingesetzt. Bei F. von Hecker 1814, J. C. H. Carus 1860 und C. W. Hufeland 1842 wird sie mit der heute gültigen Indikation als Behandlungsmittel für Harnwegsinfektionen geführt. Die Bärentraube besitzt keine idealen antibakteriellen Eigenschaften, da sie nur im alkalischen Milieu wirkt. Dieses ist im Harn schwierig aufrecht zu erhalten.

Brennessel (Urtica dioica)

Zur Bekämpfung von Harnentleerungsstörungen werden neuerdings **Brennesselextrakte** empfohlen; sie sollen den Hormonhaushalt der Prostatadrüse

Die Bärentraube – Abbildung aus Historia Rariorium Plantarum von Carolus Clusius, Antwerpen 1601

günstig beeinflussen und damit Behinderungen des Harnflusses beseitigen. Die Brennessel ist eine alte Arzneipflanze, die von Dioscurides als menstruationsförderndes und harntreibendes Mittel bezeichnet wird. Das gleiche geben Abu Mansur und Bock für ihre Verwendung an. Matthiolus behauptet zudem, daß sie Harnsteinbildung verhüten kann. In seiner Erfahrungsheillehre 1859 nennt Rademacher sie ein Nierenmittel, das er zusätzlich bei Husten und Hautausschlägen einsetzt. In den frühen Stadien der Prostatavergrößerung kann die Gabe dieser Droge versucht werden; sie kann keine Rückbildung erzielen, aber das Fortschreiten der Krankheit verzögern.

Kürbis (Cucurbita pepo)

Bei den gleichen Beschwerden sollen **Kürbissamen** günstig wirken. Für diese Droge ist unsicher, welcher Wirksamkeit bestimmender Inhaltstoff diesen Effekt auslösen soll. In der älteren Literatur ist dieser Anwendungsbereich unbekannt. Bock bringt in seinem Kräuterbuch eine unbeholfene Zeichnung, während Matthiolus den Flaschenkürbis und den indianischen Kürbis hübsch abbildet und von seiner Kraft und Wirkung bei der roten Ruhr, hitzigen Fiebern und Husten berichtet. In der Volksmedizin gelten die Samenkerne als ein sicheres und harmloses Mittel gegen Spul- und Bandwürmer.

Die Pflanzlichen Nieren- und Blasentees können somit insgesamt höchstens als unterstützende Maßnahmen eingeschätzt werden. Sie werden daher neuerdings nicht als Diuretika, sondern als Aquaretika bezeichnet.

Färberkrapp (Rubia tinctorum)

Dem **Färberkrapp** ist ein besonderer Verwendungszweck vorbehalten. Er soll die Bildung von Nierensreinen aufhalten und verzögern. Einst galt er als eine geschätzte Farbstoffdroge, bis 1869 das Allizarin, ein synthetisch gewonnener Farbstoff, den Lieferanten des Türkischrot ablöste. Im Färberkrapp sind nahe Verwandte des Allizarin enthalten. Bei der therapeutischen Anwendung von Krappwurzel-Präparaten gehen die Farbstoffe in den Harn über, dabei färbt er sich rot. Zugleich verhütet die Ruberythrinsäure, der Hauptwirkstoff der Droge, die Ausfällung von Calcium-Phosphaten und Oxalaten und kann damit die Bildung von Harnsteinkonkrementen verzögern.

Die arzneiliche Verwendung des Krapp's beginnt mit Hippokrates und den römischen, medizinischen Autoren, die insgesamt ihm einen harntreibenden Effekt und eine Wirksamkeit gegen die Gelbsucht zuschreiben. Die Arztbotaniker des 16. Jhdt. geben dasselbe an. Leonhard Fuchs behauptet daß die Harnflut mit so großer Gewalt einsetzen kann, daß zuweilen der Harn blutig wird. Als weitere Verwendungszwecke nennt er Hüftleiden; auch gegen den Biß giftiger Tiere soll der Saft günstig sein. Bock fügt die Melancholie als Anwendungsgebiet hinzu. Johann Christian Schröder zählt 1685 als Indikationen Verstopfung der Leber und Milz sowie Gelbsucht und Wassersucht auf. Johann Gottfried Rademacher bedient sich des Krapp's bei Milzerkrankungen. Nach langjähriger Beobachtung entdeckt 1924 A. Bauer, daß der Krapp bei Blasenkatarrhen die Auflösung von Steinen aus phosphorsaurem Kalk und Oxalaten bedingen kann. Studien an Tieren und klinische Nachkontrollen können dieses Wirkungsprinzip bei bestimmten Nierensteinarten bestätigen. Die Erfolge einer Krapp-Medikation sind sicherlich nicht universeller Art.

14. Von der Gicht und anderen Gebrechen und ihren Arzneien

Die Gicht und das Rheuma

Bei den pflanzlichen Heilmitteln finden sich auffallend häufig die Indikationen Gelenkschmerzen und Gicht oder Zipperlein und Podagra, wie die alte Medizin die Krankheiten gern benannt hat. Auch in diesen Anwendungsbereichen gibt es Kuriosa.

Kohl (Brassica oleracea)

Sextus Pompeius soll in Spanien sein Podagra mit **Weizenkleie** geheilt haben, indem er bis unter die Knie im Weizen gesessen und so seine Schmerzen verloren hat. Eine andere Empfehlung mutet nicht weniger seltsam an. Wer an Podagra leidet, soll nicht nur **Kohl** zur Speise gebrauchen, sondern mit ihm purgieren und zusammen mit Koriander und Raute den Kohl zu einer umso kräftiger wirkenden Arznei machen. So steht es bei Bock, der sich auf die alte Literatur beruft. Dioscurides verwendet ihn beispielsweise gern mit Wein vermischt gegen die Gicht und das Podagra, sowie bei offenen Wunden; ebenso wird von Plinius berichtet, daß der Kohl seit 600 Jahren als Arznei benutzt wird. Uns ist bekannt, daß der Kohl schwefelhaltige Verbindungen (Thioharnstoffderivate) enthält, die bei langwieriger Dauerzufuhr eine Vergrößerung der Schilddrüse und einen Kropf erzeugen können.

Brennessel (Urtica dioica)

Eine andere alte Behandlungsmethode ist schon günstiger einzuordnen. Es ist die früher übliche sogenannte Urtikation, das Peitschen der Haut mit frischen **Nesselstauden** bei rheumatischen Leiden und Gicht. Durch die Hautreizung und dem damit verbundenen Schmerz, bedingt durch die Inhaltstoffe der Nesselhaare, können tiefergelegene Schmerzen vorübergehend gemildert werden. Daneben werden Nesselblätter äußerlich in Umschlägen und Kataplasmen benutzt. Diese Art der Anwendung kennt wiederum Dioscurides, der sie unter Zusatz von Salz auf entzündete Hautstellen auflegen läßt; das gleiche empfiehlt Bock, der die Blätter in Baumöl und Bärenschmalz einhüllen läßt.

Raute (Ruta graveolens)

Neben Kohl wird die Raute bei der heiligen Hildegard zusammen mit Petersilie für Gliederschmerzen und Gicht angepriesen. Man soll das 4-fache der Raute im Vergleich zur Menge der Petersilie nehmen, dies mit Olivenöl rösten oder mit Bockstalg durchbraten und es dann heiß auf die schmerzenden Glieder auftragen. Die Raute gilt insbesondere in der Schule von Salern für rheumatische Krankheiten nützlich; ebenso empfehlen sie Dioscurides, Bock, Fuchs und Matthiolus, um Hüft- und Gliederschmerzen zu vertreiben. Noch bei Walther Hermann Ryff in seiner Reformierten Teutsch Apothek 1573 sowie bei Sebastian Kneipp (1821-1879) gilt sie nützlich, um die Gicht zu bekämpfen.

Eisenkraut (Verbena officinalis)

Beim **Eisenkraut,** so schreibt Ryff, habe ich wunderliche Wirkung gesehen bei allerlei Art der Podagra und heftige Schmerzen in der Hüfte. Er empfiehlt damit eine vielgerühmte Zauberpflanze, die ähnlich wie der Drudenfuß die bösen Geister abwehrt und ihnen, wie Plinius meint, den Eintritt in Haus und Hof wehrt.

Betonie (Stachys betonica)

Einstmals, im auffälligen Gegensatz zu heute, erfreut sich die **Betonie** hohen Ansehens. In einem italienischen alten Sprichwort heißt es: „du hast mehr Tugenden als, oder du bist bekannt wie die Betonie". Verwendet werden Blumen, Blätter, Kraut und Wurzeln. Bock schätzt sie, vornehmlich äußerlich angewandt, in Anlehnung an Dioscurides bei Podagra; jetzt ist die Pflanze praktisch obsolet, genauso wie das Eisenkraut.

Bockshornklee (Trigonella foenum graecum)

Örtlich angewandt wird weiterhin der **Bockshornklee,** eine alte Kulturpflanze, die im Papyrus Ebers als eine Mittel gegen Brandwunden erscheint. Matthiolus gibt sie in Mehl und Honigwasser gesotten, wie Dioscurides, als erweichenden Umschlag. Selbst 1939 findet sich bei A. P. Dienand die Anweisung, daß der Bockshornklee, in Honigwasser gekocht, bei Podagra und rheumatischen Schmerzen helfen soll.

Holunder (Sambucus nigra), Wollblumen (Verbascum phlomoides), Wegwarte (Cichorium intybus), Engelwurz (Archangelica officinale)

Holunder, Wollblumen, die **Wegwarte** und die **Engelwurz** gelten äußerlich aufgetragen als nützlich bei Gicht und Rheuma. So ist es in den Kräuterbüchern und bei Dioscurides zu lesen. H. Epstein bezeichnet noch 1914 den frisch ausgepressten Saft der Holunderbeeren als ein Spezifikum gegen die Neuralgie.

Lärchenschwamm (Fungus laridis)

Der **Lärchenschwamm,** der vielfach wegen seiner drastisch abführenden Wirkung als Purgierschwamm bezeichnet wird und der mit großer Vorsicht zu genießen ist, gilt seit Dioscurides bei Ischias und Gelenkschmerzen brauchbar. Die Kräuterbücher übernehmen diese Indikation. Bis in's 19. Jahrhundert hinein hat man ihn zur Bekämpfung der Nachtschweiße bei der Lungentuberkulose angewandt, eine Indikation, von der man nicht mehr Gebrauch macht.

Weide (Salix alba)

Die Theorie des Podagra mit der **Weidenrinde** zu bekämpfen ist nichts anderes als eine Salicylsäure-Therapie. Abkochungen der Rinde sind Dioscurides bekannt und in den Kräuterbüchern von Bock und Fuchs finden sich die gleichen Emfehlungen. Johann Andreas Buchner (1783-1852) hat aus der Rinde das erste Glykosid isoliert. Dieses Salicin, nach dem lateinischen Namen der Pflanze Salix alba benannt, verwandelt sich im menschlichen Organismus nach der Abspaltung von Zuckerresten und Oxydation in Salicylsäure. So ist ein pflanzliches Mittel seit altersher beim Rheumatismus zum Einsatz gelangt, das wir als Reinsubstanz bzw. als synthetisch abgewandelten Ester (Aspirin) zur Heilung von rheumatischen Beschwerden schätzen.

Herbstzeitlose (Colchicum autumnale)

Die **Herbstzeitlose** wird im Altertum wegen ihrer Giftigkeit kaum benutzt. Dioscurides warnt ausdrücklich vor ihrem Gebrauch, da der angenehme Geschmack Unerfahrene verleiten könne, sie zu essen. Zu einer Arznei gegen die Gicht- und Rheumabeschwerden ist sie durch die Empfehlung arabischer Ärzte geworden. Abu Mansur (um 975 n. Chr.), Ibn al Beitar (1197-1248). Später geriet sie in Vergessenheit und findet höchstens in Geheimmitteln z. B. in Liquor de Laville Verwendung, häufig mit Vergiftungserscheinungen im gefolge. Anton Stoerk (1731-1803) hat sich 1762 erneut für sie eingesetzt und sie als Vinum bzw. Tc. colchici benutzt. Die Wahl dieser Medikamengtenbezeichnungen ist bestimmt durch den lateinischen Namen der Pflanze Colchicum autumnale. Ursprünglich werden diese Auszüge aus der Zwiebel hergestellt, welche einen schwankenden Gehalt an wirksamen Alkaloiden enthält. Infolge der hohen Giftigkeit dieser Inhaltstoffe bringen sie eine hohe Gefährdung der Patienten mit sich. Dem englischen Arzt Williams aus Ipswich ist es zu verdanken, daß man als Ausgangsmaterial für Herbstzeitlosen-Extrakte auf den Samen umgeschaltet und durch einen konstanteren Gehalt an Wirksubstanzen bessere Dosierungsvorschriften einhalten kann. Eine echte Lösung für die exakte Einhaltung der rechten Dosis ergibt sich erst durch die Isolierung des Hauptinhaltstoffes Colchicin durch P. J. Pelletier und J. B. Caventou im Jahre 1819, sowie durch die Herstellung dieses Alkaloids in kristalliner Form durch E. Merck. Für die Therapie des akuten Gichtanfalles erweist dieses Alkaloid sich außerordentlich wirksam und es ist mit dieser Indikationsstellung zu Recht in Gebrauch.

Das Alter, die Arteriosklerose und die Fettblütigkeit

Knoblauch (Allium sativum)

Der **Knoblauch** wurde wegen seines scharfen Geruchs von den Griechen und Römern verabscheut, von den Orientalen mit Vorliebe genossen, möglicherweise weil sie annahmen, daß durch Rülpsen und Blähungen Krankheitsstoffe ausgeschieden werden. Im Papyrus Ebers (um 1550 v. Chr.) stehen 22 Heilrezepte, welche Knoblauch enthalten. Sie sollen bei einer Vielzahl gesundheitlicher Störungen, wie Herzbeschwerden, Kopfschmerzen, Insektenstichen, Wurmbefall und Geschwülsten helfen. Dioscurides und Plinius im 1. Jhdt. n. Chr. haben diese Indikationen übernommen und fügen ihnen als weitere Bandwürmer, Schlangenbisse, Asthma, Haemorrhoiden, Zahnschmerzen sowie bei äußerlicher Anwendung Hautausschläge und Flechten hinzu. Ebenso kennt Indien die äußerliche Anwendung einer Mixtur aus Knoblauch zur Behandlung von Wunden und Geschwüren. Aus der mittelalterlichen Literatur liegt eine Handschrift aus dem 13. Jhdt. (Codex latinus 93, Wien) vor, nach dessen Angaben eine Knoblauchbrühe gegen Schlangenbiß und gegen das tägliche und das 3-tägige Fieber hilft. Konrad von Meggenberg (1309-1374) nennt in seinem „Buch der Natur" den Knoblauch den Theriak der Bauern, weil dieser die Brust und die Stimme stärkt, die Verdauung kräftigt und die üble Wirkung schädlicher Getränke verhütet. Besondere Wertschätzung findet die Droge bei Hieronymus Bock 1539 als Mittel gegen Gifte, Würmer, Tollwut, Schlangenbisse, Heiserkeit, Husten, Wassersucht und Leibschmerzen. Sie laxiert und treibt den Harn, tötet Läuse und Nissen, befördert die Menstruation und vertreibt Schuppen und Hautausschläge. Das gleiche berichtet Lonicerus 1555. Matthiolus empfiehlt Knoblauch 1626 gegen Magenschmerzen, Flatulenz und Koliken – eine Heilanzeige, die noch gültig ist; denn sie erfolgt auf einer rationellen Grundlage, seitdem im Knoblauch antibakteriell wirksame Inhaltstoffe nachgewiesen sind.

Den ersten Hinweis auf antibakterielle Effekte liefert 1858 Louis Pasteur. Wie inzwischen belegt ist, umfaßt das Wirkungsspektrum zahlreiche Bakterienarten. Es spricht einiges dafür, daß mehrere Inhaltstoffe ursächlich beteiligt sind, die im ätherischen Öl des Knoblauchs enthalten sind. Ihre Aktivität nimmt mit zunehmender Lagerungsdauer, sowie in wässrigen Extrakt rasch ab. Auch pathologische Pilze und Hefestämme, darunter solche, welche einen Scheidenkatarrh verursachen, vermag der Knoblauchsaft zu bekämpfen. Die stärkste antibiotisch wirksame Substanz ist das Allicin, dem Chester J. Cavallito und H. J. Baily 1954 den Namen gaben.

Besser die Nase abwenden, wenn man Knoblauch im Mörser hat. Zeichnung aus dem 16. Jahrhundert. Bibliothèque de l'Arsenal, Paris

Es handelt sich um eine chemisch instabile Substanz, die für den typischen Geruch verantwortlich ist. 1892 hatte F. W. Semmler diese Verbindung bereits in Händen.

Diese Untersuchungen gehen zurück auf Befunde von Theodor Wertheim, der 1844 in Liebig's Analen schrieb, daß die medizinische Anwendung des Knoblauchs vornehmlich der Gegenwart von schwefelhaltigen flüchtigen Körpern im sogenannten Knoblauchöl verdanke. Für diese stark riechende und leicht flüchtige Substanz schlug Wertheim in Anlehnung an den Namen der Pflanze Allium sativum die Bezeichnung Schwefelallyl vor.

Ein anderes längst bekanntes Wirkungsprinzip des Knoblauchs ist, daß er eine gerinnungshemmende Eigenschaft besitzt. In Frankreich wird seit langem an Pferden, welche Blutgerinnsel an den Beinen haben, Knoblauch verfüttert. Der Nachweis dieses Knoblaucheffektes ist jüngsten Datums. 1976 führen G. S. Saisani, D. B. Desai und K. N. More in Indien eine Studie durch, mit der sie den Einfluß des Knoblauchverzehrs auf die Blutgerinnung und das Fibrinogensystem im Vergleich zu Knoblauch frei ernährten Versuchspersonen belegen und eine Verkürzung der Blutgerinnung und einen Anstieg des Fibrinogens nachweisen. 1983 haben Mahendra K. Jain und Roger W. Crecely in Delaware aus dem Knoblauchextrakt die Substanz isoliert, welche die Verklumpung der Blutplättchen verhütet. Ihre Struktur wird von Eric Block 1984 identifiziert und in Anlehnung an das spanische Wort ajo für Knoblauch Ajoen genannt.

Diese antithrombotische Wirkungskomponente ist zusammen mit dem Einfluß auf die Blutlipide der heilsame, dem Knoblauch eigene Effekt, auf dem die Empfehlung für eine prophylaktische und therapeutische Anwendung der Droge gegene Atherosklerose beruht.
Die besten therapeutischen Effekte lassen sich gegenwärtig mit frischem Knoblauch erzielen.

Das blutgerinnungshemmende Prinzip ist in höherem Maße in gekochtem Knoblauch enthalten als in rohem. Es konnte bisher in keinem der Fertigpräparate, noch in Extrakten, Pillen und in Öl nachgewiesen werden.

Sitosterin

Zur Bekämpfung überhöhter Fettblutspiegel wird als ein weiteres pflanzliches Produkt das Sitosterin benutzt. Es handelt sich chemisch um eine dem Cholesterin nahestehende Verbindung, die schlecht vom Magen-Darm-Kanal aus resorbiert wird und die Aufnahme des Cholesterins aus dem Verdauungstrakt behindert. Auf diese Weise kann Sitosterin bei längerem Gebrauch und Anwendung hoher Dosen eine Senkung des Cholesterinspiegels im Blut bewirken.

Therapeutisch verwendet man das sogenannte ß-Sitosterin, das von Bernstein und Wallis isoliert wurde. Bei der Herstellung fetten Öls aus Mais und Hirse fällt als Nebenprodukt eine Sterinfraktion aus, die hauptsächlich aus drei Sitosterinen besteht.

Hirse (Panicum mileaceum)

Die **Hirse** galt im Altertum als Mittel gegen Durchfälle, Blähungen und Bauchkrämpfe (Dioscurides). In den Kräuterbüchern ist sie entsprechend deklariert. Lonicerus gibt sie außerdem warm auf den Leib gelegt, um Bauchschmerzen zu beseitigen.

Mais (Zea mays)

Der **Mais** ist in Mexiko beheimatet und gelangt 1520 nach Europa; eine Beschreibung und Abbildung findet sich bei L. Fuchs 1543. Er benutzt den Mais bei Rotlauf. Bock gibt ihn äußerlich bei Geschwüren und in Klistieren gegen Bauchgrimmen. Nach Lonicerus ist er gut gegen Husten. In der späteren Literatur wird er bei N. Lemery (1645-1715) als Diureticum empfohlen und mit dieser Indikation erscheint er 1933 noch bei C. B. Inverni.

Sabal (Serenoa repens)

Auch die **Sabalfrüchte der Zwergpalme** enthalten einen relativ hohen Anteil eines glykosidisch gebundenen Sitosterin. Die Verwendung dieses pflanzlichen Mittels ist auf die Prophylaxe von Harnentleerungsstörungen, bedingr durch Vergrößerungen der Prostata, beschränkt; eine Indikation, die dieser Droge in früherer Zeit nicht zugeschrieben wurde.

Pflanzliche Leber- und Gallenmittel

Schöllkraut (Chelidonium majus)

Die Pflanze enthält in allen Teilen einen orange-gelben Saft, der nach der Signaturenlehre auf ihre Eignung bei Gallenerkrankungen hinweist. Wahrscheinlich deckt sich die bei Dioscurides und Plinius aufgeführte Pflanze mit unserem Schöllkraut. Die therapeutische Empfehlung lautet in diesen Werken auf eine Anwendung gegen Gelbsucht. Im Kräuterbuch von Bock steht ebenfalls, daß die Droge die Leber eröffnet und Leibschmerzen beseitigt und in den folgenden Jahrhunderten, wie z. B. in der Württembergischen Pharmakopoe von 1741, wird sie gegen Leberleiden und Gelbsucht empfohlen. Geiger fügt 1870 hinzu, daß sie äußerlich als Ätzmittel gegen Warzen nützlich ist. Eine Erwähnung, daß der Saft bei Hautkrankheiten anzuwenden ist, findet such schon bei Bock.

Der Hauptinhaltstoff des Schöllkrauts, das Chelidonin, verfügt über krampflösende Eigenschaften an der glatten Muskulatur und kann bei Spasmen der Gallenwege nützlich sein. Der Saft enthält außerdem in geringen Mengen ein stark reizendes Alkaloid, das Chelerythrin, das für den Warzeneffekt wahrscheinlich verantwortlich ist. Genutzt wird die Droge in Kombination mit anderen gallenwirksamen Drogen bei Beschwerden im Bereich der Gallenwege.

Die Mariendistel (Carduus Marianum)

Die Verwendung der Mariendistel als Lebermittel geht auf Johannes Gottfried Rademacher (1782-1849) zurück, wenn auch ähnliche Angaben sich vorher, beispielsweise bei Dioscurides finden.

In seiner Erfahrungsheillehre aus dem Jahre 1842 schreibt Rademacher, daß bei Leberkranken eine verschiedenartige Ansprechbarkeit gegenüber Schöllkraut, Frauendistel, Brechnuß oder Abführmitteln besteht und daß man daher nach dem therapeutischen Erfolg mit diesen Mitteln eine Schöllkraut-, Frauendistel-, Brechnuß-Krankheit u. a. voneinander unterscheiden muß. Wenn im Laufe der Erkrankung eines dieser bewährten Mittel versagt, ist zu folgern, daß sich der Krankheitscharakter geändert hat und so wird man notgedrungen einen Versuch mit einem der anderen Mittel anstellen. Man braucht also nach seiner Ansicht weder anatomische, noch pathologische Kenntnisse. Allein der ärztliche Takt hat die Aufgabe, das geeignete Mittel zu finden. Eine Empfehlung, die sich in der Regel recht kompliziert erweist. Die alte Behauptung, die bei Paracelsus (1493-1551) auftaucht, man könne die Krankheiten einfach nach den Heilmitteln beurteilen, wird zwar noch heute zur Sicherung einer Diagnose ex juvantibus, geübt, sie kann aber selten zur Absicherung eines Krankheitsbildes beitragen und nicht zum Prinzip für die Krankheitserkennung gemacht werden.

Lonicerus und Bock geben die Blätter und den Samen der Mariendistel gegen Seitenstechen, Pest, Fieber und Vergiftungen. Bei Lebererkrankungen empfehlen sie, Umschläge mit dieser Droge zu machen. Die gleichen Daten finden sich in den Pharmakopöen über mehrere Jahrhunderte. Neuerdings wird der Inhaltstoff Silymarin und seine Hauptkomponente, das Silibinin, als ein Leber schützendes Medikament geschätzt; es wird insbesondere bei Vergiftungen mit Störungen der Leberfunktion durch Pilze, vornehmlich durch den Knollenblätterpilz in Kombination mit Penicillin eingesetzt und es soll auch bei toxischen Leberschäden durch Alkohol und andere Lebergifte nützlich sein.

15. Von allerlei giftigen Kräutern und ihren Heilkräften

Manches heute geschätzte Arzneimittel ist ursprünglich, beruhend auf Naturbeobachtungen in der Frühzeit, wegen seiner giftigen Wirkung zu Jagd- und Kriegszwecken benutzt worden. Erst in viel späteren Zeutläufen ist aus dem Gift ein Heilmittel geworden.

Pfeilgifte

Sturmhut (Aconitum napellus)

Die indischen Bergvölker benutzen seit uralten Zeiten die Aconitknollen bei der Pantherjagd. Die Bezeichnung pardalianches = Panther tötend – scheint daraufhin zu weisen. Das älteste literarische Zeugnis stammt aus der Ayur Veda des Susruta (etwa 1300 v. Chr.). Lange zuvor ist die außerordentlich starke Giftigkeit der Droge bekannt. Dies bezeugt Theophrast (373-287 v. Chr.), bei dem der Name Aconitum abgeleitet von = auf den Felsen, erscheint. Als Giftpflanze gilt der Sturmhut ebenso in Persien; in gleicher Eigenschaft wird er in den Alexipharmaca des Nikandros von Kolophon (150 v. Chr.) aufgeführt. Trotzdem wird er in Rom nach den Angaben von Plinius (23-79 n. Chr.) ohne besondere Vorsichtsmaßregeln neben dem Wasserschieling und der Alraune Liebestränken zugesetzt (et id quod lustromenti (Wollustreizmittel) causa dederint).

Eine medizinische Verwendung empfiehlt das chinesische Arzneibuch. Pen Ts'ao (2.-3. Jhdt. n. Chr.) als Malariamittel. In einem Arzneibuch aus Wales aus dem 13. Jhdt. meinen die Ärzte von Myddfai, daß jeder Arzt zur eigenen Dispensation Aconit anbauen soll. Paracelsus benutzt die Droge als Drastikum (1493-1541). Die Pharmacopoe im Württemberg führt 1741 den Sturmhut als ein brauchbares Mittel gegen Wurmkrankheiten und Kolikschmerzen auf. Die therapeutische Eignung wird in besonderer Weise von Anton von Stoerck 1762 herausgestellt, der eine Verwendung bei Rheumatismus, Gicht, Lungenschwindsucht, chronischen Nervenkrankheiten, Lähmungen, Asthma, Stockungen im Unterleib und bösartigen Geschwüren anpreist. Geiger erwähnt 1830 die Droge mit der Indikation Wurmkrankheiten. Für S. Hahnemann (1755-1843) ist der Sturmhut ein wichtiges Mittel bei allen katarrhalischen Krankheiten sowie Neuralgien verschiedener Genese. Mit der Indikation Neuralgie, Myalgie und Entzündungen der seriösen Häute wird der Pressaft aus den Aconitknollen noch innerlich und äußerlich benutzt. Den wirksamen Inhaltstoff — das Aconitin — entdeckte Phillip Lorenz Geiger zusammen mit L. Hesse 1833.

Curare (Strychnos toxifera)

Antonio Pigafetta berichtet in seinem 1536 in Venedig erschienenen Buch, daß ein Soldat von den Eingeborenen Südamerikas von einem vergifteten Pfeil getötet wurde. Erste Nachrichten über das Curare und seine Zubereitung liefert 1556 Francesco Lopez de Gómara. Er erwähnt, daß die Wirkung von den Mischungsverhältnissen der benutzten Bestandteile abhängig sei. 1596 folgt ein Bericht von Sir Walter Ralleigh, dem berühmten englischen Seefahrer, mit einer Verlaufsdarstellung einer Curarevergiftung. 1601 weiß der Jesuitenpater Chantre y Herrera, daß das Pfeilgift aus etwa 20 Ingredientien besteht.

Die wissenschaftliche Erforschung setzt 1743 mit Charles Marie de la Condamin ein, der bei einer Expedition in das Gebiet des mittleren Amazonas das Pfeilgift kennenlernt und bemerkt, daß es aus über 30 verschiedenen pflanzlichen Bestandteilen besteht, unter denen sich insbesondere Lianen befinden. Zugleich macht er einen Versuch an Hühnern, um die Schnelligkeit des Eintritts der Vergiftung zu testen. 1769 macht Edward Bancroft weitere Beobachtungen in Guayana. Nach seinen Angaben werden 5 Rindenarten für die Zubereitung verwandt. Die Veröffentlichung erfolgt 1769 in der Naturgeschichte von Guayana. Etwa ein Vierteljahrhundert später erbringt Felice Fontana 1781 in Paris den Nachweis, daß die Dämpfe ungefährlich sind und daß eine Wirkung sich nur beim Eindringen des Giftes in die Muskulatur einstellt.

Die Curare-Herstellung und -Zubereitung hat Alexander von Humboldt 1801 und 1819 bei seinen Expeditionen beobachten können und festgestellt, daß Lianen der Strychnosgattung als Giftlieferanten dienen. Dem Pfeilgift wird zusätzlich ein klebriger Saft beigemischt, um die Haftung des Pfeiles zu sichern. Bei einer späteren Expeditionsreise haben Robert und Richard Schomburgk aus Leipzig die Liane als Strychnos toxifera identifiziert (1830).

Die Analyse des Wirkungsmechanismus des Curare-Giftes und die Lokalisation der Lähmung im Bereich der Nervenendplatte verdanken wir Claude Bernard und Theophil Jules Pelouse. Diese Entdeckungen erfolgen in den Jahren 1844-1850. In der Veröffentlichung ist die Empfehlung enthalten, die Droge bei Wundstarrkrampf einzusetzen. Rudolf Böhm in Leipzig isoliert 1895 aus den Kalebassen-Curare, einer in Flaschenkürbissen aufgewahrten Curaresorte, das Curarin. Darauf folgt aus dem in Bambusrohr verpackten Tubo-Curarin die Gewinnung weiterer Alkaloide in amorpher Form. Zu kristallinen Inhaltstoffen und ihrer Strukturaufklärung kommen 1937 Heinrich Wieland und 1935 Henry King. Ihm gelingt die Konstitutionsermittlung des Tubocurarins, das Eingang in die medizinische Praxis findet. Die Einführung erfolgt durch Harold R. Griffith und Emid Johnson 1942 mit der Indikationsstellung Muskelrelaxans zur Verbesserung der Narkosetechnik. Als Nachteil stellt sich heraus, daß das Tubocurarin Histamin freisetzt und damit Bronchospasmen auslösen kann. Infolgedessen benutzt man neuerdings besser synthetisch hergestellte Nachfolgeprodukte.

Strophanthus (Strophanthus gratus, Strophanthus kombi)

Auf seiner Forschungsreise durch Afrika beobachtet der Afrika-Forscher David Livingstone 1859 die Eingeborenen bei der Bereitung des sogenannten Kombi-Pfeilgiftes. Sein Reisebegleiter Dr. John Kirk, der englische Konsul in Sansibar, bewahrt diesen Kombi-Extrakt zusammen mit seiner Zahnbürste in der gleichen Tasche und bemerkt beim Zähneputzen den bitteren Geschmack und eine deutliche Abnahme seiner Pulszahl. Da er einen fieberhaften Infekt mit Pulsbeschleunigung hat ist es für ihn naheliegend, die Herabsetzung des Pulses mit dem Pfeilgift in Verbindung zu bringen. Einige Jahre später untersucht 1869/70 Th. R. Fraser die Wirkung eines alkoholischen Extraktes der Samen von Strophanthus an Fröschen und stellt seine Wirksamkeit am Herzen fest. Nach der Anwendung an zwei Krankheitsfällen mit den klassischen Zeichen der Herzmuskelschwäche empfiehlt er die Droge zur Behandlung aller Zustände von Herzermüdung und berichtet im Britischen Medical Journal 1855, daß dem Strophanthin trotz seiner Digitalis ähnlichen Effekte die Zeichen der Kumulation fehlen. Diese Mitteilung löst eine Flut von Veröffentlichungen aus. Bedeutungsvoll ist ein Bericht von Schedel in der Deutschen Pharmakologischen Gesellschaft, in dem dieser 1904 die Vorteile des Strophanthin im Vergleich zum Digitalis zusammenfaßt und die schnelle, von Nebenwirkungen weitgehend freie Wirkung betont, wie auch das Aus-

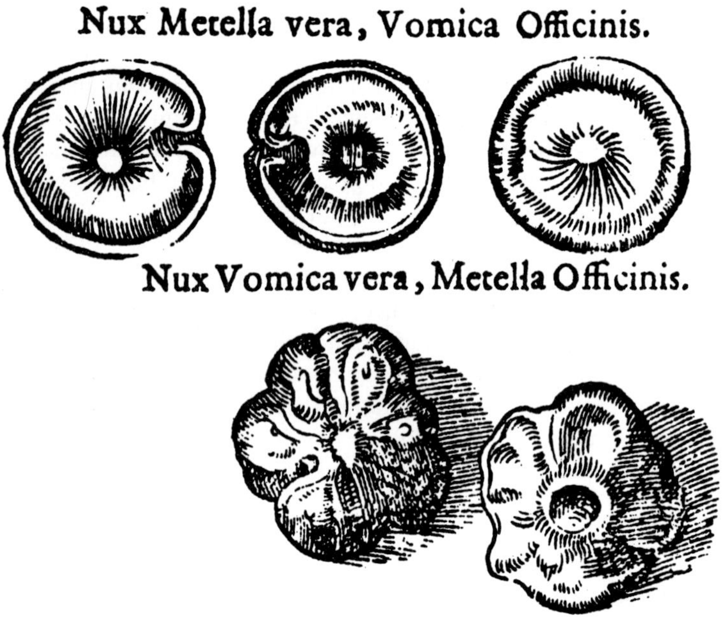

Die Brechnuß – Abbildung aus dem Kreüterbuch des Adamus Lonicerus, Franckfurt 1679

bleiben der Kumulation als weiteren Pluspunkt erwähnt. Ein Jahr nach dieser Veröffentlichung erfolgt durch Albert Fraenkel in Heidelberg der umwälzende Fortschritt auf dem Gebiet der Strophanthintherapie durch die Einführung der intravenösen Anwendung. Er gibt seine Ergebnisse 1906 auf dem 23. Kongress für innere Medizin bekannt.

Das erste amorphe Strophanthin wird 1888 von Catillon, das erste kristalline g-Strophantin 1904 von H. Thomes hergestellt. Bald erkennt man, daß dieses mit dem von M. Arnaud 1898 aus dem Baum Acokanthera Ouabaio gewonnenen Ouabain identisch ist. Durch die Entwicklung synthetisch abgewandelter Digitalis-Glykoside, die sich zur intravenösen Applikation eignen, hat das Strophanthin in seiner therapeutischen Bedeutung verloren; es wird relativ selten angewandt.

Krampfgifte

Die Brechnuss (Strychnos nux vomica)

Unter der Bezeichnung Brechnuss (Nux vomica) wird die Pflanze in dem 1525 erschienenen Liber serapionis aggregatoris in medicis simplicibus geführt. Die Stammpflanze, Krähenaugen genannt, spielt lange Zeit vornehmlich als Gift eine Rolle. Der Name Brechnuss ist irreführend, da weder die Droge, noch ihr Hauptwirkstoff, das von Joseph Pelletier und Joseph Bienaimé Caventou 1880 entdeckte Strychnin, brecherregend wirken. Der Same einer benachbarten Pflanzenart, der Strychnos potatorius, hat diese Eigenschaften.

Die Araber sind offenbar zuerst auf den in Indien beheimateten Baum aufmerksam geworden. Die Früchte kommen im 15. Jhdt. nach Europa. 1685 bestätigt Johann Christian Schröder, daß die Droge den Griechen und Römern unbekannt und daß die Araber sie in die Apotheken eingeführt haben. Die Kräuterbücher von Tabernaemontanus und Lonicerus unterscheiden bereits das Krähenäuglein der Apotheken,von denen zwei Quintlein den Menschen töten, von einem anderen Krähenäuglein, das Erbrechen auslöst. Zugleich wissen sie um die hohe Giftigkeit der Droge. Lonicerus schreibt, daß sie den Menschen, gleich als ob er trunken wäre, macht und daß sie geeignet iat, einen großen Schmerz zu stillen. Daneben wird die Brechnuss zur Vernichtung von Raubtieren und Nagern angewendet; eine Empfehlung, die sich auch bei

Schröder findet. Dieser gibt sie zudem als Vorbeugungsmittel gegen die Pest und pflegt zu diesem Zweck, Krähenaugen unter die Zunge zu legen. In der Folgezeit werden der Droge zahlreiche Indikationsgebiete zugeordnet. So hält sie B. Eberhard in seiner Dissertation De Nucis vomicae 1770 zur Behandlung von Lähmungen geeignet. Mit gleicher Indikation haben sie in Paris Francois Magendie (1783-1855) und in Berlin Johann Friedrich Dieffenbach (1792-1847) angewandt. Karl Gustav Carus (1789-1843) setzt sie gegen Asthma, Keuchhusten sowie Chorea und Epilepsie ein; die gleichen Anweisungen finden sich 1811 bei Samuel Hahnemann und 1829 bei Friedrich Gottlieb Hayne. Für die Homöopathie bleibt die Brechnuss bis in die Neuzeit ein wichtiges Mittel gegen nervöse Störungen und Migräne, die auf die rechte Kopfseite beschränkt bleibt. Dem Verfasser von mehreren Arbeiten über die Brustfellentzündung Georges Homolle (1845-1883) sind die Krähenaugen bei Lungenblähung dienlich. Von all diesen Anweisungen wird heute kein Gebrauch mehr gemacht.

Für die Reinsubstanz Strychnin stellen F. R. Fröhlich und R. Lichtenfels 1851 fest, daß sie den Geruch- und Tastsinn schärft. 1873 folgt A. von Hippel mit dem Nachweis, daß das Sehvermögen zunimmt. Zwei Jahre zuvor findet Sigmund Mayer einen blutdrucksteigernden Strychnin-Effekt und 1869 kann O. Liebreich Schlafmittelvergiftungen wirksam bekämpfen. Aufgrund dieser Befunde hat man eine Zeit lang bis in die Neuzeit Strychnin gegen Kreislaufschwächen und zur Beseitigung und Verbesserung eingeschränkter Sinnesfunktionen angewandt. Selbst halbsynthetisch hergestellte Nachfolgeprodukte stehen nicht mehr zur Verfügung. Sie wurden zur Bekämpfung des nächtlichen Harnlassens bei Kindern benutzt.

Die Vergiftungserscheinung mit schweren Krampfanfällen beschrieb erstmalig 1682 J. Lossius in Wittenberg (De nux vomica). H. Meyer lokalisierte 1864 den Sitz der Krampfaktivität im Bereich des Rückenmarks. Durch neuere Untersuchungen ist gesichert, daß die Krampfbereitschaft durch die Ausschaltung von sogenannten Hemmungsimpulsen im Bereich des Rückenmarks verursacht wird, indem dort der Angriff des hemmend wirkenden Überträgerstoffes Glycin verhindert wird. Dieser dämpft und normalisiert normalerweise alle dort eintreffenden Reize so daß sie sich nicht überschüssig auswirken.

Kokkelskörner (Anamirta cocculus)

Die Kokkelskörner werden in ihrer indischen Heimat und im malayischen Archipel als Fischgift benutzt. In der arabischen Medizin erscheinen sie bei Abu Mansur (um 975), der von ihnen schreibt, daß sie die Fische berauschen und sie an die Oberfläche des Wassers bringen; ebenso spricht Avicenna (980-1037) vom fischtötenden Cocculus und das gleiche erwähnen Rhazes (850-932) und Ibn Baitar (1197-1248). In Europa tauchen die Früchte wahrscheinlich im 13. Jhdt. auf; seit 1582 werden sie in der Apotheke in Worms geführt und erscheinen weiterhin in den folgenden Jahrhunderten in den Pharmakopöen. Die Württembergische aus dem 18. Jhdt. enthält die Angabe, daß sie gefährlich und daher für den Menschen nicht geeignet sind. Man braucht sie zur Tötung von Läusen. Bei Philipp Lorenz Hagen heißt es 1780: Als Arzneimittel können die Kokkelskörner innerlich nicht gebraucht werden; man streut das Pulver zum Töten des Ungeziefers auf den Kopf. Sie bilden ein Bestandteil des Läusepulvers bzw. einer Salbe (pulvis et unguentum pediculorum). In England wurden Kokkelskörner außerdem dem Porterbier zugesetzt, um die Nachgärung zu verhindern. Eine Anwendungsart, die Hagen verurteilt und als strafbar bezeichnet.

Der Inhaltstoff der Kokkelskörner, das Pikrotoxin, ist 1812 von Polydore Boulay entdeckt und 1931 von A. H. Maloney, R. H. Fitch und A. L. Tatum zur Bekämpfung von Schlafmittelvergiftung eingesetzt worden. Diese Möglichkeit ist seit 1875 durch Tierversuche von J. C. Browne bekannt. Man mußte den Gebrauch von Pikrotoxin jedoch wieder aufgeben, da dieser Stoff nur geringe therapeutische Breits aufweist und daher nicht risikolos verwendbar ist.

Kalabarbohnen (Physostigma venenosum)

Die Kalabarbohnen sind ein weiteres Beispiel für ein Giftmittel, das sich zu arzneilichen Zwecken brauchbar erwies. In Afrika ist den Eingeborenen seit langem bekannt, daß die Giftmenge in einem Samen ausreicht, um einen Menschen zu töten. Sie bedienen sich der Droge zu Gottesgerichten, um die Schuld oder Unschuld eines Angeklagten zu ermitteln. Bei rascher Einnahme des Trankes kann die brecherregende Wirkung der Bohnen so heftig sein, daß die gesamte Menge des Giftes aus dem Magen ausgeleert wird und tödliche Vergiftungserscheinungen mit Atemlähmung ausbleiben. Das Überleben gilt als Beweis für die Unschuld des Verurteilten; bei tödlichem Ausgang ist er als schuldig zu betrachten. Noch 1959 sind im ehemaligen Belgisch-Kongo solche Gottesgerichtsurteile vollzogen.

1840 bringt ein in Calaba stationierter englischer Sanitätsoffizier den Samen nach England, aus dem 1864 der Hauptwirkstoff, das Physostigmin, von Fr. Jobst und P. Hess isoliert wird. 1900 stellt J. Pal fest, daß das Alkaloid als Gegenspiel des Curareeffektes benutzt werden kann und 1921 erkennen O. Löwi und E. Navratil, daß es die Zerstörung des Überträgerstoffes Acetylcholin hemmt und somit zur Verbesserung der neuromuskulären Erregbarkeit bei krankhafter Muskelschwäche und postoperativer Darmlähmung geeignet ist. Auch die Unterbrechung des Curareeffektes gilt noch als Einsatzmöglichkeit.

Weisser Germer (Veratrum album)

Die Geschichte der weißen Nießwurz, des Germers, als Arzneimittel ist so alt wie die Geschichte der Medizin. Im Altertum gilt diese Droge als eine der berühmtesten Heilpflanzen. Sie wird bereits in der griechischen Sage erwähnt. Melampus soll sie mit Erfolg zur Heilung rasender, argivischer Frauen angewandt haben; daher wird ihm zu Ehren diese Kur Melampodium genannt. Nach Dioscurides ist die Wurzel als Brechmittel und Reinigungsmittel für den Darm geeignet. Sie fördert die Menstruation und dient als Zäpfchen zur Aborteinleitung. Äußerlich wird sie zur Läuse- und Nissenbekämpfung empfohlen; vor allem aber wird die Droge zur Behandlung des Wahnsinns, der mit starken Erregungszuständen einhergeht, sowie gegen Epilepsie benutzt. Mit diesen Indikationsanzeigen erscheint sie bei Celsus (1. Jhdt. n. Chr.) Scribonius Largus (129-199 n. Chr.) sowie in den Kräuterbüchern von Bock (1565), Fuchs (1543), Lonicerus (1564) sowie im Enchiridion des Hufeland (1842). 1755 wird sie bei Haller im medizinischen Lexikon zur Reinigung des Hauptes empfohlen, wahrscheinlich aus der Vorstellung, daß Patienten durch den Breckakt von Wahnsinn und Melancholie geheilt werden. Diese Meinung äußern beispielsweise Fuchs und Lonicerus. Im alten Schrifttum, so bei Oreibasius (4. Jhdt. n. Chr.) und Paulus von Aegina (7. Jhdt. n. Chr.) wird eine umfangreiche ausleerende Kur mit dem weißen Germer empfohlen, bei der der Patient wochenlang mit dieser Droge behandelt wird. Die Hartnäckigkeit der Krankheit soll berechtigen, selbst eine Gefährdung des Kranken in Kauf zu nehmen. Man ist bereits frühzeitig über die starke Giftigkeit des Germers informiert. Der Ausspruch des Hippokrates (460-377 v. Chr.), daß Krampf nach Gebrauch eines Abführmittels gefährlich sei, dürfte sich auf diese Pflanze beziehen. Später hat Bock vor einer unbedenklichen

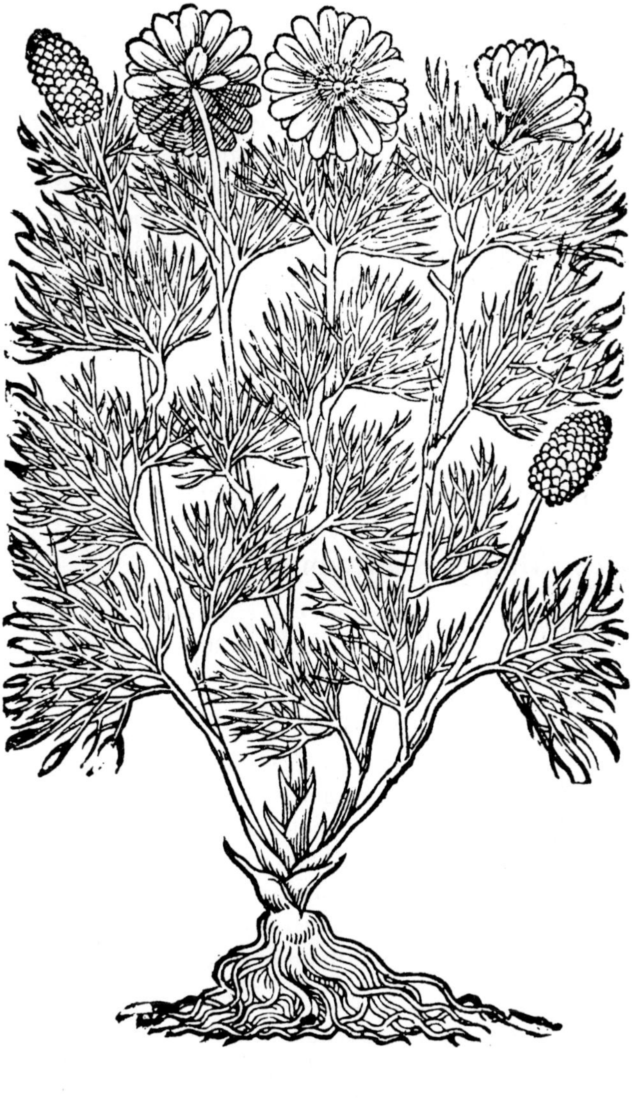

Der weiße Nießwurz – Abbildung aus dem Kreüterbuch des J. Th. Tabernaemontanus, Basel 1731

Anwendung gewarnt. 1906 hat sich O. Schmiedeberg dafür eingesetzt daß der Gebrauch dieser stark toxischen Droge unzulässig ist; er wendet sich insbesondere gegen ihren Gebrauch als fiebersenkendes Mittel, den G. Liebermeister 1876 im Handbuch der speziellen Pathologie und Therapie angeraten hat. Schmiedeberg hat erkannt, daß die Senkung der Temperatur aufgrund eines Kreislaufkollapses erfolgt. Diese Erniedrigung des Blutdruckniveaus beruht auf einem Reflex, den A. von Bezold und L. Hirt 1867 entdeckt und den A. Jarisch und H. Richter 1939 erneut studiert haben. Der Versuch, die Inhaltstoffe des weißen Germers als blutdrucksenkendes Mittel einzusetzen, ist an der Giftigkeit dieser Droge gescheitert.

Vergiftungsbilder bei Tieren:

Steinklee (Melilotus altissimus)

Die Einbeziehung von Giftstoffen in den Bereich der arzneilich nutzbaren Drogen erfolgt weiterhin durch die Auffindung der blutgerinnungshemmenden Eigenschaften des Dicumarol. 1922 hat F. W. A. Shofield in Kanada und Nord-Dakota beobachtet, daß Schafe nach dem Genuß angefaulten Steinklees an der sogenannten Süßkleekrankheit erkranken, die durch schwere Blutungen gekennzeichnet ist. H. A. Campell kann 1941 unter der Leitung von K. P. Link die Ursache klären. Im Steinklee ist Cumarin enthalten, das sich bei Fäulnis in Dicumarol umwandelt. Dieses senkt im Blut den Spiegel des Prothrombin, der Vorstufe des für die Blutgerinnung wichtigen Thrombins, indem es die Bildung dieses Stoffes in der Leber beeinträchtigt. Die Folge ist, daß die Gerinnungsfähigkeit des Blutes herabgesetzt wird (L. M. Roderick, 1929, 1931).

Das Dicumarol ist 1902 von R. Anschütz synthetisiert worden. Es stand daher zur Verfügung und konnte nach eingehender Prüfung durch H. R. Butt, E. V. Allen und J. L. Bollmann 1941 bzw. O. O. Meyer, J. B. Bingham und V. H. Axelrod 1942 zur Thrombose-Verhütung angewandt werden. Es erwies sich jedoch, daß der Dicumarol-Effekt langsam eintritt und lange anhält, sodaß er schwierig zu beherrschen ist. Heute werden synthetisch hergestellte Abwandlungsprodukte, die günstiger wirken, zur Behandlung von Blutgerinnungsstörungen bevorzugt.

Die Hippokratiker sowie Theophrast, Dioscurides und Plinius haben den Stein- oder Honigklee äußerlich zur Bekämpfung hitziger Geschwüre und innerlich bei Magenweh, Gebärmuttererkrankungen und Leberleiden benutzt. Den Arztbotanikern des 16. Jahrhunderts ist der Steinklee ein Auswurf förderndes und wundheilendes Mittel. In dieser Eigenschaft als Wundbehandlungsmittel ist er bis in die Neuzeit in Mischung mit Kamillen, Leinsamen sowie Eibisch- und Malvenblättern als Species emollientes, als erweichendes Kräutergemisch in den Arzneibüchern geführt. Verwendung findet der Steinklee zudem mit anderen Drogen in den pflanzlichen Venen-Mitteln.

Kohl (Brassica oleracea)

Die Beobachtung von A. M. Chesney, T. A. Clawson und B. Webster aus dem Jahre 1928, daß Kaninchen ausschließlich mit Kohl ernährt, einen Kropf bekommen, hat ebenfalls zur Entdeckung neuer Medikamente geführt. Dies gelang durch den Nachweis von Blum (1938), daß im Kohl schwefelhaltige Verbindungen vom Typ der Thioharnstoff-Derivate enthalten sind.

Dies veranlaßt E. B. Astwood 1949 zahlreiche Substanzen aus dieser Verbindungsklasse zu überprüfen, mit dem Ergebnis, daß sie sich günstig zur Beeinflussung einer überhöhten Schilddrüsentätigkeit erwiesen.

16. Was bleibt?

Im Ablauf der geschichtlichen Entwicklung der Arzneimittel-Heilkunde tragen viele Erkenntnisstufen zur Bereicherung und Ausweitung des Wissenstandes bei. Immer wieder tauchen Konzepte und Errungenschaften auf, die längst als überholt gelten, bis durch neugewonnene Befunde und Beobachtungen das bereits Abgelegte und Vergessene, zwar unter veränderten Aspekten, wieder brauchbar wird und neue Bedeutung gewinnt. Der Rückgriff auf die Vergangenheit wird oftmals sogar zum Ausgangspunkt neuer wirkungsvoller Therapieformen. So ist die moderne Phytopharmakologie in vieler Hinsicht erstaunlich breit auf der Tradition eines jahrhundertalten Wissens und die heilenden Kräfte der Pflanzenwelt fundiert. Es gilt daher vieles aus der alten Drogenkunde richtig zu würdigen und zu erhalten. Aber ebenso gilt für diesen Teil der Heilkunde, daß ein Beharren in den ausgetretenen Bahnen alter Traditionslehren mit den Methoden und Erkenntnissen der modernen Naturwissenschaften nicht immer vereinbar ist und daß vieles aus der früheren Zeit Aufbewahrtes und Überkommenes einer kritischen Bewertung nicht mehr standhält.

Von dieser Ambivalenz ist jede Darstellung der geschichtlichen Wurzeln der Pflanzenheilkunde geprägt. Sie will einiges, was vom Vergessen gefährdet ist, bewahren. Sie muß zugleich eine Unterscheidung zwischen Gutem und Brauchbaren und Schlechtem und Unbrauchbaren treffen und das Schädliche und Überflüssige durch das Notwendige und Nützliche ersetzen. Sie muß somit ein Urteil finden und abgeben, was in dem einen oder anderen Sinne nicht mehr haltbar und abzulehnen ist und was weiterhin Beachtung verdient.

Da alles in der Welt der Wissenschaften den Wert einer zeitlich begrenzten Etappe und Entwicklungsstufe hat und stets Keime für den Aufbruch in's Neue in sich trägt, kann der Gang quer durch die Geschichte der Pflanzenheilkunde nichts anderes, als ein Schlüssel zum Verständnis der Gegenwarts-Medizin sein.

Literatur
Quellen

Abu Mansur Muwaffak ben Ali Haravi. (X. Jahrh. Hirow, Prov. Aserbeidschan)
Liber fundamentorum Pharmacologiae: Übers. v. Abdul-Challig Achundow: Historische Studien, Univ. Dorpat III. Tausch und Grosse, Halle/S. (1893)

Acosta, Christobal de. († 1580 Burgos)
Tractato de las Drogas y medicinas de las Indias Orientales, Burgos (1578). Historia natural de las Indias, Paris (1916).

Tratado della historia e virtu delle droghe medicinali, Venezia (1585)

Agrippa von Nettesheim, H. G. (* 1486 Köln, † 1535 Pavia)
De occulta philosophia (1533), hrsg. v. K. A. Nowotny, Graz (1967)

Albertus Magnus. (* 1193 in Lauingen, † 1280 in Köln)
Liber de Physica et de Mineralibus, Tom. 2, Lugduni (1651). De Animalibus libri XXVI, nach der Kölner Handschrift hrsg. von H. Stadler, Band 1-2, Aschendorf, Münster (1916-1920)

Alpinus Prospero, (1553-1617 Prof. der Botanik in Padua)
De plantis Ägypti liber Venedig (1592)

Arnald von Villanova. (* 1235 in Villanova, † 1312 auf dem Meer bei Genua)
Opera Arnaldi, Lyon (1564). Klassiker der Medizin, Band 26, Ed. K. Sudhoff, Leipzig (1922), Parabeln der Heilkunst

Avicenna. (* 980 in Afschana bei Bokhara, † 1037 in Hamadan)
Canon Medicinae, Arabum Medicorum Principis, 2 Bde. Venedig 1595, Sontheimer, Freiburg (1844)

Bauhinus, Johann. (1541-1613 Basel) Plantarum historia universale Ebrodonum (1950)

Becher, Johann-Joachim. (* 1635 in Speyer, † 1682 in England)
Parnassus medicinalis illustratus Ulm (1663)

Besler, Basilius. († 1629 in Nürnberg)
Hortus Eystettensis, Eichstett (1613)

Bock, Hieronymus. (* 1498 in Heidesbach, † 1554 in Hornbach)
New. Kreutterbuch, darin unterscheidt Namen und Würkung der Kreutter-Stauden, Straßburg (1539)

Boerhaave, Hermann. (* 1668 in Vorhout, † 1738 in Leiden)
Opera ommnia Medica. Venedig (1785)

Brunfels, Otto. (* 1488 in Mainz, † 1534 in Bern)
Herbarium vivae eicones ad naturae imitationes, Joh. Schott, Straßburg (1530)

Brunsschwig, Hieronymus. (* 1430 in Straßburg, † 1512 in Straßburg)
Liber de arte destillandi, Grüninger, Straßburg (1500)

Camerarius, Joachim. (1534-1598 in Nürnberg)
Hortus medicinalis philosophicus, Frankfurt (1588)

Celsus, Aulus Cornelius. (* 35 v. Chr. in Verona, † 50 n. Chr. in Rom)
De medicina libri octo, hrsg. v. A. von Haller, Lausanne, (1772) übers. v. E. Scheller, Vieweg, Braunschweig (1906)

Clusius, Carolus. (* 1526 in Arras, † 1609 in Leiden)
Rariorum plantarum historia, Antwerpen (1601)

Cordus, Valerius. (* 1515 in Simtshausen, † 1544 in Rom)
Dispensatorium (1548 Paris)

Dioscurides, Pedanios. (Anacarba in Kiliken) 2. Hälfte d. 1. J. n. Chr.
De materia medica libri quinque, Arzneimittellehre in fünf Büchern, übers. v. J. Berendes, Enke, Stuttgart (1902)

Dodonaeus, Rembert. (* 1517 in Mecheln, † 1585 in Leiden)
Stirpium pemptades sex. 1583 Antwerpen, Cruydboek 1563 Antwerpen

Elsholtz, Johann Sigismund. (1623-1688 Berlin, Leibarzt des großen Kurfürsten)
Clysmata noca, sive ratio, qua in venam sectam medicamenta immitti possint, Berlin (1667)

Ficino, Marsilio. (1433-1499 in Florenz)
Opera omnia, 2. Aufl. 1576, Nachdruck Torino (1962) Ed. Kristeller, P. O., Sancipriano, M.

Fracastoro, Girolamo. (1483-1553 Prof. in Padua)
Syphilis sive morbus Gallicus, Verona 1530

Fuchs, Leonhard. (*1501 in Wendingen, † 1566 in Tübingen)
De historia stirpium, Basel (1542), New Kreutterbuch, Michael Isingrün, Basel (1543), hrsg. u. Marzell H., in Koehlers Antiquarium, Leipzig (1958)

Galen, Claudius. (* 131 n. Chr. in Pergamon, † 201 in Rom)
Opera omnia, Bd. 1-22, hrsg. v. C. G. Kühn, Knobloch, Leipzig, übers. v. E. Beintker, Marquart & Co. Hippokrates-Verlag, Stuttgart (1939)

Garcia da Orta.
Coloquios dos simples e droges ha cousas medicinaes da India, Goa (1563)

Garcilaso de la Vega.
First Part of the Royal Commentaries of the Ynkas, übers. v. Clemens R, Markham (Works issued by the Hakluyt Soc. 41 a. 45), London (1869, 1871)

Geiger, Phillip Lorenz. (* 1785 in Freinsheim, † 1836 in Heidelberg)
Handbuch der Pharmazie, Heidelberg (1824)

Gessner, Conrad. (* 1516 in Zürich, † 1565 in Basel)
Opera Botanica Gessneri, hrsg. v. C. Ch. Schmidel, Norimberg (1751-1771)

Haen de, Anton. (* 1704 in Haag, † 1776 in Wien)
Ratio medendi in nosocomio praktico Viendobonensi, 15 Bände, Wien (1758-1779)

Hagen, Karl Gottfried. (1749-1829)
Lehrbuch der Apothekerkunst (1786)

Hahnemann, Samuel Friedrich Christian. (* 1755 in Meisen, † 1843 in Paris)
Organon der rationellen Heilkunst, Arnoldische Buchhandlung, Dresden (1810), 4. Aufl. Leipzig (1929), Reine Arzneimittellehre, 2. Teil, Dresden (1810), Heilkunde der Erfahrung, Hufelands Journal 22,5 (1805)

Hayne, Friedrich Gottlob.
Darstellung u. Beschreibung der Arzneigewinnung, A. Hirschwald, Berlin (1829-1848)

Hecker, Justus Friedrich. (1795-1850 in Berlin)
Der Schwarze Tod im 14. Jahrh., Berlin (1832), Geschichte der neueren Heilkunde, Berlin (1879)

Helmont, Johann Baptist von. (* 1577 in Brüssel, † 1644 in Vilvorde)
Aufgang der Artzney-Kunst, Ed. Christian Knorr von Rosenroth, 2. Bde. Sulzbach (1685) Reprint München (1971)

Hernandes, Francisco. (Arzt in Toledo, auf Anordnung Phillip II. v. 1571-1577 in Mexiko)
Historia natural de Nueva Espagna, Obras Completas Universidad Nacional de Mexica (1959), Rerum Medicarum Novae Hispaniae Thesaurus seu Plantarium, Animalium, Mineralium Mexicanorum Historia, Rom (1651)

Hildegard von Bingen. (* 1099 in Bockelheim, † 1179 auf dem Ruppertsberg bei Bingen)
Heilkunde (Causae et Curae) übers. u. erläutert v. H. Schipperges, Müller, Salzburg (1957), Naturkunde (Physika.) nach den Quellen übers. u. erläutert von P. Riethe, Müller, Salzburg (1957)

Hippokrates. (* 466 v. Chr. in Kos, † 377 v. Chr. in Larissa)
Die pflanzlichen Arzneimittel des Corpus Hippokratikum, hrsg. v. R. v. Grot (1895)

Hoffmann, Friedrich. (* 1660 in Halle, † 1742 in Halle)
Opera omnia Physico-Medica, 6 Tomos distributa, Genf (1748)

Hortus sanitatis, Augsburg (1486) gedr. bei Hans Schömberger, auf deutsch: Gart der Gesundheit, später bearbeitet v. Eucharius Röslin, Frankfurt (1533)

Hufeland, Christoph Wilhelm. (* 1762 in Bad Langensalza, † 1836 in Berlin)
System der praktischen Heilkunde, Bd. 2, Spezielle Therapeutik, Jena (1802), Leipzig, 2. Aufl. (1818). Die Kunst das menschl. Leben zu verlängern (Makrobiotik), Akademische Buchhandlung, Jena (1797), hrsg. v. K. E. Rothschuh, Stuttgart (1975), Enchiridion medicum, Jonas Verlagsbuchhandlung, Berlin (1842), Hufeland Journal 1814/15, zit. n. Hahnemann, Bd. 3, 2. Aufl. S. 39, Reine Arzneimittellehr, Arnoldische Buchhandlung, Dresden (1825)

Humboldt, Alexander von. (* 1769 in Berlin, † 1859 in Berlin)
Voyage aux regions equinoctiales, 3 Bde., Paris (1814-1825)

Ibn al Beithar. (* 1197 in Malaga, † 1248 in Damaskus)
Große Zusammenstellung der einfachen Heil- und Nahrungsmittel, aus dem Arabischen übers. v. J. v. Sontheimer, 2 Bde., Stuttgart (1842)

Isidor von Sevilla. (* um 560 in Cartagena, † 636 in Sevilla)
Etymologiarum sive originum libri, XX editio G. M. Lindsay, Oxford (1911)

Kämpfer, Engelbert. (1651-1716 Leibarzt des Grafen von Lippe)
Amoenitatum exoticarum politico-physico-medicarum fascuculi V, Lemgo (1712)

Karl der Große. (* 747, † 814 in Aachen)
Capitulare de villis et curtis (812)

Krateuas. (1. Jahrh. v. Chr. Leibarzt des Mithridates VI)
Rhizotomikon

Li Shi Chen. (1552-1578 Beamter in der Prov. Tz-ch-uan)
Pen-T'sao Kung Mu (1658)

Lobelius, Mathias (de l'Obel). (* 1539 in Lille, † 1616 in Highgate)
Plantarum seu Stirpium Icones (1576)

Lonicer, Adam. (1538-1586 Stadtarzt in Frankfurt)
Kreuterbuch, Frankfurt (1564)

Maimonides (Musa Ben Meimon, Rabbi Moses Maimon). (* 1132 in Cordoba, † 1208 in Tiberias)
Regimen Sanitatis oder Diätik für die Seele und den Körper, hrsg. v. Süssmann, Münster, Karger, Basel (1966)

Marcellus Empiricus. (5. Jahrh. Bordeaux)
De medicamentis, 1536, hrsg. v. Helmreich 1889 und Niedermann 1816

Mantegazza P.,
Sulle virtu igieniche e medicinali della Coca, Mailand (1859)

Matthiolus, Pierandrea. (* 1501 in Siena, † 1577 in Trient)
New Kreutterbuch, Dtsch. durch J. Camerarius, Feyerabend, Frankfurt/M. (1586)

Meggenberg, Konrad von. (1309-1374 Augsburg)
Buch der Natur (1471) Augsburg, hrsg. F. Pfeiffer, Stuttgart, 1861, Reprint Hildesheim (1868)

Monardes, Nicolo. († 1778 o. 1788 in Sevilla)
Simplicum medicamentorum ex novo orbe deletorum, quorum in medicina usus est, historia, Antwerpen 1579, Franz. Ausgabe Lyon (1602)

Nicolaus Salernitanus. (um 1100 in Salerno)
Antidotarium magnus (1471 Venedig)

Oreibasios. (* um 350 in Pergamon, † 403 in Byzanz)
Ed. Bussemaker-Daremberg, Paris 1851 u. 1876

Orfila, Matheo Jose Bonnaventura. (1787-1853 in Paris)
Traité de toxikologie générale (1813-1815) Allgemeine Toxikolie oder Giftkunde übers. v. S. F. Herbstädt, Berlin (1818)

Osiander, Johann Friedrich. (1787-1855 in Göttingen)
Volksarzneymittel und einfache nichtpharmazeutische Heilmittel geg. Krankheiten des Menschen (1826), Reprint Heidelberg (1974)

Oviedo y Valdes.
Historia general y natural de las Indias, Toledo (1526). Ausg. Venedig (1556)

Papyrus Ebers. (1600 v. Chr.)
Das hermet. Buch über die Arzneimittel der alten Ägypter in hieratischer Schrift, Engelmann, Leipzig (1875), übers. v. H. Joachim: Das älteste Buch der Heilkunde, Berlin (1890)

Paracelsus, Theophrastus v. Hohenheim.
Sämtliche Werke, Ed. K. Sudhoff, Verlag R. Oldenbourg, München, Berlin und Einsiedeln (1922-1960)

Paulus v. Aegina. (6. Jahrh. n. Chr.)
übers. v. Berendes, E. J. Brill, Leyden (1914)

Petrus de Crescentiis. (1235-1320 Bologna)
Opus ruralium commodorum 1305

Phoebus, Phillip. (* 1804 in Friedland, † 1880 in Giessen)
Handbuch der Arzneiverordnungslehre, 3. Aufl., August Hirschwald, Berlin (1842)

Piso, Willem. (1611-1678 Amsterdam)
De Indica utriusque re naturale et medica libri XIV, 1658 Amstelod

Platearius, Mathaeus. (11. Jahrh. Salerno)
Liber de simplici medicina (es beginnt mit den Worten Circa instans, und wird unter diesem Titel Circa instans zitiert), im 16. Jahrh. von Michael de Capella bearbeitet und hrsg.

Plinius, Cajus Secundus. (* 23 n. Chr. in Como, † 79 beim Vesuv-Ausbruch)
Naturalis historia, ed. Wittsteinn: Die Naturgeschichte des Cajus Plinius sec., Leipzig (1881)

Polo, Marco. (* 1254 in Venedig, † 1324 in Venedig)
The Description of the World, Ausgabe v. H. C. Moule u. Paul Pelliot, London (1938); Die Reisen des Venezianers Marco Polo im 13. Jahrh., Hans Lempke, Hamburg (1907)

Porta, Giovanni Baptista della. (1537-1615 in Neapel)
Magiae Naturalis sive de miraculis rerum naturalium libri IV, Antwerpen (1562); Phytognomonica in VIII Libris contenta, Neapel (1683)

Rauwolf, Leonhard, (* 1540 in Augsburg, † 1596 in Ungarn)
Aigentliche Beschreibung der Raiß, so er vor dieser Zeit gegen Aufgang in die Morgenländer vollbracht, Lauingen (1583)

Rhazes, Abu Bekr Mohammed Ben Zakerija el Razi. (* um 850 in Ray in Chorason, † 923 in Bagdad)
Liber medicinalis Almansoris, enth. in der Ausg. arabischer Pharmakologen v. Otto Brunfels, Argentorati (1531), übers. v. Ferragius, Brixen (1486)

Ryff, Walter Hermann. (* 1564 in Nürnberg)
Reformierte Teutsche Apothek (1573), Lustgarten der Gesundheit (1546), Nürnberg

Sahagun, Bernadino de.
Historia general de las Cosas de Nueva Espagna (1564), Franz. Übers. v. Joudanet u. Simeon, Masson, Paris (1880)

Schröder, Johann. (* 1600 in Salzuflen, † 1664 in Frankfurt)
Pharmacopoea medico-physica Ulm (1641)

Scribonius Largus. (129-199 Arzt des Kaiser Claudius)
Compositiones medicamentorum, Receptbuch, übers. v. Felix Rinne, Histor. Studien V, Pharmakolog. Inst. Dorpat, Ed. R. Kobert, Tausch u. Grosse, Halle a. d. Saale (1896)

Stahl, Georg Ernst. (* 1660 in Ansbach, † 1734 in Halle)
Theorie der Heilkunde, Buch 1 und 2, hrsg. v. W. Ruf, Halle (1802), Theoria medica vera, Halle (1708)

Stoerk, Anton. (* 173 in Saulgau, † 1803 in Wien)
De cicuta (1765)

Sydenham, Thomas. (* 1624 in Windford Eagle, † 1689 in London)
Abhandlungen über Gicht, Klassiker der Medizin, Bd. 6, übers. v. J. I. Pagel

Sylvius, Franciscus de la Boe. (*1614 in Hanau, † 1672 in Leiden)
Opera Medica, Genf (1681)

Tabernaemontanus, Johann Theodorus (* 1520 in Bergzabern, † 1590 in Heidelberg)
New vollkommen Kreuterbuch, (1613), Basel

Theophrast (* 370 v. Chr. in Eresos auf Lesbos, † 287 v. Chr. in Athen)
Naturgeschichte der Gewächse, übers. v. Kurt Sprengel, II. Band. Altona (1822)

Thurneysser zum Thurn, Leonhard. (1530-1596 in Berlin)
Historia und Beschreibung influentischer, elementischer und natürlicher Wirkungen aller fremden und heimischen Erdgewächse, Faksimili-Druck, München (1922)

Tschirsch, Alexander von. (* 1856 in Guben, † 1925 in Bern)
Handbuch der Pharmakognosie, 6. Bde., Tauschnitz, Leipzig (1906-1925)

Wedel, Georg Wolfgang. (* 1645 in Golzen in der Lausitz, † 1721 in Jena)
Opiologia, Jena (1674)

Weinmann, Johann Wilhelm. (1686-1741 Augsburg)
Phytantozoiconographica, 4. Bd., Augsburg (1734-1736)

Withering, William. (1741-1799 Birmingham)
An account of the Foxglove and some of its medical uses, Birmingham (1785)

Sekundär-Literatur

Ackerknecht E. H. Die Malaria. Ciba-Zeitschr. 62 (1953) 2058-2087

Bock K., Alte Pflanzliche Heilmittel zur Behandlung der Lungenkrankheiten Innaug. Diss Bonn (1949)

Bühler K., Mamlock G. Der Tabak. Ciba-Zeitschr. 44 (1950) 1462-1491

Bühler A., Koka. Ciba-Zeitschr. 94 (1944) 3330-3371

Brunn v. R. Die Anästhesie. Ciba-Zeitschr. 60 (1953) 1986-2023

Caprez H., Die Klostermedizin. Ciba-Zeitschr. 52 (1951) 1726-1753

Dietschy H., Die Medizin der Atzteken. Ciba-Zeitschr. 42 (1937) 1438-1470

Gossen H., Der Arzt im alten Rom. Ciba-Zeitschr. 42 (1949) 1398-1427

Haas H., Spiegel der Arznei. Ursprung, Geschichte und Idee der Heilmittelkunde, Verlag Springer Berlin, Göttingen, Heidelberg (1956)

Haas H., Theorie und Praxis in der Therapie. Eine medizinisch, historische Betrachtung. Studium generale 1 (1948), 289-330

Haas H., Pflanzliche Heilmittel gegen Nerven- und Geisteskrankheiten. Ein Kapitel aus der Medizin Geschichte. Arzneim. Forsch. 11 (1961) 49-59

Haas H., Arzneimittel Wissenschaft und pharmazeutische Industrie. Pharm. Ind. 17 (1955) 559-564

Hänsel R., Haas, H., Therapie mit Phytopharmaka, Springer Verlag Berlin, Heidelberg, New York, Tokio, (1984)

Heilmann K. E., Kräuterbücher in Bild und Geschichte, Verlag Konrad Kölbl München-Allach (1973)

Hemmenter E., Medizinisches aus dem alten Ägypten, Ciba-Zeitschr. 32 (1936) 1082-1111

Herter H., Die hippokratische Medizin, Ciba-Zeitschr. 85 (1957) 2814-2848

Hirsch A., Geschichte der med. Wissenschaften in Deutschland. 22. Band der Geschichte der Wissenschaften in Deutschland. Verlag R. Oldenbourg München, Leipzig (1893)

Hofschlaeger R., Die Heilkunst der Vorzeit, Ciba-Zeitschr. 63 (1953) 2090-2119

Hübotter F., Chinesische Medizin, Ciba-Zeitschr. 94 (1939) 3110-3139

Issekutz B. sen., Die Geschichte der Arzneimittel-Forschung. Akademei Kiado Budapest (1971)

Kröber L., Das neuzeitliche Kräuterbuch, Band I und II, Die Arzneipflanzen Deutschlands in alter und neuer Betrachtung, Hipokrates-Verlag, Marquart & Co., Stuttgart (1947, 1948)

Ludwig N., Pflanzliche Diuretika bei Celsus und Dioscurides. Eine medizinisch-historische und experimentelle Untersuchung. Innaug. Diss. Bonn (1947)

Marx G., Pflanzliche Abführmittel. Eine pharmako-historische und experimentelle Untersuchung. Innaug. Diss. Bonn (1949)

Meyerhof M., Die Literarischen Grundlagen der arabischen Heilmittellehre, Ciba-Zeitschr. 85 (1942) 2961-2995

Rath G., Die Pest, Ciba-Zeitschr. 73 (1955) 2406-2436

Rothschuh K. E., Konzepte der Medizin in Vergangenheit und Gegenwart. Hippokrates-Verlag, Stuttgart (1978)

Schelenz H., Geschichte der Pharmazie, Verlag J. Springer, Berlin (1904)

Schipperges H., Der Garten der Gesundheit. Medizin im Mittelalter, Artemis-Verlag, München, Zürich 1985

Schneider W., Lexikon der Arzneimittel-Geschichte, Pflanzliche Drogen, Band V, 1, 2, 3 Sachwörterbuch der Geschichte der Pharmazeutischen Botanik, Govi-Verlag Frankfurt/M. (1974)

Steinegger E., Hänsel R., Lehrbuch der Pharmakognosie. Auf physiologisch, chemischer Grundlage, III. Aufl. Springer-Verlag, Berlin, Heidelberg, New York (1972)

Steinmann A., Der Tee, Ciba-Zeitschr. 111 (1948) 4078-4119

Verzeichnis der lateinischen Pflanzennamen

Lateinische Pflanzennamen	Inhaltstoffe	Anwendung
Aconitum napellus, Sturmhut	Aconitin	giftig, äußerlich, Antineuralgicum (obsolet)
Adonis vernalis, Adonisröschen	Strophanthidinglykoside	milde Herzinsuff
Aesculus hippocastanum, Roßkastanie	Aescin	Venenmittel
Agnus Castus, Keuschlamm	ätherisches Öl, Ecdyson	Menstruationsstörungen
Allium sativum, Knoblauch	Allicin	Altersbedingte Gefäßerkrankungen lipidsenkend
Anamirta cocculus, Kokkelskörner	Pikrotoxin	giftig Analeptikum (obsolet)
Aloe capensis, Aloe	Anthraglykoside	Dickdarmlaxans
Archangelica off., Engelwurz	ätherische Öle, Bitterstoffe	Amarum
Arctostaphylus uva ursi Bärentraube	Arbutin	Zystitis
Aristolochia clematitis Osterluzei	Aristolochiasäure	Carzinogen
Artemisis absinthium Wermut	Bitterstoffe	Appetitlosigkeit, Dyspepsie
Atropa Belladonna, Tollkirsche	Hyoscyamin, Atropin	Spasmolyse, Verdauungsbeschwerden, Bradykardie
Betula verucosa, Birke	ätherisches Öl	Aquaretikum
Brassica oleracea, Kohl	Thioharnstoffderivate	obsolet
Camelia sinensis, Tee	Coffein, Theophyllin	Genußmittel
Cannabis sativa, Hanf	Tetrahydrocannabinol	Halluzinogen
Capsicum annuum, Paprika	Capsaicin	äußerl. hautreizend
Carduus Marianum, Mariendistel	Sillymarin	toxische Leberschäden
Carum carvi, Kümmel	äth. Öl	Gewürz, Karminativum
Cassia angustifolia, Senna	Anthraglykoside	Dickdarmlaxans

Lateinische Pflanzennamen	Inhaltstoffe	Anwendung
Catha edulis, Kat	d-Norpseudoephedrin, Cathin	keine therap. Verwendung
Cephaelis acuminata, Ipecacuanha	Emetin, Cephallein	Expectorans
Ceratonia siliqua, Johannisbrotbaum	Pectin, Invertzucker	Diarrhoe d. Kinder
Chelidonium majus, Schöllkraut	Alkaloide	Gallenwegserkrankungen
Cichorium intybus, Wegwarte	Bitterstoffe	Amarum
Cicuta verosa, Wasserschierling	Cicutotoxin	stark giftig
Cinchona succirubra, Chinabaum	Chinin	Malaria, Grippe
Cinnamomum camphora, Kampferbaum	Campher	äußerl. Hautreizmittel innerl. obsolet
Citrullus coloquinthis, Koloquinthen	Harz	Drasticum
Cnicus benedictus, Kardobenedikte	Bitterstoffe	Verdauungsbeschwerden
Coffea arabica, Kaffee	Coffein	Genußmittel
Cola acuminata, Cola	Coffein	Genußmittel
Colchicum autumnale, Herbstezeitlose	Colchicin	Gicht, Mittelmeerfieber
Conium maculatum, Schierling	Coniin	giftig, aufsteigende Lähmung
Convallaria majalis,	Strophanthidinglykoside, Convallatoxin	leichte Herzinsuffizienz
Corynanthe yohimbe, Yohimbe	Yohimbin	Potenzstörungen
Crataegus oxyacantha, Weißdorn	Catechine, Procyanidine	Leistungsabnahme des Herzens, bradycarde Rhythmusstörungen
Crocus sativus, Safran	Crocetin, Farbstoff	therapeutisch nicht mehr gebraucht
Croton tiglium, Croton	Phorbol	Drasticum (obsolet), Cocarcinogen
Cucurbita pepo, Kürbis	Vit. E., Selen	Miktionsbeschwerden, früher Bandwurmmittel
Curcuma domestica, javan. Gelbwurz	Cuecumin	Choleretikum
Cynara scolimus, Artischocke	Cynarin	Dyspepsie

Lateinische Pflanzennamen	Inhaltstoffe	Anwendung
Datura Stramonium, Stechapfel	Hyoscyamin, Scopolamin	Asthma (obsolet)
Dictamnus albus, Diptam	Dictamlactone, Trigonelline	(obsolet)
Digitalis purpurea, Roter Fingerhut	Purpureaglykoside, Digitoxin	Herzinsuffizienz
Digitalis lanata, Wolliger Fingerghut	Lanatoside, Digoxin	Herzinsuffizienz
Dioscorea-Arten, Yamswurzeln	Dioscin	Hormongrundstoffe
Ephedra vulgaris, Meerträubel	Ephedrin	Bronchitis
Equisetum arvense, Ackerschachtelhalm	Flavonoide	Aquareticum
Erythrea centaurium, Tausendgüldenkraut	Bitterstoffe	Verdauungs-schwerden
Erythroxylon Coca, Coca	Cocain	Anaestheticum — nur Augen- und Ohren-heilkunde
Eucalyptus globulus, Eukalyptus	äther. Öle	Atemwegserkrankungen
Exogonium purga, Jalape	Harz	Drasticum
Ficus carica, Feigenbaum	Fruchtsäuren	leichtes Laxans
Foeniculum vulgare, Fenchel	äther. Öl	Expectorans Karmi-nativum
Fumaria off., Erdrauch	Fumarsäure	Volksmittel, Blut-reinigung
Fungus laricis, Lärchenschwamm	Agaricinsäure	Nachtschweiß (obsolet)
Gentiana lutea, Enzian	Bitterstoffe	Verdauungs-beschwerden
Ginkgo biloba, Fächerbaum	Bilobalide, Ginkgolide	Alzheimer, periphere Durchblutungs-störungen
Glycyrrhiza glabra, Süßholz	Glycyrrhizin	Expectorans, Magen-geschwür
Guajacum off., Guajac	Saponine	(obsolet)
Hedera helix, Efeu	Saponine	Atemwegserkrankungen
Helleborus niger, schwarze Nießwurz	Bufadienolide	(obsolet)

Lateinische Pflanzennamen	Inhaltstoffe	Anwendung
Herniaria glabra, Bruchkraut	Saponine	Aquareticum
Humulus lupulus, Hopfen	Humulin, Lupulin	Nervinum
Hydnocarpus kurzii, Chaumnoogaröl	Hydnocarpussäure	Lepra, Lösungsmittel f. Zytostatika
Hyoscyamus niger, Bilsenkraut	Hyoscyamin, Scopolamin	(obsolet)
Hypericum perforatum, Johanniskraut	Hypericin	depressive Verstimmungszustände
Ilex paraguarensis, Maté	Coffein, Theobromin	Genußmittel
Juniperus communis, Wacholder	äther. Öl	Aquareticum
Lactuca virosa, Giftlattich	Bitterstoffe, Lactucin	(obsolet)
Levisticum off., Liebstöckel	äther. Öle	Aquaretikum
Lobelia inflata, Lobelienkraut	Lobelin	Tabakentwöhnungsmittel
Malus silvestris, Apfelbaum	Pectine	Antidiarrhoicum bei Kindern
Mandragora off., Alraune	Hyoscyamin, Atropin, Scopolamin	giftig
Marsdenia condurango, Condurango	Bitterstoffe	Verdauungsbeschwerden
Matricaria chamomilla, Kamille	Bisabolol, Chamazulen	Entzündungszustände, Gastritis
Melissa off., Melisse	äther. Öle, Gerbstoffe	Magen-Darm-Störungen, äußerl. Herpes
Mellilotus off., Steinklee	Cumarin	Venenmittel
Mentha piperita, Pfefferminze	äth. Öl, Menthol	Carminativum, Atemwegserkrankungen
Myristica fragans, Muskatnuß	äth. Öl, Myristicin	Gewürz, große Dosen Halluzinationen
Nerium oleander, Oleander	Oleandrin, Cardenolide	leichte Herzinsuffizienz, nur in Komb.-Präparaten
Nicotina tabacum, Tabak	Nikotin	Genußmittel, cacinogen

Lateinische Pflanzennamen	Inhaltstoffe	Anwendung
Ol. Terebinthinae rectific., Terpentinöl	äth. Öle	Atemwegserkrankungen äußerl. Hautreizmittel
Ononis spinosa, Hauhechel	Saponine, äth. Öle	Aquareticum
Opium	Morphin u. a. Alkaloide	Analgeticum
Orthosiphon stamineus, Katzenbart	Saponine, äth. Öl	Aquareticum
Papaver somniferum, Mohn	Opium	Analgeticum
Petroselinum sativum, Petersilie	äth. Öl, Apiol	(obsolet)
Physostigma venenosum, Kokkelskörner	Physostigmin	Antidot: Alkoholintoxikation, Tricyclische Antidepressiva mit anticholinerg. Wirkung
Pimpinella anisum, Anis	äth. Öle	Expectorans, Carminativum
Pinus sylvestris, Kiefer	a-Pinen, äth. Öle	äußerl. Expectorans
Piper methysticum, Kawa-Kawa	Kavain	psychische Labilität
Podophyllum peltatum, Podophyll	Podophyllin	Drasticum, Mitosegift, äußerl. Condylomata acuminate
Polygala senega, Senega	Triterpensaponin	Expectorans
Primula veris, Schlüsselblume	Triterpensaponin	Expectorans
Prunus domestica, Pflaumembaum	Fruchtsäuren	mild laxierend
Raphanus sativus, Rettich	äth. Öle, Senföle	Choleretieum
Rauwolfia serpentina, Rauwolfia	Reserpin u. a. Alkaloide	Hochdruck
Rhamnus frangula, Faulbaum	Anthraglykoside	Dickdarmlaxans
Rhamnus Purshiana, amerk. Faulbaum	Anthraglykoside	Dickdarnlaxans
Rheum palmatum, Rhabarber	Anthraglykoside	Dickdarmlaxans
Rhicinus communis, Rhizinus	Rhizinolsäure	Dünndarmlaxans

Lateinische Pflanzennamen	Inhaltstoffe	Anwendung
Rubia tinctorum, Färberkrapp	Anthrachinonfarbstoffe	Harnsteine
Ruscus aculeatus, Mäusedorn	Ruscussaponine	Venenmittel
Ruta graveolens, Raute	äth. Öl, Rutin	nicht mehr üblich
Salix alba, Weide	Salicin	fieberhafte Erkrankungen
Sambucus nigra, Holunder	Bitterstoffe, äth. Öl	Diaphoreticum
Scilla maritima, Meerzwiebel	Scillareninglykoside	Herzinsuffizienz
Secale cornutum, Mutterkorn	secale Alkaloide	Uterustonicum, Gefäßmittel
Serona repens, Sabal	Sitosterin	Lipidsenkung
Sinapis alba, Senf	Senfölglykoside	Hautreizmittel
Smilax chinae Chinawurzel	Saponin	(obsolet)
Smilax utilis, Sarsaparille	Saponin	(obsolet)
Solidago virgaurea, Goldrute	Saponin	Aquareticum
Spinacea oleracea, Spinat	Vitamine, Chlorophyll	Choleretícum
Stachys betonica, Betonie	Betonicin, Gerbstoffe	(obsolet)
Strophantusarten	Strophantin	akute Herzinsuffizienz
Strychnos nux vomica, Brechnuß	Strychnin	Krampfgift
Strychnos toxifera, Curare	Curarine	Muskelrelaxans, durch Alcuronicum verdrängt
Succus liquiritiae, Lakritze	Glycyrrhizin	Magenulcus, Expectorans
Tamarindus indicus, Tamarinde	Organ. Säuren, Invertzucker	mildes Laxans
Theobroma Cacao, Kakao	Theobromin, Coffein	Genußmittel
Thymus vulgare, Thymian	äth. Öl, Thymol	Atemwegserkrankungen
Trigonella foenum graecum, Bockshornklee	Schleimstoffe, Trigonellin	äußerlich kaum noch üblich
Tussilago farfara, Huflattich	Schleimstoffe Pyrrolizidin-Alkaloide	Alkaloide: lebertoxisch carzinogen, mutagen

Lateinische Pflanzennamen	Inhaltstoffe	Anwendung
Urginea maritima, Meerzwiebel	Scillareninglykoside, Proscillaridin	Herzinsuffizienz
Urtica dioica, Brennessel	Vit. C. Sitosterin	Miktionsbeschwerden
Vaccinium myrtillus, Heidelbeere	Gerbstoffe	Antidiarrhoicum
Valeriana off. Baldrian	Valerensäure	Nervinum
Veratrum album, Weißer Germer	Alkaloide	Giftig
Verbascum phlomoides, Wollkraut	Schleim, Saponine	Bronchialtee
Verbena off., Eisenkraut	Glykoside	nicht mehr üblich
Vinca minor, Kleines Immergrün	Vincamin	Alsheimer Erkrankung
Vinca rosea, Immergrün	Vincristin, Vinblastin	Zytostatika
Vicia faba, Faba Bohne	Phasein	Bei Mangel an Glucos-6-Phosphatdehydrogenase: Haemolyse
Viscum album, Mistel	Viscotoxin	Segmenttherapie, antineuroplastisch wirksam?
Vitex agnus castus, Keuschlamm	äth. Öle, Ecdyson	Menstruationsbeschwerden
Zingeberis off. Ingwer	äth. Öle	Reisekrankheit

Deutsche Pflanzennamen

Adonisröschen	Adonis vernalis
Aepfel.	Fructus Mali
Aloe	Aloe barbadensis
Alraune	Mandragora officinalis
Amerikanischer Faulbaum	Cascara sagrada
Anis	Pimpinella anisi
Artischocke	Cynara scolymus
Baldrian	Valeriana officinalis
Bärentraube	Arctostaphylos uva ursi
Betonie	Stachys betonica
Bilsenkraut	Hyoscyamus niger
Birke	Betula verucosa
Bockshornklee	Trigonella foenum graecum
Brechnuss	Strychnos nux vomica
Brennessel	Urtica dioica
Bruchkraut	Herniaria glabra
Chaulmoograoel	Hydnocarpus kurzii
Chinarinde	Cinchona succirrubra
Coca	Erythroxylum coca
Curare	Strychnos toxifera
Diptam	Dictamnus albus
Efeu	Hedera helix
Eisenkraut	Verbena officinalis
Engelswurz	Archangelica officinalis
Enzian	Gentiana lutea
Erdrauch	Fumaria officinalis
Eukalyptus	Eucalyptus globulus
Färberkrapp	Rubia tinctorum
Faulbaum	Rhamnus frangula
Favabohne	Vicia fava
Feige	Fructus caricae
Fenchel	Foeniculum vulgare
Fingerhut	Digitalis purpurea
Germer weisser	Veratrum album
Giftlattich	Lactuca virosa
Gingko	Gingko biloba
Goldrute	Solidago virgaurea
Guajak	Guajacum officinale

Hanf	Cannabis sativa
Hauhechel	Ononis spinosa
Heidelbeere	Fructus Myrtilli
Herbstzeitlose	Colchicum autumnale
Hirse	Panicium mileaceum
Hollunder	Sambuccus nigra
Hopfen	Humulus lupulus
Huflattich	Tussilago farfara
Immergrün	Vinca rosea
Immergrün kleines	Vinca minor
Ingwer	Zingiber officinale
Ipecacuanha	Cephaelis acuminata
Jalape	Exogonium purga
Johannisbrotbaum	Ceratonia siliqua
Johanniskraut	Hypericum perforatum
Kaffee	Coffea arabica
Kakao	Theobroma cacao
Kalabarbohne	Physostigma venenosum
Kamille	Matricaria chamomilla
Kampfer	Cinnamomum camphora
Kardobenedikte	Cnicus benedictus
Kat	Catha edulis
Katzenbart	Orthosiphon stamineus
Kawa-Kawa	Piper methysticum
Keuschlamm	Agnus castus
Kiefer	Pinus silvestris
Knabenkraut	Orchis macukatum
Knoblauch	Allium sativum
Kohl	Brassica oleracea
Kokkelkörner	Anamirta cocculus
Kola	Cola acimunata
Koloquinthe	Citrullus colocynthis
Kondurango	Marsdenia condurango
Krapp	Rubia tinctorum
Krotonoel	Croton tiglium
Kümmel	Carum carvi
Kürbis	Cucurbita pepo
Lärchenschwamm	Fungus larictis
Liebstöckel	Levisticum officinale
Lobelie	Lobelia inflata
Maiglöckchen	Convallaria majalis
Mais	Zea mays
Mariendistel	Carduus marianus
Matétee	Ilex paraguarensis
Mäusedorn	Ruscus aculeatus
Meerträubchen	Ephedra vulgaris
Meerzwiebel	Scilla maritima

Melisse	Melissa officinalis
Mistel	Viscum album
Mohn	Papaver somniferum
Muskatnuss	Myristica fragans
Mutterkorn	Secale cornutum
Niesswurz schwarze	Helleborus niger
Oleander	Nerium oleander
Opium	
Osterluzei	Aristolochia clematis
Paprika	Capsicum annuum
Petersilie	Petroselimänum sativum
Pflaume	Fructus Pruni
Pfefferminze	Mentha piperita
Podophyllum	Phodophyllum peltatum
Primel	Primula veris
Raute	Ruta graveolens
Rauwolfia	Rauwolfia serpentina
Rettich	Raphanus sativus
Rhabarber	Rheum palmatum
Rhamnus Pursiana	Cascara sagrada
Rizinus	Ricinus communis
Rosskastanie	Aesculus hippocastanus
Sabal	Serenoa repens
Safran	Crocus sativus
Sarsaparille	Smilax utilis
Schachtelhalm	Equisetum arvense
Schierling	Conium maculatum
Schöllkraut	Chelidonium majus
Senega	Polygala senega
Senf	Sinapis alba
Spinat	Spinacia oleracea
Stechapfel	Datura stramonium
Steinklee	Melilotus officinalis
Strophanthus	Strophanthus kombé
Sturmhut	Aconitum napellus
Süssholzstrauch	Glycyrrhiza glabra
Süssholz	Succus Liqueritiae
Tabak	Nicotina tabacum
Tamarinde	Tamarinda indica
Tausendgüldenkraut	Erythrea centaurium
Teestrauch	Camellia sinnensis
Terpentinöl	Oleum Teverebinthinae rectificatum
Theriak	
Thymian	Thymus vulgaris

Wacholder	Juniperus communis
Wasserschierling	Cicuta virosa
Wegerich	Planrago lanceolata
Wegwarte	Cichorium intybus
Weide	salix alba
Weissdorn	Crataegus oxyacantha
Wermut	Artemisia absinthium
Wollblume	Verbascum phlomoides
Yohimbe	Corynanthe yohimbe